代議制統治論

代議制統治論

J. S. ミル
関口正司 訳

岩波書店

John Stuart Mill

Considerations on Representative Government

1861, 1865

凡　例

(1) 本翻訳の原著は以下のものである。

John Stuart Mill, *Considerations on Representative Government*, 3rd ed. London: Longman, Green, Longman, Roberts & Green, 1865. これは、ミルが存命中の最終確定版である。初版と第二版は一八六一年に公刊されている。また、一八六五年には第三版の他に People's Edition も刊行されている。各版の異同は、次のトロント大学版『ミル著作集』第一九巻に収録されている原書テクスト(第三版を底本としている)に明示されているので、それを参照して確認した。J. M. Robson (ed.), *The Collected Works of John Stuart Mill*, Vol. 19, University of Toronto Press, 1977. ただし、版を重ねた際に行なわれている修正・追加・削除は小規模なものにとどまっており、趣旨や内容に重要で本質的な相異を生じさせるものは見当たらなかったので、本翻訳では各版の異同について、若干のケースを除いて注記を加えていない。なお、各版のテクストは、インターネット上でアクセス可能になっている。以下のリストを参照。

Online Books by John Stuart Mill http://onlinebooks.library.upenn.edu/search.html

検索語に Mill と Representative を指定(URLは二〇一八年一二月現在のもの)

(2) 本翻訳は、専門的な研究者よりも一般の読者を念頭に置いて進めた。学生や一般市民、政治家や行政担当者やメディア関係者などの方々に(こそ)ぜひ読んでいただきたい内容であり、それが原著者ミルの意図にもかなうと考えたからである。これを基本方針として訳文や注の作成にのぞみ、特に以下の点に配慮した。

①ミルの原文には、ことさら特殊な概念や専門用語はほとんど使われていないが、長文の複雑な構文である

場合が少なくない。訳文では、適宜、文章を切り分けたり、訳出する句や節の順序を工夫するなどの対策を積極的に講じた。

②原文中の代名詞（人称代名詞を含む）の指示対象は、原文の文脈の中では十分読み取れるものの、翻訳すると原文とは異なった語順となるなどのために、読み手の側で把握がむずかしくなる場合が少なくない。そこで、本翻訳では、必要に応じて（その限りでできるだけ頻繁に）、代名詞が指示対象にしている具体的な名詞に置き換えることにした。

③原文には長いパラグラフが多く、場合によっては原書第三版のフォーマットで数十行（二頁）を超えることすらある。一般的に言えば、学術的な性格の英文では、パラグラフは論述における論理的なユニットであることが多く、訳者の側の判断でいくつかに分割することは、原則として避けるべきだが、ミルの原文では、非常に長い一パラグラフ内にいくつかの論点を組み込んでいることもあるので、その場合に限って、読みやすさを優先する見地からあえて改行を施した。

④訳注は、できるだけ少なめに、また簡潔になるよう配慮し、短いものは訳文中に〔　〕という形で示し、やや長いものは左頁欄外に示した。なお、ミルが原文中で直接間接に言及している他の著作の出典については、必要と考えられるものに限って、トロント大学版で付されている編者注を参考にして訳注として示した。

（3）イギリス関連の地名については、近年は連合王国の総称として「イギリス」ではなく、「ブリテン」や「グレート・ブリテン」が使われ、その構成地域としてのEnglandは「イングランド」と訳されるようになってきているが、本書に関して言えば、EnglandやEnglishは、連合王国の総称として用いられているのが通常で、「イングランド」という訳語にすべき用例は、連邦制を取り上げた第一七章で例外的に見られるだけである。日本語の従来の表記である「イギリス」の用法と基本的に同じと言ってよい。そこで、本翻訳では、連合王国の総称に関しては、第六章と第一八章に若干の用例が見られるGreat Britainやthe United Kingdomの場合も含めて、一貫して「イギリス」を用いることにした。さらに、this countryやour countryも、日本語訳であることをふまえて、「わが国」ではなく「イギリス」と訳している。

（4）その他の訳語については、重要な四つの点に言及しておきたい。

①governmentという語は、無冠詞で抽象名詞として用いられている場合には、「統治」という訳語をあてた。冠詞がつく可算名詞として用いられている場合は、「政府」の他に、以下の理由から「統治体制」という訳語をあてた場合もある。ミルは、特に代議制統治の場合には、a governmentが立法部と行政部の二つの部分から構成されることを前提に議論を行なっている。ところが、日本語の「政府」は、国会(立法部)を含めずにもっぱら行政部を指すことが多い。そのため、あえて「統治体制」という訳語を採用した。なお、本書第一八章では、イギリスによるインド統治が取り上げられているが、この場合は、東インド会社による間接統治という特異な事情が加わっているので、「統治機関」や「統治体制」という訳語をあて、「政府」という訳語の使用を避けている。

②constitutionは、統治体制の基本構造を意味する場合は「国制」という訳語を用いたが、文脈によっては「憲法」という訳語を与えている場合もある。ただし、日本のような場合と異なり、イギリスは成文憲法を持たない国だったので、「憲法」といっても一つの法典の中に条文が並んでいるわけではない。

③democracyやdemocraticおよびpopularという語については、「民主主義」という訳語は用いず、「民主的」という訳語も若干の場合を除いて用いていない。これらの語が、今日では強い肯定的価値判断を自明の前提として用いられることが多いためである。訳語としては、「民主政」・「民主政的」を選んだ。ミルは、基本的に民主政を望ましいものとは考えたが、本書で明らかなように、無条件的に肯定してはいない。ミルの基本的な価値判断基準はあくまで「よい統治good government」であって、民主政はその必要条

件ではあるが、十分条件ではなかった。ミルのこうした考え方ができるだけ伝わるようにするために、とりわけ「主義」の付く訳語は避けた次第である。

④選挙関連で通常使われる「権利」という概念を含んでいる用語、「選挙権」や「有権者」などは、訳語として用いなかった。たとえば、通常であれば、「選挙権の拡大」と訳せる場合でも、少々ぎこちないが、「選挙資格の拡大」と訳した。選挙における投票も含めてあらゆる政治的決定は権力の行使であって、権力を行使する資格は権利ではない、とミルが考えていたためである。なぜなら、ミルによれば、選挙資格は被治者全般から個々の選挙人に「信託 trust」された「特権 privilege」であり、特権にともなう相応の義務と不可分なものだからである(本書第一〇章一八五頁参照)。ただし、ミル本人が、法律に権利として規定されている場合や他の選挙人との公平性という見地から例外的に「権利 right」という語を用いているところが四箇所ほどあるので、それぞれ訳注で注意を喚起している。

(5)原文の中で、強調のためにイタリックになっている部分(英語以外の外国語の字句を示す場合などは除く)は、該当する訳語に傍点を付した。

(6)訳出に際して、以下の既刊の翻訳を参照し大いに参考にさせていただいた。記して謝意を表したい。
『代議政治論』(第一章から第六章までの抄訳)、山下重一訳、『世界の名著 三八 ベンサム/J・S・ミル』(中央公論社、一九六七年)所収。

『代議制統治論』、水田洋・田中浩訳、『世界の大思想 Ⅱ―6 ミル』(河出書房、一九六七年)所収。

『代議制統治論』、水田洋訳、岩波文庫(岩波書店)、一九九七年。

序　言

私が以前に書いたものを読んでくださった方々は、おそらく、本書に目新しさを特に感じないだろう。なぜなら、根本原理は私が生涯の大半をかけて築き上げてきたものであるし、また、実践的提言のほとんどは、他の人々や私自身がすでに論じているからである。ただし、それらを一つにまとめ結びつけて示しているのは事実で、この点には新しさがあるし、与えている論拠の多くも新しいと思う。新しい見解ではないのに、そのように受け取られて、とにかく現時点では世間一般に受け入れられる見込みがまったくないものも多少ある。〔1〕

とはいえ、保守党や自由党〔2〕の人々にしても(彼らが依然として使っている名称を私も使い続けるとして)、さまざまな徴候から見て、また、議会改革をめぐる近年の論争を見ただけでも、自分たちが建前として公言している政治信条に自信をなくしているようだし、また、いずれの側も、よりよい理

〔1〕　本書でミルが提唱している投票方式など。
〔2〕　両党は当時のイギリスの二大政党であり、保守党はベンジャミン・ディズレーリ(一八〇四―一八八一)、自由党はウィリアム・グラッドストン(一八〇九―一八九八)を、それぞれ指導者として政権獲得を競い合う時代に入りつつあった。

論の提示に向けて前進していないようである。〔3〕しかし、よりよい理論、つまり、両者の違いのあいだを取るたんなる妥協ではなく、どちらと比べても広がりがあって大いに包括的であるために、自由党側も保守党側も、自分の信条の中で価値ありと実感しているものを何ら放棄せずに受け入れられるような理論は、きっと可能であるにちがいない。多くの人々がそうした理論の必要を漠然と感じながらも、作れたとまでは誰も自負できていないのが現状である。こういう場合は、誰であれ、自分自身の考えや他者の考えのうち最善と思われるものの中から、よりよい理論の形成に役立ちうる論点を取り上げても僭越ではないだろう。

〔3〕制限選挙を前提としながらどこまで選挙資格制限を緩めるか、緩めた結果として予想される弊害にどう対処するのかなどをめぐって、保守党だから改革に消極的で自由党だから積極的と単純に色分けできない形で議論が錯綜していた。

目　次

凡　例
序　言
第一章　統治形態はどの程度まで選択の問題か　1
第二章　よい統治形態の基準　17
第三章　理想の上で最善の統治形態は代議制統治である　42
第四章　どんな社会条件では代議制統治は適用できないか　65
第五章　代表機関の本来の役割について　80
第六章　代議制統治が陥りやすい欠陥や危険について　99

第七章　真の民主政と偽の民主政について
——全員を代表することと、多数者だけを代表すること　120
第八章　選挙人資格の拡大について　151
第九章　二段階選挙は必要か　175
第一〇章　投票方式について　184
第一一章　議員の任期について　207
第一二章　議員に誓約を要求すべきか　210
第一三章　第二院について　225
第一四章　代議制統治体制の執行部について　235
第一五章　地方の代表機関について　257
第一六章　国民的一体性と代議制統治との関連　276

第一七章　連邦制の代議制統治体制について　287
第一八章　自由国家による属領統治について　301
訳者解説　329
事項索引
人名索引

第一章　統治形態はどの程度まで選択の問題か

統治形態に関する考察はすべて、二つのほとんど相容れない特徴のうちのいずれかを持っている。それは、政治制度に関して対立している二つの理論の特徴である。もう少し正確に言えば、政治制度とはどんなものかをめぐって対立している考え方のそれぞれの特徴である。

一方の人々の考えでは、統治は実践的技術に他ならず、目的と手段という問題以外に何ら問題は生じない。統治形態は、人間とかかわりのある他の諸目的を達成する手段と同じようなものである。完全に創意工夫の問題とみなされる。人間が作るのだから、特定の統治体制を作るか作らないか、どのようにどんな形で作るかは、人間が選択できると考えるのである。この考え方によれば、統治は、他の実務的問題と同じように取り組める問題である。まず始めに、統治体制が促進すべき目的を確定する。次に、どんな統治形態がその目的を達成するのに最適かを探究する。以上二つの点で自ら納得し、最善で害悪が最小の統治形態を確定すれば、あとは、自分が個人的に到達した見解について、同国人あるいは制度の適用対象となる国の人々から賛同を得るだけである。最善の統治形態を発見すること、それが最善であると人々を説得すること、その上で、人々がその統治形態の導入を断固要求するよう奮い立たせることが、こうした政治哲学観をとる論者の思考順序である。彼らは国制を、蒸気式耕運機や脱穀機に対するのと同じ見方で(スケールの違いは認めるにせよ)見るのである。

これに反対する別の政治理論家たちもいる。彼らの見方では、統治形態は機械とはまったくかけ離れている。むしろ、一種の自生的な産物とみなし、統治の科学を(いわば)自然現象を観察記述する学問の一部門だと考える。彼らによれば、統治形態は選択の問題ではない。統治形態は、だいたいのところ、出遭ったときの姿のままで受け容れるべきである。統治体制は、あらかじめ考えておいた設計図通りに作ることはできない。統治体制は「作られるのではなく成長する」[1]。統治体制に関する仕事は、宇宙の他の事実の場合と同様に、自然的特性をよく理解し、それに自分たちを適応させることである。一国民の基本的な政治制度は、この流派の考えでは、その国民の性質や暮らし方からの一種の有機的成長物である。つまり、その国民の習慣、本能、無意識的な欲求や願望の産物であって、およそ彼らの意図的な目的の産物などではない。一時的な工夫で一時的な必要に対応することを除けば、国民の意志の出番はない。そうした工夫は、国民の感情や性格に十分に適合していれば通常は長続きし、継続的に積み上げていけばその国民に適合した政体の一部になるだろうが、別の国民の場合は、同じものが国民性や環境によって自発的に発展してきていないのであれば、押しつけようとしても無駄だ、ということになる。

それぞれの主張がいずれも対立説をまったく受けつけない理論として信奉されている、と想定できるのであれば、どちらがいっそう背理かは決めがたい。しかし、論争的問題について人々が公言している原理は、たいていは、その人たちが本当に信じている見解をごく不完全にしか説明していない。あらゆる国民があらゆる種類の制度を動かせる、などと信じている人はいない。機械的装置のたとえをもう少し続けると、人は、木や鉄でできた道具ですら、それ自体が最善であるという理由だけで選びはしない。道具を使って役に立たせるには一緒に必要な他の条件があるかどうか、とりわけ、道具を使いこなすのに必要な技能や知識が、道具の利用者にそなわっているかどうかも考える。他方、生きた有機体であるかのように制度を論じる人々も、実際には、自らふれまわっているほどの政治上の宿命論者ではない。人間は自分たちを支配する統治体制に関して選択の余地をまったく持たない、とまで主張しているわけではないし、それぞれ異なった形態の政体から生じる結果についての考察が、どの政体を選ぶかを決める要素にならないと主張しているのでもない。いずれの側も、相手との対抗上、自説を誇張しているのであって、修正を何も加えず自説に固執しているわけではない。しかしそうだとしても、これら二つの主張はやはり、二つの思考様式間の根深い相異に照応している。いずれの側も完全に正しいわけではないのは明白である。とはいえ、完全に誤っているのでないのも明白だから、われわれとしては、それぞれの根底にあるものを見きわめ、それぞれの中にある一定程度の真理を活用すべきなのである。

そこでまずは、（無視されることもある命題ではあるが）政治制度は人間が作ったものであって、その起源も存在全体も人間の意志に負っている、ということを忘れないでおこう。ある夏の朝、目覚めると政治制度が芽吹いていた、ということはない。いったん植えられれば「寝ている間に」「たえず成長していく」[2]樹木とも似ていない。政治制度は存在のあらゆる段階で、人間の意志作用によって、

〔1〕ジェイムズ・マッキントッシュ『イギリス史』第一巻（一八三〇年）で使われていた表現。
〔2〕ウォルター・スコット『ミッドロージアンの心臓』（一八一八年）の中の表現。

現にある姿へと作られている。したがって、人間によって作られる一切のものと同様に、政治制度は上手に作られることもあれば、へたに作られることもある。作られる際に、判断力や技量が発揮されることもあれば、逆のものが働くこともある。さらに言うと、害悪が生じているのに、あるいは害悪を被っている人々が害悪への抵抗力を獲得しているのに、国民が害悪を是正する一連の試みを通じて一定の国制を成立させるまでに至らなかった場合、あるいは、外圧のためにそうできなかった場合、政治的進歩のこうした遅延は、たしかにその国民にとって大きなマイナスではある。とはいえ、この遅延は、他国民には善であったものがこの国民には善でなかったことを証明しているわけではない。また、他国民にとって善であったものをこの国民が採用してよいと今後考えるようになったときですら、それは彼らにとって善とならないだろう、ということを証明しているのでもない。

他方、政治機構はひとりでには動かない、ということにも留意すべきである。最初に人間が作るのだから、人間が動かさねばならない。しかも、ふつうの人間がである。政治機構に必要なのは人々の服従だけではなく人々の活発な参加だから、政治機構は人々の能力や資質の現状に適合していなければならない。これは、三つの条件を含意している。〔第一に〕特定の統治形態の適用対象となる国民は、それを進んで受け容れていなければならない。あるいは少なくとも、その統治形態を確立するのに克服不可能な障害となる程度にまでは嫌がってはいないことが必要である。〔第二に〕国民は、その統治形態の存続に必要な物事を進んで行なわなければならないし、かつ、行なえなければならない。そして、〔第三に〕国民は、その統治形態の目的を達成するために国民に求められる物事を進んで行なわなければならないし、かつ、行なえなければならない。ここでの「行なう」という語は、作為と不作為の双方を含むと解すべきである。すでに確立している政体を存続させるためには、あるいは、特定の政体を推奨する理由としてその政体ならば達成できるとされている目的を達成するためには、行為や自制の点で必要な条件を国民は満たせなければならない。

これらの条件すべてが満たされるのであればどれほど望ましい見通しが得られる統治形態であっても、いずれかが満たされていない事例では適合性がない。

特定の統治形態に対する国民の嫌悪という第一の障害は、理論上、見落としはありえないから、例解は不要だろう。こういう事態は絶えず生じている。外国の力にでもよらない限り、北米インディアンの部族は文明社会の恒常的統治につきものの種々の束縛には従わないだろう。同じことは、同程度にまでは断言できないとしても、ローマ帝国を蹂躙《じゅうりん》した蛮族についても言えただろう。自分たちの指導者に対してでさえも、指導者の旗の下で現に従軍していないときでも恒常的に服従するよう規律するには、何世紀もの時間と環境の全面的変化が必要だった。首長となる特権を太古の昔から持っている家系が統治する場合を除いて、自発的服従を拒む国民もいる。外国による征服以外の場合には君主政に甘んずることができなかった国民もいたし、同じようにして共和政を嫌った国民もいた。こうした障害があると、多くの場合、その統治形態はさしあたり実現不可能ということになる。

しかし、ある統治形態を国民が嫌っていないにもかかわらず、おそらくは望んですらいるにもかかわらず、そのための条件〔第二の条件〕を積極的に満たそうとしない、あるいは満たせない、ということもある。統治体制を名目的にでも存続させるのに必要な物事ですら、国民が行なえないこともあるだろう。国民が自由な統治を選好しているとしても、自由にまったく不向きなときがある。怠惰、不注意、臆病、公共精神の欠如のために、自由な統治の維持に必要な努力を行なえない、自由な統治が直接攻撃されているときに自由な統治のために戦わない、あるいは、国民を自由な統治から逸脱させようとして使われる欺瞞に国民がのせられてしまう場合がそうである。国民が、一時的な落胆やパニックのために、あるいは一個人に対する発作的熱狂のために、大人物の足下に自分たちの自由を投げ出してしまったり、制度を転覆できるような権力をその人物に委ねたりする場合も同様である。こうした国民にとっても、たとえ短期間でも自由な統治を手にするのはよいことだろうが、しかし、彼らが長期にわたって自由な統治を享受する見込みはない。

さらに、国民が自分たちの統治形態によって求められている義務を果たすのに消極的な場合や、能力を欠いている場合〔第三の条件を満たしていない場合〕もある。未開国民は、文明社会の恩恵に多少は気づいていても、文明社会が要求する自己抑制を行なえないだろう。私闘を自制し、現実の不正あるいは不正だと思っている事柄についての報復を法に任せるには、情念が激しすぎることもあるだろうし、個人的なプライドが強すぎることもあるだろう。こうした場合には、文明化した統治体制が国民にとって本当に有益となるには、かなりの程度専制的で、国民から統制されずに、むしろ多くの強制的束縛を国民の行為に課すような統治体制となる必要があるだろう。また、犯罪者を制圧するために法や公的機関に進んで協力しようとしない国民も、限定的な自由以上のものは不適当だと考えねばならない。犯罪者を捕らえるよりもかくまおうとする国民、インド人のように、自分に対して盗みを行なった者について証言して面倒や報復を招くよりは、犯人をかばって偽証しようとする国民や、最近までのヨーロッパの一部の国民のように、公道で人が刺されても、捜査は警察の仕事であって自分に無関係なことにかかわらない方が無難だという理由で、道の反対側を通り過ぎていってしまう国民や、処刑に反発しても暗殺には衝撃を感じない国民の場合は、文明生活に最も不可欠な諸要件に関してまったく当てにできないから、公的機関は他の場合以上に厳格な抑制権力を備えておく必要がある。未開生活を抜け出たばかりのどの国民にも見られるこうした嘆かわしい感情の状態は、たしかに、過去の悪政の結果であるのがふつうである。劣悪な統治が国民に、法は国民の善以外の目的のために作られていると教え、法に公然と背く人々よりも法の執行者を邪悪な敵とみなすように教えたのである。しかし、こうした精神の習慣がはびこってしまっている人々に責任はないとしても、また、よい統治によってこの習慣が最終的には克服可能だとしても、ともかくこの習慣が存在する限り、以上のような傾向のある国民は、法に共感を持ち法の施行に進んで協力する国民の場合のように、わずかな権力行使で統治するのは不可能である。さらにまた、選挙人の大半が、自分たち自身の統治体制に無関心なために投票しない場合、あるいは、投票はするにしても、公的な根拠にもとづいて投票せずに、買収されて投票したり、自分を支配している人とか私的な理由で機嫌をとりたいと思っている人の言いなりになって投票したりする場合、代議制は無価値であり、暴政や陰謀のたんなる道具になってしまうだろう。そのようにして行なわれる民主的選挙は、悪政の防止策どころか、悪政の装置の追加部品でしかない。

以上のような精神面の阻害要因に加えて、機構に関連した困難が統治形態にとって克服不可能な障害となることも多い。古代世界でも、偉大な個人の独立とか地域の独立は存在しただろうし、実際、しばしば存在したけれども、きちんと整備された民主政的統治体制は、単一の都市共同体の範囲を超えては存在できなかった。なぜなら、公的問題を議論するために同じアゴラに集合できる人々の場合を除いて、世論の形成や普及に好都合な物的諸条件が存在しなかったからである。この障害は、代表制の仕組が取り入れられたことで消滅したと一般には考えられている。しかし、その完全な克服のためには、アテネのプニュクスやローマのフォーラムに実際に相当するもの、と言ってもすべての点で十分なわけではないが、ともかく相当するものとして、出版物やさらには新聞も必要だった。広大な領土を持つ君主政ですら、社会状態によっては、群小の領邦へと分裂して、それぞれ独立するかあるいは封建制のような緩い結合が避けられない場合もあった。なぜかと言えば、権力機構が不完全で、支配者本人から遠く離れた場所では、命令が実効性を持てなかったからである。支配者は主に、自分の軍隊の場合ですら自発的な忠誠を当てにしていたし、また、広い領地の隅々にまで服従を貫徹させるのに必要な力を維持しようにも、それに見合うだけの税金を国民に支払わせる機関が存在しなかったのである。これらの事例や類似の事例では、障害の度合に大小がありうることも頭に入れておくべきである。つまり、問題となっている統治形態を絶対に存在不可能とするほどではないが、あるいは、他に比べてその統治形態が望ましいと実際上言えなくなってしまうほどではないが、その統治形態の運営を非常に難しくするような大きさの障害もありうる、ということである。この最後の問題を主に左右するのは、進歩を促進する傾向は種々の統治形態でどうなっているかという、まだ考察していない点である。[6]

以上で、特定の統治形態とその統治対象となる国民との適合性に関する三つの基本的条件を検討した。政治についての自然主義的理論とでも呼べるものを支持する人々が、これら三つの条件の必要性を主張することだけを意図しているのであれば、つまり、第一の条件と第二の条件を満たしておらず、また、第三の条件を相当程度満たしていなければ、どんな統治も長く存続できないと言いたいだけならば、異論の余地はない。この点を超えて何か言おうというのであれば、何であれ支持できそうにもない。制度は歴史的な基礎や国民の慣行や性格などとの調和が必要だという議論は、この点を意味するか、さもなければまったく無意味かである。この言い回しや類似のものには、合理的な意味を一定程度は含んでいるけれども、それに加えて、情緒的主張にすぎないものが大量に付着している。しかし、現実に即して考えれば、政治制度の必須要件だと強弁されているものは、上記三条件の実現に向けた数多くの促進要因でしかない。ある一つの制度ないし一連の制度に向かう道筋が、国民の意見や好みや習慣によって準備されていれば、国民はその制度の受容にたやすく仕向けられるばかりでなく、制度を維持するという点で、また、最善の結果を生み出すように制度を機能させるという点で、国民は自分たちに求められている行動を当初からよく習い覚え、また、進んでそうした行動をするものである。そのような既存の習慣や感情が利用できるのに、立法者〔8〕がそれらを活かして施策を練り上げな

〔3〕古代ギリシャのポリスにあった公共広場。
〔4〕民会が開催された丘の名称。
〔5〕公共広場。
〔6〕この点は本書第三章で取り上げられる。
〔7〕統治体制は作られるのではなく成長するものであると主張する理論。
〔8〕ここでは、通常の法案作成者ではなく、国家の基本的な制度の考案者を指している。

いのは大きな過ちだろう。他方、そうした補助や促進要因でしかないものを、必須の条件にまで祭り上げるのも行き過ぎである。人はすでに馴染んでいる物事であれば、それを行なうよういっそう容易に仕向けられるし、いっそう容易にこなすだろうが、しかし人はまた、自分にとって目新しい行動をすることも習い覚える。馴染みがあるというのは大いに助けになるけれども、当初は不慣れな考え方でも、じっくりと思い巡らすうちに馴染んでいけるものである。国民全体が未経験の事柄に熱心になる例はふんだんにある。新しい物事を行ない新しい環境に適応することに関して国民が持っている一定の能力それ自体が、目下の論点の一要素となるのである。その能力は国民ごとに、また文明段階ごとに、それぞれ大いに異なる。特定の国民が特定の統治形態の諸条件を満たせるかどうかは、どんな一般的規則によっても明確には示せない。その国民が持っている知識や、実践上の全般的な判断力と賢明さを、判断材料とせざるをえない。

さらにもう一つ、考慮に入れるべき点として見落とせないことがある。よい制度に向けた準備が国民に整っていないとしても、よい制度への国民の願望をかき立てることは、準備の不可欠な一部になるということである。特定の制度なり統治形態なりを推奨し提唱して利点を大いに強調することは、それを受容したり求めたりすることに向けた国民精神の教育方法であるばかりでなく、それを機能させるための教育方法でもあり、また、唯一利用可能な教育方法である場合も多い。昨今のイタリアの愛国者たちは、イタリア国民を統一の中での自由に向けて準備させる手段として、国民がそれを要求するよう鼓舞すること以外に、いったい何を持っていただろうか。ただし、こうした事業を引き受ける人々は、自分たちの推奨する制度や政体の利点についてばかりでなく、それらを機能させるのに必要な知的能力、道徳的能力、行動力についても強く意識しておく必要はある。これらの能力に比べてあまりに性急な欲求を刺激してしまうことをできれば避けるためにである。

これまでの議論の到達点は、何度も言及した三条件の枠内では制度や統治形態は選択の問題である、ということである。最善の統治形態を抽象的に探求すること(という言い方をされたりするが)は、科学的知性を妄想的にではなく、きわめて実践的に用いることである。どの国にせよ現状で相当程度に三条件を充足できる最善の統治形態をその国に導入することは、実践的努力がめざしうる最も合理的な目標の一つである。統治にかかわる問題で、人間の意志や目的の実効性を貶《おとし》めて言えることのすべては、人間の意志や目的が適用される他の一切の事柄についても言えるだろう。あらゆる事柄において、人間の力にはきわめて厳しい限界がある。人間の力は、自然の力を一つあるいはいくつか動かすことによってしか作用しえない。したがって、望まれている用途に適用できる力が存在していなければならないし、その力はそれ自体の法則に合うときにしか作用してくれない。われわれは川を逆流させられないが、しかしだからといって、水車は「作られるものではなく、成長するものである」とも言わない。機械装置の場合と同様に政治においても、機構を動かし続ける力は、機構の外部に探し求めなければならない。そうした力が手近にない場合や、合理的に予測される障害を克服するのに不十分な場合、仕組は動かない。これは何も政治の技術に特有のことではなく、政治の技術が他のあらゆる技術と同様の限界や条件の支配下にある、と言っているだけのことである。

ここでわれわれは、別の反論、いや、別形式での同じ反論に出会うことになる。大規模な政治現象を左右している力は、政治家や哲学者の指図通りにはならない。一国の統治はすべての重要な点で、その国における社会的力の諸要素の分布状況によってあらかじめ固定され決定されている、という主張である。何であれ社会の中で最強の力となっているものが統治権力を獲得するのであり、政体の変化は、社会それ自体における力の分布の変化が先行あるいは並行しない限り持続しない。だから、国民は統治形態を選択できない。細目にすぎない点や実務的組織なら選択できるかもしれないが、全体の要、つまり最高権力の置かれる場所は、社会環境によって決定されるのだ、というのである。

この説に部分的な真理があることは、私も即座に認める。しかし、これを何らかの形で応用するためには、明確な表現と適切な限界を与えなければならない。社会内の最強の力は統治体制においても最強の力になると論じるとき、その力は何を意味しているのか。腕力や筋力ではないだろう。そうした力ということであれば、純粋な民主政が唯一存在可能な統治形態になる。たんなる肉体的な力の他に、財産と知性という二つの要素を加えれば真理に近づくものの、まだ真理にはほど遠い。多数者が少数者に抑えられることもしばしばある。それればかりでなく、多数者が財産の点で優位にあり、それぞれ個人として知性の点でも優越していても、両者の点で劣位にある少数者が力ずくで、あるいはその他の仕方で多数者を従属させることもある。力のこれら多様な要素が政治的に有力になるには、組織化されねばならない。そして、組織化に際して有利な立場は当然のことながら、政府を掌握している人々の側にある。統治の諸権力が秤に加われば、他のすべての要素が弱くても、かなり優位となるし、またこれだけで長期的に優位を保つだろう。ただし、こうした状況にある政府は、尖端を下にして立ちながら均衡を保っている円錐形物体と同様に、力学では不安定的均衡と呼ばれる状態にあり、いったん均衡が乱されると均衡状態には復帰せず、均衡状態からますます離れていくことにはなる。

しかし、統治のこの理論に対しては、通常この理論が論じられるときの観点の立て方であれば、さらに強力な反論がある。政治的な力へと転換していくような社会的力は、静止した力、たんに受動的な力ではなく、能動的な力であり、言いかえれば実際に行使されている力である。それは、現存するすべての力の中では、ごく小さな部分でしかない。政治的に言えば、すべての力の中で大きな役割を持つのは意志の力である。とすれば、意志に対して作用するものを計算から除外しておいて、政治的力の諸要素を数え尽くすことなどできるだろうか。社会で力をふるう者が結局は政治でも力をふるうのだから、意見への働きかけによって統治の基本構造に影響を及ぼそうとする企ては無意味だという考えは、意見そのものが活力ある最大の社会的力の一つである点を忘れている。信念を持った一人の人間は、利害しか持たない九九人に匹敵する社会的力である。特定の統治形態なり何らかの社会的事実なりが望むに値するものだという見方を、社会全般に受け容れられる意見として創り出せる人は、社会の諸力を味方につける可能性を持った最も重要な一歩をほぼ進めたことになる。

最初の殉教者〔9〕が石打によって刑死し、異教徒からやがて使徒となる人〔10〕が「その人の刑死に賛同して」〔11〕傍観していた日、石打の刑を受けた人の側がその時点その場所で社会の最強の力であると、いったい誰が考えただろうか。だが、そのとおりであることを、この出来事は証明しなかっただろうか。

〔9〕ステパノのこと。
〔10〕パウロのこと。
〔11〕『使徒行伝』八・一。

なぜなら、この一派の信条が、当時存在した信条の中で最強だったからである。同じ要素によって、ヴィッテンベルクの修道僧[12]は、ヴォルムスの帝国議会において、皇帝カール五世やそこに集まっていたすべての諸侯よりも強力な社会的力となった。しかしこれらは宗教にかかわる事例であって、宗教的信念は強度の点で特別なものだ、という議論もあるだろう。では、純粋に政治的な例、宗教はかかわりを持つとしても主に敗者の側にあった例を取り上げてみよう。抽象的な思想が社会的力の主要素の一つであると納得したいのであれば、ヨーロッパの王座すべてが自由主義的で改革的な国王や皇帝で占められ、また、奇妙さの点で最たるものであるが、自由主義的で改革的な教皇が教皇座にあった時代を考えてみるとよい。つまり、フリードリヒ大王[13]、エカテリーナ二世[14]、ヨーゼフ二世[15]、ペーター・レオポルド[16]、ベネディクトゥス一四世[17]、ガンガネッリ[18]、ポンバル[19]、アランダ[20]の時代である。当時は、ナポリのブルボン家ですら自由主義者で改革者だったし、フランス貴族の中で最も活発な精神を持っていた人々はすべて、すぐ後に自分たちに高価な代価を強いることになる思想に満たされていたのである。これは間違いなく、たんなる物理的な力や経済的な力が社会的力のすべてではないことの決定的な例である。イギリスの帝国領やその他の地域で黒人奴隷が廃止されたのは、物質的利益の配分状況の変化によってではなく、道徳的信念の普及によってであった。ロシアの農奴解放は、義務の感情によるものではないとしても、少なくとも国家の真の利益に関していっそう開明的な意見が成長したことによる。

人々がどう行為するかを決定するのは、人々が何を考えるかである。平均的人間の確信や信念は、かなりの程度、理性よりも個人的境遇で決定されるとしても、個人的境遇を異にする人々の確信や信念や、見解一致した有識者たちの権威は、いずれも平均的人間に対して少なからず力を及ぼす。〔21〕したがって、一つの社会的仕組や政治制度等々がよいものであり別のものはよくない、一方が望ましいものであり他方は非難すべきものであるという認識に、知識ある人々の大方が到達可能になれば、制度を存続可能とする社会的力の優位を一方に与え他方から奪うという点で、実に大きな貢献がなされたことになる。そして、一国の統治体制は既存の社会的力に強いられて存在するという格言が真となるのは、現存する社会条件の下で実際に動かせるあらゆる統治形態の中から合理的な選択をする企てに

〔12〕マルティン・ルター(一四八三―一五四六)のこと。

〔13〕フリードリヒ大王(一七一二―一七八六)はプロイセン王。

〔14〕エカテリーナ二世(一七二九―一七九六)はロシア皇帝。

〔15〕ヨーゼフ二世(一七四一―一七九〇)は神聖ローマ帝国皇帝・オーストリア大公。

〔16〕ペーター・レオポルド(一七四七―一七九二)は神聖ローマ帝国皇帝・オーストリア大公レオポルド二世。

〔17〕ベネディクトゥス一四世(一六七五―一七五八)はローマ教皇。

〔18〕ガンガネッリ(一七〇五―一七七四)はローマ教皇クレメンス一四世。

〔19〕ポンバル(一六九九―一七八二)はポルトガル宰相。

〔20〕アランダ(一七一八―一七九八)はスペインの政治家。

〔21〕有識者たちの間で見解が対立したりばらばらになったりしている場合と異なり、彼らの見解が一致しているときには一般の人々はその見解を信用して受け容れるという見方で、サン・シモン派の影響がうかがえる権威観。

水を差すという意味でではなく、むしろ、そうした企てを奨励するという意味に限られるのである。

第二章　よい統治形態の基準

どの国の統治形態も(一定条件内では)選択可能なのだから、次に考察すべきなのは、どんな基準で選択を導くか、つまり、検討対象となっている社会の諸利益を促進するのに最適な統治形態の際立った特徴は何かである。

この論究に入る前に、統治の適切な任務は何かを確定しておく必要があるだろう。なぜなら、統治は手段に他ならず、手段としての適切さは、その手段が目的に合っているかどうかに左右されざるをえないからである。ところが、問題をこのように述べても、思ったほど論究に役立つわけではなく、問題の全体像を示すことにすらならない。なぜなら、第一に、政府の適切な任務は固定しておらず、社会状態ごとに異なるからであり、後進的な状態では進歩した状態よりもはるかに大きくなる。また、第二に、政府や一連の政治制度の特性は、統治の任務の合法的な範囲に注目するだけでは十分には判断できないためである。政府の長所は当然その範囲内にあるけれども、短所の方は残念ながらそうではないからである。人々が被りやすい害悪として、ありとあらゆる種類や程度のものが、政府から降りかかってくる可能性がある。社会生活において実現できる善の方はいずれも、その達成が政府の基本構造と両立でき政府によって許容されている場合にしか実現できない。公的機関の直接的干渉の方は、人間生活の限界以外に必然的な限界がない。間接的影響は言うにおよばずである。社会の全般的利益に対する統治の影響は、人類の利益全体に照らしてしか、考えたり評価したりできない。

統治の善し悪しの判別基準として、社会の利益総体という非常に複雑なものを設定せざるをえないとなれば、それらの利益を何らかの形で分類してみよう、ということになるだろう。つまり、各利益が頭の中で明確にグループ分けされ、そのおかげで、当の統治形態はどんな特質があることで多様な各利益の促進に適合的なのかが見えてくる分類である。社会の善はこれこれの要素から構成されていて、その要素の一つはこれこれの条件を必要とし、別の要素は別のこれこれの条件を必要とする、と言えたら大いに好都合だろう。その場合、諸条件のすべてを最大限まとめて満たしている政府が、最善の政府であるにちがいない。こうなれば、統治の理論は、社会の好ましい状態を構成する諸要素に関するそれぞれの原理から構築されることになるだろう。

残念ながら、こうした原理が形成可能となるように社会の善の構成要素を列挙して分類するのは、容易な作業ではない。昨今の世代で幅広い姿勢をもって政治哲学に専念した人々の大半は、そのような分類の重要性を感じたけれども、それに向けた試み[1]は、私の知る限りではほんの一歩目にとどまっている。分類は、秩序と進歩(フランスの哲学者たちの言い方の場合)、コールリッジの言葉では持続と進歩[2]というように、社会の必須要件を二つの項目に分けることに終始している。この分類は、二つの項目が外見上は画然と対立していて、各項目が訴える感情が際立って異なっているので、なるほどと思わせるところがあり魅力的ではある。しかし、私の考えでは、かたや秩序ないし持続、かたや進歩という区別は(通俗的議論の目的のためには許容できるとしても)、統治体制に必要な諸特性を定義するのに用いる区別としては、非科学的で不正確である。

なぜか。何よりもまず、秩序と進歩とは何かということである。進歩に関しては困難はない。あるいは、一見したところで目につくような困難はない。人間社会の一要件として進歩が論じられるときには、進歩は向上を意味していると考えてよいだろう。そこそこのところで明確な観念ではある。しかし、秩序とは何だろうか。意味の広い狭いはあるにしても、向上の他に人間社会に必要なもの全体を意味することはまずない。

秩序は、最も狭い意味では服従を意味する。政府は、自らへの服従の調達に成功していれば、秩序を維持していると言われる。しかし、服従にもさまざまな度合があり、すべての度合が推奨できるわけではない。個々の市民に対して権力者のあらゆる命令に無条件で服従するよう要求するのは、純然たる専制だけである。服従の定義は少なくとも、命令を、市民全般を対象にしていて、かつ、審議を経た上での法律という形式で発せられたもの、というところまで限定する必要がある。このように理解される秩序であれば、たしかに、統治に不可欠の特性を表現している。自分たちの法令への服従が調達できないのでは、統治者とは言えない。しかし、これは必要条件ではあるけれども、統治の目的ではない。服従の調達は、何か別の目的を達成するための要件である。この別の目的として、改善の観念とは別個に統治が達成すべきもので、停滞的であれ進歩的であれあらゆる社会で達成すべきものが何なのかは、依然として探求しなければならないことになる。

---

〔1〕サン・シモン(一七六〇―一八二五)やオーギュスト・コント(一七九八―一八五七)を指している。

〔2〕コールリッジ『教会および国家の構成原理について』(一八二九年刊)に示された概念。

秩序は、もう少し広い意味では、私的暴力の停止による平和維持を意味する。国民が一般ルールとして、私的な力で争うことをやめ、紛争解決と被害救済を公的機関に委ねる習慣を獲得している場合、秩序が存在していると言われる。しかし、先述の狭い意味と同様、比較的広く使われているこの語法でも、秩序は、統治の目的とかすぐれた統治の判断基準というよりも、むしろ、統治の諸条件の一つを表わしている。なぜなら、政府に服従しあらゆる紛争事案をその機関に委ねる習慣が確立していても、そうした紛争事案等々への政府の対応の仕方は、可能な限りで最善なものから最悪のものに至るまで、実にさまざまなものがありうるからである。

社会が必要としているが進歩の観念には含まれていないもの全部を秩序の観念に含めようとすると、既存のあらゆる種類やあらゆる度合の善の維持を秩序と定義し、それらの増大を進歩と定義せざるをえない。この分類法では、政府に実現努力を要求できるものすべてが、どちらか一方の区分に収まってはくれる。しかし、分類のこのような理解の仕方では、統治の哲学に基礎を与えたことにならない。政体を作り上げるにあたって、秩序のためにはこれこれの特定の措置をすべきで、進歩のためには別のこれこれの特定の措置をすべきだ、と言えなくなってしまう。ここで示した意味での秩序の諸条件と進歩の諸条件は、対立しているわけではなく同じものになっているからである。既存の社会的善を維持する傾向がある作用は、その増大を促進する作用とまったく同じものであり、その逆も同様である。唯一違いがあるとすれば、維持の目的よりも増大の目的には、同じ作用でももっと強いものが求められる、ということだけである。

たとえば、社会にすでに存在している善行やすぐれた手腕、成功や繁栄に関して言うと、個々の市民の資質の中で、それら全体の維持に最も役立っているのは何だろうか。勤勉、誠実、公正、思慮といった資質であることは、誰もが賛同するだろう。しかし、これらはあらゆる資質の中で、改善に最も役立つ資質ではないだろうか。また、社会の中でこれらの美徳が発展することは、それ自体、最大の改善ではないだろうか。だとすれば、政府の特性の中で、勤勉、誠実、公正、思慮の育成に資するものは何であれ、持続にも進歩にも等しく役立つということになる。社会を存続させるだけの場合に比べて、社会を着実に進歩させるには、そうした特性がもっと多く必要になる、というだけのことである。

さらに言えば、人間特有の性質の中で、特に進歩とのつながりが強く、秩序や保存の観念をさほど直接的には連想させないものは何だろうか。それは主に、精神的な活力や進取の気性や勇気である。しかし、これらはすべて、善を増やすのと同様にすでに持っている善の維持にも大いに必要なのではないか。人間生活の中で何か確実なことがあるとすれば、それは、価値ある成果が保持されるのは成果を獲得したときの力と同じ力の持続による、ということである。物事は放置すると必ず衰退する。気配りをし思慮をめぐらす習慣が成功によって弛緩してしまい、不愉快な物事に積極的に向かい合おうとしない人は、好運を長い間、最高点に保ち続けられない。もっぱら進歩にだけ役立つように思える精神的性質であるとともに、進歩的諸傾向の中で頂点をきわめているのは、独創性あるいは創造性である。しかし、これは持続にも等しく必要である。なぜなら、人間生活の不可避的な変化の中で、新たな不都合や危険が絶えず頭をもたげてきて、以前と変わらない程度に何かを続けていくためにですら、新しい方策や工夫でそれらに立ち向かわなければならないからである。というわけで、政府の特質の中で、積極性、活力、勇気、独創性を助長する傾向を持つものは何であれ、進歩ばかりではなく持続の必要条件でもある。進歩の目的よりも持続の目的に関しては、平均的にはいくぶん少なめでも足りる、ということでしかない。

社会の必要条件のうち、精神的な条件から外面的物的な条件に目を移しても、秩序だけに役立つ、あるいは進歩だけに役立つといった、政治上の仕掛けや社会的仕組を示すことは不可能である。どちらの傾向であっても、両方を促進する。たとえば、警察というありふれた制度を見てみよう。秩序という目的は、社会組織のこの部門が能率的であることを最大の関心事にしているように思える。とはいえ、秩序の促進に効果的であれば、つまり、犯罪を抑止し誰もが身柄と財産の安全を実感できれば、これ以上に進歩に役立ちうる事態はあるだろうか。財産の安全性の高さは、生産高の上昇という、進歩の諸側面のうちで最も卑近な側面の主要な条件や原因の一つである。犯罪の抑止が進めば進むほど、犯罪に走りがちな性向が抑え込まれるが、これは、もう少し高い次元の意味での進歩である。不完全な保護状態への懸念や憂慮から個人が解放されれば、自分自身の状態や他者の状態を改善する新たな企てに自分の能力を自由に使えるようになる。その一方で、同じ原因によって個人が社会生活に愛着を持ち、同胞を目下の敵あるいは将来的な敵とみなさなくなることで、他者への思いやりの気持ちや仲間意識、社会全般の幸福への関心が高まる。いずれも、社会改善の非常に重要な部分である。

さらに、課税や財政の適切な仕組という身近な事例を取り上げてみよう。これはふつう、秩序の分野に属すると分類されるだろう。しかし、進歩にこれ以上役立つものがあるだろうか。秩序に役立つ財政の仕組は、まったく同じ長所によって進歩にも役立つ。たとえば、歳出の無駄を省くことは国富の既存の蓄えを保持するとともに、国富の増殖にも有利に働く。税負担の公平な配分は、すべての市民に対して、困難な調整に徳義と良識が適用されている模範例を示し、また、そうした調整の価値を国の最高機関が重視している証拠を示すことによって、社会の道徳感情を力強さと分別の双方の点で高い水準にまで教育する傾向を持つ。市民の勤労意欲を妨げたり市民の自由に必要もなく干渉したりしない課税方式は、国富の維持ばかりでなくその増大も促進し、個人の能力のいっそうの活用を推進する。逆もまた真であって、国富と徳性の両面で国民の改善を妨げるような、財政や課税におけるあらゆる誤りは、相当に深刻な程度の場合は、国民を貧相にし徳性を堕落させる。要するに、秩序や持続を既存の長所の安定的状態という最も広い意味で理解するのであれば、進歩の要件は秩序の要件を高水準にしたものに他ならず、持続の要件は進歩の要件を多少緩めたものにすぎない、ということが普遍的に成り立つのである。

秩序は進歩と本質的に異なっており、既存のものの保守とさらなる善の獲得とは根本的区別の基礎となるのに十分なほどの違いがある、という主張を支持する立場は、おそらく次の点を想起させようとするだろう。つまり、進歩は秩序を犠牲とすることがあるし、一つの種類の善を獲得しつつあり獲得しようと努力している間に、別の種類の善については後退していて、たとえば、富に進歩があっても徳が堕落することがある、という点である。このことを認めたとしても、証明されているのは、進歩は一般的に持続とは別物であるということではなく、富は徳とは別物であるということでしかない。進歩とは、持続プラスそれ以上のものである。ある一つの点での進歩はすべての点での持続を意味しないと論じても、反論にはならない。ある一つの点での進歩がすべての点での進歩を意味しないのと同じである。ある一つの種類の進歩は、同じ種類の持続を含んでいる。ある特定の種類の進歩のために持続が犠牲にされる場合はつねに、その進歩のために他の進歩がそれ以上に犠牲にされている。その犠牲が犠牲に値しないのであれば、持続の利益だけが無視されているのではなくて、進歩の利益全般も誤解されているのである。

これらの不適切に対比されている観念は、よい統治の概念に科学的正確さの最初の出発点を与えようとする際に使われることがあるとしても、よい統治の定義から秩序という言葉を除去した上で、最善の統治は進歩に最も役立つ統治であると言った方が、哲学的にはもっと正確になるだろう。なぜなら、進歩は秩序を含んでいるが、秩序は進歩を含んでいないからである。秩序において低い程度にとどまっているものが、進歩においては高度化しているのである。これ以外の意味での秩序は、よい統治の前提条件の一部を表わしているだけで、よい統治の理念や本質を表わしてはいない。秩序は、進歩の諸条件の中に位置づける方がもっとふさわしい。なぜなら、よいものの総量を増やしたいのであれば、すでに持っているものに適切に配慮すること以上に必要不可欠なことはないからである。財産をもっと増やしたいのであれば、最優先の原則は、今ある財産を無駄に浪費しないことである。このように考えると、秩序は進歩との調和を図るべき追加的な目的ではなく、進歩それ自体の一部であり手段である。ある一つの点での利得が、同じものや他のものの同等以上の損失を代価にして獲得されるのであれば、進歩になっていない。進歩に役立つということは、このように考えれば、統治体制の長所全体を含んでいることになる。

しかし、よい統治のこの定義は抽象論としては擁護できるにしても、やはり不十分である。なぜなら、真理の全体を含んではいるものの、その一部分しか想起させないからである。進歩という言葉が指し示すのは前に進むという観念であるが、ここでの意味はそればかりではなく、後退の防止という意味でもあるからである。まったく同一の社会的原因——同一の信条、感情、制度、慣行——が、いっそうの前進をもたらすためばかりでなく、社会の退歩を防止するためにも必要になる。人生が劣化の諸原因に対する絶えざる闘いであることは、今でもそのとおりであるし、仮に改善が望めない場合でも同様だろう。古代人の考えた政治とは、総じてそのようなものであった。人間とその仕事の自然的傾向は堕落だった。ただし、すぐれた制度を有徳に運用すれば、この傾向にいつまでもずっと対抗していく可能性は残されていた。われわれはもはやこうした見方をしないし、現代の大方の人々は正反対の信条を公言し、状勢全般は改善に向かっていると考えている。とはいえ、人間生活の中には劣悪な方向に向かう絶えざる流れがあることを忘れてはならない。その流れを作っているのは、人間のあらゆる愚行、あらゆる悪徳、あらゆる怠惰や不活発さや行動力の欠如である。この流れを抑制し一切を押し流してしまうのを唯一防いでいるのは、すぐれた価値ある目的に向けて、一部の人々が恒常的にまた別の人々が間歇的《かんけつてき》に行なっている努力である。人間の性質や生活を改善し高めるために行なわれている奮闘について、その主要な価値はそれによって実現された実際の改善の分量であって、奮闘が終われば後はそのままの状態が続くだけのことだ、という考え方は、この奮闘の重要性をまったく不十分にしか伝えていない。こうした努力はごくわずかに減少しただけでも、改善を止めてしまうばかりでなく、物事の一般的傾向を劣化の方向に変えてしまうだろう。この傾向は、いったん始まると、ますます速度を上げて進行し抑制がますます困難になって、歴史上しばしば見られ現在でも人類の大半が屈服している状態にまで行き着く。この期に及んでは、超人間的な力でなければ、流れを反転させ上昇運動を再開させるにはとうてい力不足だろう。

以上の理由により、進歩という言葉も、秩序や持続という用語と同様に、統治形態の諸要件を分類する基礎として不適当である。これらの言葉が表わしているそもそもの対立は、事物それ自体にあるというよりも、むしろそれぞれに対応する人間の性格類型にある。周知のように、慎重さが支配的な精神の人もいれば、大胆さが支配的な精神の人もいる。すでに手にしているものを危うくすることを避けたいという想いが、古いものを改善し新しい利益を得ようと駆り立てる想いよりも強い人もいれば、それとは反対の傾向を持ち、現在の善に配慮する以上に将来の善を熱望する人もいる。両端をつなぐ道は同じだが、二人は同じ道からたがいに遠ざかる方向へとさまよいがちなのである。この点に配慮することは、どんな政治的組織の人事を進める場合にも重要である。つまり、一方の傾向が強すぎるようになったら他方が適切な比重でそれを緩和するために、両方の類型の人物を組織の中に取り入れておくべきだ、ということである。これと相容れないことは認めないという配慮をしておけば、この目的の確実な達成のために特段の取組をする必要はない。年配者と若者、つまり、地位や評判が確立している人とこれからの人が自然に混ざり合えば、この自然なバランスを人為的な操作で乱すことさえしない限り、たいていは目的に十分応えることになる。

社会に差し迫って必要とされているものの分類のために最も一般的に取り入れられている区別〔進歩と秩序〕が、その目的に必要な特性を具備していない以上、われわれは、もっと目的にかなっていて導きとなるような別の区別を探さなければならない。そうした区別は、これから行なう考察によって示されるだろう。

最も控え目なものから最高水準までのあらゆる意味でのよい統治が依存するのはどんな原因や条件かを自問してみると、他のすべてにまさる中心的なものは、統治が行なわれている社会を構成している人々の資質であることがわかる。

第一の例として、司法の運用を取り上げてよいだろう。これはきわめて適切な例である。なぜなら、たんなる機構が、つまり業務の詳細を導く規則や仕組が、これほどまでに決定的な重要性を持つ公的な仕事は他にないからである。しかし、この場合ですら、規則や仕組よりも従事者の資質の方が重要である。国民の道徳的状態が、証人は偽証するのがふつうで裁判官やその部下は賄賂を取るといった有様だったら、司法の目的達成という点で訴訟手続にいったいどんな効果があるだろうか。また、地方行政の場合でも、誠実かつ有能に業務遂行するであろう人が仕事に就きたいという気持ちになれず、私腹を肥やしたいために仕事を引き受ける連中に委ねられる、といった具合に被治者がないがしろにされているならば、制度によって良好な地方行政がどう提供できるというのか。選挙人たちが最善の議員を選ぼうとせず、当選するために最も金を使う人物を選ぶとしたら、最大限拡大された民主政的な代表の仕組がいったい何の役に立つだろうか。もし、議員たちを買収できるのであれば、あるいは、公共の規律や各個人の自制心によって抑えられていない苛立《いらだ》ちやすさのために静穏な審議ができず、議場で腕力に訴えたり銃で撃ち合ったりするのであれば、代表制議会はどうして良好に機能できるだろうか。さらに言えば、一人が何事かに成功しそうになると、その人に協力すべき人々が暗黙裡に結託して失敗させようとするほどまで嫉妬深い場合、どうしたら、統治や共同事業を曲がりなりにでもうまく続けられるだろうか。自分勝手な自己利益だけを各個人が重要視して、社会全般の利益でもあるような自分の利益には注目したり関心を持ったりしない、というのが国民全般の気風である場合は、そのような状態でのよい統治はつねに不可能である。よい統治のあらゆる要素を阻害する点で知性上の欠陥が及ぼす影響については、例示の必要もない。統治とは人間の行なう行為に他ならないのであり、統治を担当する行為者、その行為者を選ぶ人々、その行為者が責任を負っている人々、あるいは、以上の人々すべてに意見によって影響を与え牽制を加える人々が、無知愚昧や有害な偏見の寄せ集めにすぎないならば、統治のあらゆる働きがうまくいかない。他方、これらの人々がこの水準を上回るのに比例して、統治体制の質は向上する。自分自身もすぐれた徳と知性をそなえている統治担当者が、有徳で開明された世論という雰囲気に包まれている場所でしか達成できない、卓越した水準にまで到達することになる。

したがって、よい統治の第一の要素は、社会を構成する人々の徳と知性であるから、統治形態が持ちうる長所の中で最も重要なのは、国民自身の徳と知性を促進するという点である。政治制度に関する第一の問題は、さまざまな望ましい知的道徳的な資質を社会成員の中でどこまで育成することに役立つかである。いやむしろ(ベンサムのもっと完成度の高い分類[3]に従えば)、道徳的資質、知的資質、活動的資質の育成に役立つかである。この点で最善の貢献をしている統治体制は、他のあらゆる点でも最善である可能性が十分にある。なぜなら、あくまでもこれらの資質が国民の中にあるという前提での話だが、統治体制が実際に良好に機能する可能性全体を左右するのは、これらの資質に他ならないからである。

そこで、集団的にも個人的にも被治者のすぐれた資質の総量を増大させるのに役立っている度合を、統治体制のよさを判断する基準の一つと考えてよいだろう。なぜなら、被治者の幸福は統治の唯一の目的であるけれども、さらに言えば、被治者の高い資質は統治機構を動かす駆動力を与えるからである。

統治体制の長所のもう一つの構成要素としては、機構それ自体の質が残されている。つまり、機構が、一定時点に現存する諸々のすぐれた資質を活用し、それらの資質を正しい目的のための手段としている度合である。

再度、例示として司法制度のことを取り上げてみよう。一定の司法制度があるとすると、司法運営がうまくいっているかどうかは、裁判所の構成員の力量と裁判所に影響や統制を加える人々の力量を足し合わせたもので示される。しかし、司法制度の善し悪しを分ける違い全体は、社会に現存する道徳的知的な力量を、何であれすべて、司法運営に動員し結果として適切に働くようにするために採用している仕組にある。徳と知性の最高水準を確保するための裁判官選任制度、適正な手続形式、あらゆる不祥事への監視と批判を可能にする情報公開、出版物による議論と批判の自由、真相を引き出すという点での適否を踏まえた証拠採用の方法、出訴を容易にする仕組が多少なりともあること、犯罪捜査や犯人捕捉の仕組――これらはすべて資質の力そのものではなく、資質の力を障害物に対処させ

〔３〕　ベンサム『憲法典』（一八三〇年）に示された分類。

る仕組である。機構はそれ自体で動くものではないけれども、しかし、機構がなければ、資質の力がどれほど豊富にあっても浪費され効果を持たないだろう。

行政省庁の構成の仕方に関しても同じ区別が存在する。省庁の機構がよくできているのは、次のような場合である。行政官の資質を調べる適切な試験が実施され、昇進に関して適切な規則が定められていること。業務が担当者の間で手際よく割り当てられ、業務遂行に関する要領を得た体系性のある手順が確定していて、業務終了後に正確でわかりやすい業務記録が残されていること。各人が何に責任を負っているかを理解しており、そうした責任の所在を他の人も理解していること。そして、各省庁の業務遂行に際しての過失、情実対応、汚職に対して、最善の工夫を凝らした防止策が用意されていることである。とはいえ、騎手がいなければくつわで馬を操れないのと同様に、政治的防止策は自動的に作用するわけではない。防止策を講ずるべき相手と同様に防止担当の行政官が腐敗していたり不注意だったりであれば、また、歯止めの仕組全体の主動力である国民全般が無知、受動的、あるいは散漫で不注意なために自らの役割を果たせなければ、最善の行政の仕組であっても得られる利益はほとんどない。それでもやはり、よくできた仕組はつねに、不出来な仕組よりも望ましい。仕組がよければ、既存の動力や歯止めが不十分であっても、それらが最善の効果をあげるよう動かすことができるし、それなしでは、動力や歯止めがいくら強力であっても足りないだろう。たとえば、情報公開は、行なわれている仕事を国民全般が見守っていなければ、害悪の防止にもよい仕事の刺激にもならない。とはいえ、情報公開がなければ、見ることが許されていない仕事について、公衆はどうやって歯止めをかけたり応援したりできるだろうか。理想論として完全だと言える官庁の仕組とは、行政官の利益がその職責と全面的に一致する仕組である。仕組だけでそうなるわけではないが、この目的のために適切に設計された仕組なしではなおさら不可能である。

統治体制の中の細々とした行政に関する仕組について論じてきたことは、統治体制の全体構造については、いっそう明確にあてはまる。よい統治体制であろうとする統治体制はすべて、集団的事業のために個々の社会成員に現存するすぐれた資質の一定部分を組織したものとなっている。代議制の国制は、社会に現存している平均水準の知性と誠実さを、最も賢明な社会成員の個々の知性や徳とともに、他の組織方法よりも直接的に統治体制に集約し、また、他の組織方法よりも大きな影響力をこれらの資質に与える方法なのである。とはいえ、どの国制であっても、これらの資質が持つ影響力は統治体制内のあらゆる善の源泉であり、統治体制内の害悪を未然に防止してくれる。一国の制度が組織化に成功しているこれらの有益な資質の総量が大きければ大きいほど、また、組織方法が適切であればあるほど、統治体制はよいものとなるのである。

以上により、われわれは今や、政治制度が持ちうる長所を二つに分ける区分法の基礎を得たことになる。その一方の部分は、知性や徳の発展、および実践面での活力や能力の発展という意味での、社会の全般的な精神的発展を促進する度合である。もう一つの部分は、公的な仕事で最大効果を発揮させるために既存の道徳的、知的、活動的な力量を政治制度が組織化する際の、組織化の完成度である。統治体制は、人々に対する作用と、事物に対する作用とによって評価すべきである。市民をどう変えているか、そしてまた、市民を用いて何をしているかによって、つまり、国民そのものを改善したり劣化させたりする傾向と、国民のために国民を用いて行なう仕事の善し悪しとで評価する、ということである。統治体制は人間精神に作用する大きな影響力であると同時に、公的業務のための一連の組織化された仕組である。前者の影響力に関しては、その有益な行動は主に間接的だが、だからといって重要性が劣るわけではない。他方、統治体制の有害な行動は直接的となることもある。

統治体制のこれら二つの機能は、秩序と進歩の違いのようにたんに程度で異なっているのではなく、種類が異なっている。とはいえ、両者が緊密な関係を持たないと考えてはならない。公的業務に関して教育の現状で実現可能な最善の運営を確保している制度は、それだけで、教育状態のいっそうの改善に役立つ。国民が知的道徳的な発展において到達している段階と両立可能な限りで、正義に最もかなった法律、最も公正で最も能率的な司法制度、最高度に開明的な行政、最も公平で負担が最も少ない財政制度を持っている国民であれば、より高度な段階へ迅速に移行していく途上にあるだろう。政治制度がその本業を上手に行なうことほど、政治制度が国民の改善に効果的に貢献する方法はない。逆に、機構が不出来なために本業の仕事ぶりが劣悪だと、国民の道徳を低下させ知性と活動を鈍らせる影響が至るところで感じられることになる。しかし、こうは言っても、二つの違いはやはり実質的である。なぜなら、今述べたことは、政治制度が人間精神を向上あるいは劣化させる諸々の仕方の一つにすぎず、そうした有益あるいは有害な影響の諸々の原因や態様が、別個の非常に幅広い研究主題であることには変わりないからである。(4)

社会の幸福に対して統治形態や一連の政治制度が影響を与える際の二つの態様——国民教育の機関としての作用と、すでに到達している教育状態で社会の集団的業務を行なう仕組——のうち、後者は前者に比べて、国や文明化状態の違いによって異なることは明らかに少ない。また、統治体制の基本構造との関連も少ない。統治実務の遂行方式に関しては、自由な国制の下で最善であるものは、たいていは絶対君主政でも最善だろう。ただ、絶対君主政の場合は、実施の可能性が少ないというだけのことである。たとえば、財産法、証拠や司法手続の諸原則、課税や財政の仕組は、統治形態ごとに異なる必要は必ずしもない。これらの事柄は、それぞれ固有の原則や規則を持っており、独立別個の研究主題である。一般法学、民事・刑事関連の立法論、財政・通商政策論は、それぞれ独自の科学である。いやむしろ、統治に関する包括的な科学あるいは統治技術の個別部門である。これらの主題を最も深くきわめた理論であれば、あらゆる統治形態で同程度にまで理解され行動の前提とされる見込みはないとしても、ともかく理解され行動の前提とされれば、どの統治形態の下でもたいていは同じように有益だろう。これらの理論は、若干の修正なしにはすべての社会やすべての人間精神に適用できないことはたしかだが、それにもかかわらず、理論を理解できる支配者を持てる程度にまで十分に進歩した社会状態に適用する場合には、大半は細かい点での修正しか必要としないだろう。まったく適用できない政府というのは、誠実なやり方では存続できないほどまでに、そもそもが劣悪な政府であるか、国民全般の感情に反している政府である。

社会的利益のうち、国民そのものの訓練の善し悪しに関連する部分では、話は違ってくる。制度は、このための手段と考えた場合には、すでに到達している進歩の段階ごとに根本的に異なっている必要

〔4〕　ミルはこの別個の研究を、国民性形成学（ポリティカル・エソロジー）として構想していたが、実現には至らなかった。

がある。大半は哲学的というよりも経験的にではあるが、この真理を認めていることが、前の時代の政治理論に比べて現代の政治理論がまさっている主要な点だと見てよいだろう〔5〕。前の時代の理論では、代表民主政がイギリスやフランスにふさわしいものだと主張する際に、それがベドウィン人やマレー人にとっても唯一適合的な統治体制だとまで証明してしまうような議論をするのが通例だったのである〔6〕。それぞれ異なった社会は、教育や発展の点で、低い方では動物の最高種とほとんど変わらない程度にとどまっている。高い方もかなりのところまであり、未来の可能な状態となればさらに相当の高さとなる。社会は、諸々の影響力の合流によってのみ、これらの段階の一つからそれよりも高い段階へと発展できるのであり、そうした影響力の主なものが、諸々の影響力を支配下に置いている統治体制なのである。これまでに到達している人間改善のどの状態においても、個人を現にあるようにし、その将来の可能性を実現へと導くことができる影響力の中で、個人に及んでいる権威の性質と度合、権力の配分、命令と服従の諸条件は、宗教的信条を除けば最も強力な影響力である。特定の時代の発展段階に対する統治体制の適応に欠陥があるために、個人が発展の途中で突如停止することもある。だから、統治体制の長所には、他にかなりの短所があっても、進歩とは両立するような短所であれば、その長所が必要不可欠だということに免じて大目に見てよい、といったものもある。つまり、国民がより高い段階へと向上するために踏み出す必要のある次の一歩に対して、国民に波及する統治体制の作用が有利に働く、あるいは不利に働かないという長所である。

というわけで(以前の例をくり返すと)、未開の独立状態にあって、各人が孤立して生活し一時的な場合を除いて外的統制を免れている国民の場合、服従を習得するまでは文明段階におけるどんな進歩も事実上不可能である。したがって、この種の国民を対象として成立する統治体制に欠かせない特質は、国民を服従させるということである。これが可能となるためには、政体は専制に近いものであるか、あるいは完全な専制でなければならない。どんな程度にせよ民主政的な性格を持つ国制は、社会の種々の構成員たちが行動の個人的自由を自発的に放棄することに依存しているので、〔7〕進歩のこの段階で生徒たちが必要としている最初の学習をさせることができない。したがって、こうした種族の文明化は、すでに文明化している他国民との隣接の結果でない場合は、ほとんどつねに、一人の絶対的支配者の仕事となる。その権力は宗教的あるいは軍事的な功績に由来しており、外国軍隊に由来する場合も非常に多い。

さらに言えば、未開種族は単調に延々と続く労働を嫌悪する。最も勇猛で最も活力に富む種族は、とりわけそうである。しかし、真の文明はすべてこの対価を払っている。そうした労働がなければ、文明社会が必要とする習慣へと精神を規律することはできないし、文明社会の受容に向けて物質面を整備することもできない。しばらくの間、勤労を強制することでもなければ、こうした国民が勤労を

〔5〕ミルは政治社会の進歩について、たんなる経験的認識ではなく、進歩の原因や法則性まで探求する理論を構築する必要性を説き、そうした理論を「社会動学」として構想していたが、実現には至らなかった。

〔6〕「前の時代の理論」の代表格として、ミルは父のジェイムズ・ミルやベンサムの理論を念頭に置いている。

〔7〕個人の自由の全面的放棄ということではなく、個人の自由を正当な範囲にとどめるために、統治や法の支配に従う必要性を指している。

受け容れるようになるには、諸々の状況の非常にまれな同時並存が必要であり、また、そのために非常に長い時間も必要になる。こういうわけで、奴隷制ですら、勤労生活の出発点を与え、勤労生活を社会の圧倒的大部分がひたすら従事すべきものとして強制することによって、戦闘と略奪の自由を超えた自由への移行を加速することもある。奴隷制のこの大義名分が、ごく初期の社会状態でしか成り立たないことは、ほとんど言うまでもない。文明化した国民の場合は、自分たちの影響下にある諸国民に文明を伝えるのにもっと別の方法がある。また、奴隷制は、法による統治というあらゆる現代的生活の基礎とまったく相容れないものであるし、支配階級にとっても、すでに文明化された影響の下に到達しているのであれば、堕落を招くものであるから、現代社会のどんな状況下でも奴隷制を導入することは、野蛮以上に悪い状態への逆行となる。

とはいえ、現在文明化しているほとんどどの国民も、歴史上のどこかの時点では、大部分が奴隷だったのである。この状態にある国民は、そこを抜け出て上昇していくには、未開国民の政体とは非常に異なった政体が必要である。国民が活発な性質であるならば、とりわけ(ギリシャの場合がそうだったように)奴隷でも奴隷所有者でもない勤勉な階級が同じ社会で国民の一員となっている場合は、国民の改善を確実にするのに必要なのはおそらく、国民を自由にすることだけである。こうした国民は自由になると、ローマの解放奴隷と同じように、市民的権利のすべてを即座に与えるのにふさわしくなることが多い。ただし、これは奴隷制の通常の状態ではない。むしろ、たいていは奴隷制が時代遅れになった徴候である。

奴隷という呼び方がふさわしいのは、自助を習得していない人間の場合である。この人間が、未開状態から一歩前進しているのはたしかだが、政治社会の最初の学習課程はまだ修了していない。服従することは学んだ。しかし、直接の命令に服従しているにすぎない。自分の行為を規則や法律に従わせることができないのが、生まれながらの奴隷の特徴である。命令されたことだけを、しかも、命令された時点でしか行なえないのである。自分たちが恐れている人物が目の前に立ち、処罰をちらつかせて自分たちを脅していれば従うけれども、その人物が背を向けると仕事は行なわれず放置される。本人をその気にさせる動機として、本人の利益ではなく本能に、つまり、目前の願望や恐怖に訴えなければならないのである。専制支配は未開人を服従させるだろうが、専制支配である限り、奴隷たちに関しては無能な状態に固定してしまう。自分たち自身で統制する統治体制を運用することは、まだ、まったく不可能である。

こうした人々の改善は、本人たちから生じることはなく、外から引き起こさなければならない。歩むべき一歩にして改善に向けた唯一の道は、意志による統治の体制から法による統治の体制へと上昇していくことである。自己統治が教えられなければならないのであり、これは、最初の段階では一般的な命令に即して行動する能力を意味する。必要なのは、力による統治の体制ではなく、指導による統治の体制である。ただし、力を保持しながら自分たちを監視する人物以外の指示には従えないという低次元の状態にあるので、最適の統治は、力は保持しているがめったに行使しないような統治である。つまり、サン・シモン流の社会主義に似た後見的な専制支配や貴族支配である。社会のあらゆる動きに対する全般的統制を維持し、そうすることで、制定されている規則への服従を強制するのに十分な力が目の前にあることを各人に実感させ続ける一方で、労働や生活のあらゆる細目にまで降りていって規制するのは不可能であるため、必然的に多くのことを諸個人に委ね本人たちにさせるのである。これは、幼児用手綱を用いた統治とでも名づけてよいものであり、ここで論じているような国民を社会進歩の次の段階へと迅速に前進させるのに必要な統治だと考えられる。それがペルーのインカ人統治の考え方だったように見えるし、イエズス会によるパラグアイ統治は事実そうだった。幼児用手綱が許容できるのは、国民が独力で歩くように少しずつ訓練していく手段としてだけであることは、言うまでもない。

例示をさらに続けるのは、この場にふさわしくないだろう。既知のあらゆる社会状態のそれぞれにどんな統治が適合するかを探求しようとすれば、代議制統治についてではなく、政治科学全般についての書物を一冊書くことになる。われわれの限定的な目的にとっては、政治哲学から一般的原理だけを借用すればよい。ある特定の国民に最も適合した統治形態を決定するためには、その国民の欠点や短所の中で、進歩に直接的な障害となるものを見分けられなければならない。つまり、何が(言わば)道を阻むものかを見出せなければならない。その国民にとって最善の統治とは、それなしでは国民が前進できないか、あるいは跛行的《はこうてき》な前進しかできない、そうしたものを国民に与える傾向が最も強い統治である。ただし、改善や進歩を目的とする万事に必要な留保を忘れてはならない。つまり、必要とされる善を追求する際に、すでに手に入れているものに損害を与えないようにする、あるいは、できるだけ損害を与えないようにする、ということである。未開国民は服従を教えられるべきではあるが、それは彼らを奴隷の国民に変えてしまうような仕方であってはならない。そして(この考察に、より高度の一般性を与えると)、一国民を進歩の次の段階に前進させるのに最も効果的な統治形態でも、さらにその次の段階に対して、障害となる、あるいは、国民を明らかに不適合にしてしまうのであれば、その統治形態は、やはりきわめて不適当なものである。そうした事例は頻繁にあり、歴史における最も憂鬱な事実の一つとなっている。エジプトの階層制や中国の後見的専制は、すでに到達していた文明化の地点にまで両国民を前進させるのには非常に適合的な手段であった。ところが、その地点にまで到達すると、いずれの国民も、改善の要件である精神的自由と個性の欠如のために、以後ずっと停止したままになってしまった。それらの改善の要件は、その地点にまで国民を前進させた制度のせいで、まったく充足できなかった。しかも、その制度が崩壊したり他の制度に代わったりしなかったので、そこから先の改善が止まってしまったのである。

これらの国民と比較対照するために、オリエントの別の小国民であるユダヤ人が示している正反対の例を考えてみよう。ユダヤ人も絶対的君主政と階層制を持ち、その組織化された制度は、インド人の制度と同じように、明らかに祭司制を起源としていた。それらは、ユダヤ人にとってオリエントの諸民族の場合と同じように、勤労と秩序へと服従させ一つの国民として暮らしていくことに役立った。ところが、ユダヤ人の王と聖職者はいずれも、オリエント諸国のように、国民性を唯一の鋳型にはめることはできなかった。ユダヤ人の宗教では、非凡な才能と高度に宗教的な気風をそなえた人物を天啓を受けた者と考えてよかったし、また、当人も自分をそう考えてよかった。そのような宗教によって、非常に貴重な非組織的制度、つまり、預言者という身分(と呼んでもよいもの)が生み出された。預言者は、その神聖な性格のために、必ずしもつねに実効性のある保護だったわけではないにせよおおむね保護され、国民の中の一つの権力、しばしば王や聖職者をしのぐ権力となり、諸々の影響力の対立という、継続的進歩を真に確保する唯一のものを地上のこの片隅で維持したのである。その結果、ここでは、宗教は他の多くの地域の場合とは異なり、いったん確立したもの一切を神聖化してさらなる改善への障壁となる、ということにはならなかった。預言者たちは教会と国家において近代の出版の自由に相当するものであったという、著名なヘブライ人、サルヴァドール氏の指摘は、ユダヤ人の生活におけるこの重要な要素がユダヤ国民史と世界史で果たした役割について、不十分ながら正当な見方を示している。[8] この要素のおかげで、啓示に由来する経典はけっして完結することがなく、才能と道徳感情において最も卓越した人々は、全能の神の直接的権威を借りて、非難や譴責《けんせき》に値すると自分たちが見た一切の事柄を非難し譴責できたばかりでなく、ユダヤ教についていっそうすぐれた高度の解釈を与えることもできたのであり、それらの解釈はそのようにしてユダヤ教の一部分となったのである。こういうわけで、聖書を一冊の本として読むという、近年までキリスト教徒と信仰を持たない人々のいずれにも等しく根強かった習慣を捨て去れる人は誰でも、モーゼ五書や史書(明らかにヘブライ人祭司身分の保守派の人々の手になるもの)の道徳と宗教が、預言者たちの道徳や宗教と大きく隔たっているのを見て驚嘆する。その隔たりは、預言者たちの道徳や宗教と福音書との間の隔たりと同じぐらい大きいのである。進歩にとってこれほど好都合な条件は簡単にはありえない。そのおかげでユダヤ人は、他のアジア人のように停滞してしまわずに、古代の最も進歩的な国民であったギリシャ人に次いで、またギリシャ人とともに、近代的教養の出発点となり、その主要な推進力となったのである。

このように、進歩の次の段階だけではなく、社会が進んで行く全段階を考慮に入れなければ、つまり、予見できる段階とともに、現時点では視界外のはるか無限の広がりまで考慮に入れなければ、社会状態への統治形態の適合性という問題を理解するのは不可能である。したがって、統治形態の長所を評価するには、それ自体として最も適切な統治形態について、一つの理想を構築しなければならない。つまり、その統治形態の有益な傾向が実質化するのに必要な諸条件さえ存在すれば、その統治形態では何か一つの改善ではなくあらゆる形態と度合の改善が助長され促進される、という理想である。この理想構築に続けて、この統治が持つ諸々の傾向を実現可能とするのに必要なあらゆる種類の精神的条件は何かをわれわれは考察しなければならないし、したがってさらに、一国の国民がこの統治の諸利益を獲得するのを不可能にしてしまう種々の欠点が何かも考察しなければならない。そうすれば、その統治形態の導入が賢明と言える環境に関しての原理を構築できる。また、その統治形態を導入しない方がよい場合には、国民がその最善の統治形態に適合的となりうる以前に通過しなければならないいくつかの中間段階を、社会が最も適切な仕方で歩むようにさせる次善の統治形態が何かについても、判断できるようになる。

これらの探究のうち後者〔次善の統治形態は何かの探究〕は、本書の関心事ではない。しかし前者〔理想的な統治形態に関する探究〕は、本書の主題の本質的一部分である。つまり、先走りということではなくここで直ちに明言してよいことだが、以下で証明し説明する原理は、理想の上で最善の統治形態は代議制の何らかの形態に見出される、ということだからである。

〔８〕　ジョセフ・サルヴァドール『モーゼの制度とヘブライ国民の歴史』（一八二九年刊）。

第三章　理想の上で最善の統治形態は代議制統治である

すぐれた専制君主を確保できるのであれば専制君主政が最善の統治形態だろう、と長らく（おそらくはイギリスの自由が続いてきた全期間にわたって）決まり文句のように言われてきた。これは、よい統治とは何かについての根深く非常に有害な誤解だと私は考える。論破できないと、統治についての一切の論究が致命的に損ねられてしまうだろう。

ここで想定されているのは、絶対権力が卓越した個人の手にあれば統治の全職責の遂行は間違いなく有徳で賢明なものだろう、ということである。よい法律が制定され施行され悪法が改革されるだろうし、信託されるあらゆる地位に最善の人々が就くだろうし、一国の環境とその知的道徳的な陶冶の度合が許す限りで、司法が適切に行なわれ、公的負担は軽く正当な仕方で課され、行政の全部門が清廉かつ賢明に運営されるだろう、というのである。議論の便宜のために、これらすべてを認めてもよい。とはいえ、この譲歩がどれほど大きなものかは指摘しておかねばならない。つまり、これに近い結果をもたらす場合ですら、善良な専制君主という単純な表現が伝える以上の、非常に多くのものが必要とされるのである。その実現には、実際にはたんなる善良な君主などではなく、万事を見通す君主が必要だろう。この君主は、国の全域における行政の全部門の運営や業務に、常時、相当に精通していなければならないし、王にも最下層の労働者にも等しく与えられている一日二四時間という限られた時間内に、この広大な領域の全分野で、注意と監督を実質のともなった仕事としてしなければならない。あるいは少なくとも、膨大な数の臣民の中から、監督と統制の下で行政の全分野を遂行するのに適した多数の誠実で有能な人物を見分け選別できなければならないし、さらにまた、監督なしで仕事を任せられるばかりでなく、他の人間を監督する点でも信頼できる、抜群の徳と才能をそなえた少数の人物を見分け選別できなければならない。まずまずと言える程度の仕事の仕方でも、これほど非凡な能力や活力が必要だから、ここで想定している善良な専制君主は、耐え難い災厄を逃れるためか、それを乗り切った後の何事かに向けて移行準備をするためというのでなければ、同意して仕事を引き受けてくれるとはおよそ考えられない。

もっとも、このとてつもなく大きな要件を棚上げにしても議論は成り立つ。困難が解消したと仮定してみよう。すると何が登場するだろうか。超人的な精神能力を持った一人の人物であり、この人物が、受動的精神を持つ国民の一切の事柄を処理することになる。国民の受動性は、絶対権力という観念そのものに含意されている。国民は全体としても、その構成員である個人としても、自分の運命について実効性のある発言力を持たない。国民は、自分たちの集団的利益について意志を働かすことがない。万事は、国民に代わって国民以外の意志で決定され、それに従わなければ、法律上、犯罪となる。

こうした支配体制の下で、いったいどんな人間が形成可能だろうか。人々の思考や活動能力はどのように発展できるのだろうか。純粋理論の問題に関する思索は、政治に近寄らずに政治の実際と無関係である限りでは、おそらく許されるだろう。実践的な事柄については、認められたとしても、せいぜい提言することぐらいである。しかも、たとえ最も穏健な専制君主の下であっても、提言が国事担当者に届くと期待できるのは、卓越しているとすでに認められているか評判になっている人だけであり、その場合でも、提言が顧慮されるとまでは期待できない。結果が外面に表われることもないのに思考の労をとろうとする人や、役割を果たすことが許可される見込がないのにその役割に関して有能であろうとする人は、知的活動それ自体に対して異常な興味を持っていると言わねばならない。少数の人は別としても、たいていの人の場合、精神活動を十分に刺激できるのは、結果に対して実際に何か役に立つだろうという見通しがあるときだけである。国民が知的能力をまったく失ってしまう、というのではない。それぞれの個人や家族が自分のために必然的にやらざるをえない生活上の普通の仕事でも、思考の狭い一定範囲内に限られるにせよ、ある程度の知性や実践的能力を喚起する。具体的な形での活用をめざして、あるいは研究それ自体への興味のために科学の発展に努力する学者エリート階級も存在するかもしれない。官僚や官僚をめざして訓練中の人々もいて、統治や行政の経験則の少なくとも一部は教えられることだろう。専制君主の威光を高めるために、特定方面(たいていは軍事の方面)で国内の最善の才能が体系的に組織されることもあるだろうし、実際にもしばしばあった。しかし、国民全般は、重要な実践的問題については情報も関心も持たないままである。あるいは、そうした問題について知識を持っていても、機械技術に知識があっても器具を扱ったことがない人の知識と同様に、興味本位の知識にすぎない。

損ねられるのは国民の知性だけではない。その道徳的能力も発育不全となる。人間の活動領域が人為的に限定される場合は、つねにそれに比例して、人間の感情は狭くなり矮小化《わいしょうか》する。感情の糧となるのは行為である。家庭内の愛情ですら、自発的に世話を焼くことで培われている。人は自国のために何もしないように仕向けられれば、自国を気にかけなくなる。古くから言われてきたことだが、専制国家には愛国者が一人しかおらず、それは専制君主本人である。この格言は、絶対的服従が持つ効果についての当を得た評価を根拠としており、善良で賢明な支配者にもあてはまる。まだ宗教が残っている、少なくともここに、人間の視線と精神を足下の塵芥《じんかい》から引き上げるのに頼れる力がある、という考えがあるかもしれない。しかし、宗教は、専制支配の目的のために歪められていないと想定した場合ですら、こうした環境では社会的関心事でなくなり、個人と創造主との間の個人的事柄に狭ってしまう。そこで問題となるのは、個人の私的救済でしかない。こうした形態の宗教は、最も利己的で狭隘なエゴイズムと完全に両立するし、他の信者の感情との一体性を信者にもたらさない点で、官能追求と同じである。

よい専制が意味する政府では、専制君主に依存する限りは国家の役人が積極的に抑圧することはないが、しかし、国民の集団的利益の一切が代行的に処理され、集団的利益に関する思考も代行されている。また、国民の精神は、国民自身の活力の放棄によって形作られ、そうした放棄に同意してもいる。物事を政府に委ねてしまうことは、物事を摂理に委ねるのと同じように、自分では何も手出しをせず、結果が不快なものであるときには天災として受け容れる、というのと同じことである。したがって、思索それ自体に知的興味を持つ少数の研究熱心な人々を別とすれば、国民全般の知性と感情は物質的利益に向けられ、また、それが足りているときは私的生活を楽しみ飾り立てることに向けられる。しかし、このように言うことは、歴史上の証言すべてに何がしかの価値があるとすれば、国民凋落《ちょうらく》の時代が到来したと言うのに等しい。ただし、その国民が凋落する以前に、何事かを達成していたとしての話である。その国民が東洋の国民の状態を超えていなければ、その状態のままで停滞が続いていく。ギリシャやローマのように、もっぱら自由の成果である活力、愛国心、精神の広がりといった国民性によって高度なものを実現している場合には、数世代のうちに東洋の状態に陥っていく。しかも、この状態は、もうそれ以上は悪化しないという保証付きの退屈な静寂を意味しない。それが意味するのは、多くの場合、強力な専制君主によって、あるいは、未開の荒々しさとともに自由がもたらす活力をそなえた近隣の未開国民によって、侵略され征服され家内奴隷に貶められてしまう、ということである。

こうしたことは、たんに自然的傾向であるばかりでなく、専制的統治に内在する必然性である。そこから逃れる出口は、専制が専制でなくなることに同意しない限り存在しない。よい専制君主と考えられている者が権力行使を控え、権力を留保しながらも、国民が本当に自らを統治しているかのように統治業務全般が進行していくのを許さない限り、そうなのである。まずありえないとしても、立憲的統治の規則や制約を遵守する専制君主を想像することはできる。この専制君主は、国全体にかかわる諸問題についての世論の形成や表明が可能となるような出版や討論の自由を認めるかもしれない。地方の利害が当局の干渉なしに、国民自身によって処理されるのを許すかもしれない。課税権限や執行権や最高立法権は保持しながらも、国民の全体あるいは一部から自由に選ばれた一つないし複数の統治評議会を自分の傍らに置くことまでするかもしれない。仮にこのように行為し、この程度まで専制君主としての地位を放棄するのであれば、専制に特徴的な害悪のかなりの部分は除去されるだろう。

政治活動や公的問題に対処する能力が国民全体の中で成長することは、もはや妨げられないだろうし、世論は、政府が言うことのたんなる反復ではなく、世論そのものとして形成されるだろう。しかし、このような改善は、新たな困難の始まりとなる。君主の指図から独立した世論は、君主に賛成あるいは反対をせざるをえず、賛成でなければ反対となる。政府というものはすべて、多くの人々の不興を買わざるをえないのであり、彼らが常設の発言媒体を持ち自分たちの意見を表明できるようになれば、政府の施策への反対意見がしばしば表明されるだろう。そうした反対意見が多数を占めるようになったら、君主はどうするのか。自分の方針を変えるのだろうか。国民に従うのだろうか。もし国民に従うなら、もはや専制君主ではなく立憲君主である。つまり、国民の代弁者、筆頭の奉仕者であって、唯一の特徴は罷免がないことだけである。国民に従わないというのであれば、専制的権力によって反対を抑え込まなければならないし、さもなければ、国民と一人の人物との間に恒久的な対立が生じ、その結末は一つ〔君主の側の屈服〕しかありえない。受動的服従や「神授権」といった宗教的原理ですら、こうした事態の自然的結果を長期にわたって防ぎきれるものではない。君主は屈服して立憲王政の諸条件に従わざるをえないし、あるいは、進んで従うような誰かに譲位せざるをえないのである。このようにおおよそが名目的でしかない専制だと、絶対君主政が持つと考えられている利点はほとんどなくなってしまう。他方、自由な統治の利点も、非常に不完全な程度でしか実現されない。なぜなら、市民は実際上どれほど多くの自由を享受するとしても、その自由は黙認されて手にしているだけで、既存の国制の下ではいつでも撤回可能な譲歩によって得られたものであり、主人は思慮深いか鷹揚であるとしても、法的には市民はその奴隷であることを忘れられないからである。

性急な改革者や失意の改革者が、国民の無知、無関心、強情、頑迷、そして自由な制度が提供する強力な武器で武装した諸々の利己的な私利の結託によって、有益この上ない公的改善が阻害されていることに不満を持ち、こうした障害の一切を克服し頑強に逆らう国民によい統治を強制する強力な人物を待望することがときにあったとしても、さほど不思議ではない。しかし(悪弊を時折正す専制君主一人に対して、悪弊を作り出すだけの専制君主が九九人いるという事実はさておくとしても)、自らの期待の実現をその方向に求める人は、よい統治の理想から、国民そのものの改善という主要素を脱落させているのである。自由の恩恵の一つは、その下では支配者は国民の考えを無視できず、国民の改善抜きでは国民のために国民にかかわる物事を改善できない、ということである。国民自身への顧慮がないままで国民がよく統治されるということが仮に可能だとしても、そうしたよい統治は長続きしないだろう。それは、自ら協力することなしに外国の軍隊によって解放された国民の自由が通常は長続きしないのと同様である。たしかに、専制君主でも国民を教育することはありうるし、実際にそうしているのであれば専制支配の最良の言い訳になるだろう。しかし、人間を機械とは違ったものにしようとする教育は、長期的には、人間に自分自身の行為を統御したいという要求を生じさせる。一八世紀フランス哲学の主導者たちは、イエズス会士に教育されていた。[1]イエズス会士の教育ですら、自由への渇望を喚起した点で十分に本物だったようである。どれほどわずかな程度のものであっても、能力を活性化させるものは何であれ、もっと妨げられずにその能力を発揮したいという強い欲求を創り出す。国民教育は、国民が確実に望みほぼ間違いなく要求するようになる状態に向けて国民を教育しないとすれば、失敗なのである。

極度の緊急事態に一時的独裁の形で絶対権力を掌握することについては、論難するつもりは毛頭ない。自由な諸国民は、昔は、穏やかな手段では治療不可能な病弊に対する必要不可欠な療法として、自らの選択でそうした権力を与えたものである。しかし、たとえ厳格に限定された期間にせよ、そうした権力を引き受けることが許されるのは、独裁者がソロン〔2〕やピッタコス〔3〕のように、自分が掌握した全権力を国民による自由の享受を妨げている障害を除去するために用いる場合だけである。よい専制というのは、まったく誤った理想であり、それは(何らかの一時的目的のための手段である場合を除いて)この上なく無分別で危険な幻想なのである。毒を制するための毒とされるよい専制は、文明が進んでいる国では、悪い専制よりも有害である。なぜなら、よい専制の方が、国民の思考、感情、活力をはるかに弛緩させ衰弱させるからである。アウグストゥスの専制は、ローマ人にティベリウス〔4〕の下地を作らせた。仮にローマ人の性格の全般的傾向が、ほぼ二世代にわたる穏和な隷属状態〔5〕によって

〔1〕　ヴォルテール(一六九四―一七七八)、コンディアック(一七一四―一七八〇)、エルヴェシウス(一七一五―一七七一)など。
〔2〕　ソロンは、前七世紀から前六世紀にかけての古代アテネの政治家、「ソロンの改革」で有名。
〔3〕　ピッタコスは、古代ギリシャのミュティレネで僭主政を打倒して権力を掌握した政治家で、ソロンの同時代人。
〔4〕　ティベリウス(前四二―後三七)は、アウグストゥス(前六三―後一四)の後継のローマ皇帝。治世の前半は先帝の穏健な統治を継承したが、後半になって恐怖政治を行なったとされている。
〔5〕　アウグストゥスとティベリウスの前半期の統治を指す。

あらかじめ活力を失っていなかったのであれば、ローマ人にはいっそう忌まわしい隷属状態に反抗する十分な気力が残されていただろう。

理想の上での最善の統治形態を示すのは難しくない。それは、主権あるいは最終的な最高統制権力が社会全体に付与され、また、市民がその究極の主権の行使に発言できるばかりでなく、地方や国の公的な役割を自ら直接に果たすことで統治体制に実際に参加するよう少なくとも時折は求められる、そうした統治形態である。

この主張を検証するためには、この主張を二つの部門に関連づけて検討しなければならない。前章で指摘したように、統治体制のよさを調べる作業は、これら二つの部門に分けるのが好都合である。つまり、さまざまな社会成員の既存の知的能力、道徳的能力、活動的能力による社会的業務の遂行を統治体制がどう促進するかを調べることが一つ、もう一つは、これらの能力の改善あるいは劣化に統治体制がどんな影響を与えるかを調べることである。

言うまでもないが、理想の上での最善の統治形態が意味するのは、文明のどんな状態でも実施可能であるとか実施に適している統治形態ということではなく、実施可能で実施に適している環境において、現時点でも将来的にも最大限の有益な結果をもたらす統治形態である。全面的に民主政的な統治体制は、こうした性格のものだとあらゆる面から主張できる唯一の政体である。それは、政体の優秀性を二つの部門に分ける観点から見て、どちらの部門でも優秀である。他のどんな政体と比べても、現時点でのよい統治という点でまさっているし、また、いっそうすぐれた高度な形の国民性を促進する。

現時点での有益な結果という点でまさっているのは、二つの原理によってである。いずれも、人間生活に関して成立可能なあらゆる一般命題と同程度に、普遍的な真理であって普遍的に適用可能である。第一の原理は、どの人間の権利や利益にしても、なおざりにされるのを確実に防止できるのは、当人がそれらの権利や利益を守ることができ、また、つねに守ろうという気持ちを持っている場合に限られる、ということである。第二の原理は、社会全般の繁栄はそれを促進するために動員される個人の活力の量や多様性に比例して高度になり広汎になる、ということである。

ここでの応用に合わせて、より具体的にこれら二つの命題を述べ直すとこうなる。他者の手による害悪からの防護が確実になるのは、もっぱら、自己防衛の能力を持ちその能力を行使することに比例する。また、自然との闘いで高度な成功が確実になるのは、もっぱら、他者が自分のためにしてくれる物事に頼るのではなく自立して自分から個人としてあるいは他者と協力してできる物事を頼りにすることに比例する。

各人は自分の権利と利益の唯一確実な守り手であるという第一の命題は、思慮の基本原則の一つであり、自分のことを自分でできるあらゆる個人が、どんなことに関心を持つにしても、暗黙のうちに行動原則としているものである。たしかに、多くの人々は、これが政治原則になっている場合は大いに嫌悪し、すべての行動を利己的なものとみなす理論だと非難することに賛同する。それに対してはこう答えてよいだろう。人間は概して他者よりも自分を優先し、縁遠い人々よりも身近な人々を優先する、ということが真理でなくなるときはいつでも、それ以降は、共産主義が実行可能となるばかりでなく、唯一擁護可能な社会形態にもなるのであり、その時点が到来すれば間違いなく実現されるだろう。私自身としては、すべての行動が利己的だとは考えていないので、人類のエリートの間でなら現在ですら共産主義は実行可能であり、人類の他の部分でも実行可能となっていくかもしれない、と認めるのは困難ではない。しかしこの見解は、自己利益が概して優勢だとする理論を非難しつつ既存制度を擁護する人々には、必ずしも人気があるわけではない。とすると、こうした人々は〔利己性の克服を前提としている共産主義を非現実的と批判しているのだから〕実際には、大方の人間の配慮は他人よりも自分を優先させている、と信じているのではと考えたくなる。

とはいえ、すべての人が主権的権力に参与すべきだという主張を支持するために、〔人間の利己性について〕そこまで徹底した主張をする必要はない。権力を一階級が独占している場合、その階級は意識して故意に自分たちのために他の階級を犠牲にするものだ、と考える必要はない。排除されている人々の利益は、それを擁護して当然な人々がいなければ、見過ごされる危険がつねにあるし、また、目を向けられるにしても、直接の当事者の見方とは非常に異なった見方をされるものだ、ということで十分である。

イギリスではたとえば、労働者階級と呼ばれている人々は、統治へのあらゆる直接的参加から排除されていると見てよい。私は、統治に参加している諸階級が概して自分たちのために労働者階級を犠牲にする意図を持っている、とは思っていない。以前はそういう意図を持ったこともあった。法律で賃金を低く抑えようとする企てが執拗に長く続いていたことが、その証拠である。しかし今日では、彼らの意向はふつうは正反対になっている。労働者階級の利益のために、特に金銭的利益の点で、自分たちのかなりのものを進んで犠牲にしており、むしろ、見境なく気前のいい恩恵を与えすぎるという誤りを犯しているぐらいである。同国人の中の貧しい人々に対し責務を果たそうとする、これ以上に真摯な意欲で動かされている支配者が歴史上に存在するとも、私は思っていない。とはいえ、議会や議員の大半が束の間でも、労働者の目で問題を見ることがあるだろうか。労働者自身が関心を持つ問題が生じたとき、雇用者以外の観点から見ることがあるだろうか。そうした問題に対する労働者の見解が、たいていは、それ以外の人々の見解よりも真理に近い、と私は言っているわけではない。しかし、真理に非常に近い場合もある。それに、どんな場合でも、現状のように取り合わないばかりか無視するというのではなく、敬意を払って傾聴すべきなのである。たとえば、ストライキという問題に関しては、両院の主要議員の中で、道理は全面的に雇用主の側にあり労働者たちの意見は理不尽でしかない、と固く思い込んでいない人が一人でもいるかは疑わしい。この問題を研究したことがある人々は、労働者たちの意見が理不尽ではまったくないのをよく知っているし、もしストライキをする階級の人々が議会で傾聴されることが可能であれば、どれだけ異なった、また、はるかに皮相でない仕方でこの問題を論じなければならないかもよく知っている。

　他者の利益を保護しようという意図がどれほど真摯なものであっても、当人の手が縛られていることが当人の無事につながる、あるいは利益になる、ということはありえない。これは、人間生活に関する本来的な条件である。それにもまして明白な真理は、生活上のどんな前向きの持続的な改善でも、成し遂げられるのは本人だけだ、ということである。以上二つの原理の合わさった影響をつうじて、あらゆる自由な社会は他のどんな社会よりも、あるいは、自由な社会自体が自由を失ってしまった後と比べても、多くの社会的な不正や犯罪を免れるとともに、いっそう輝かしい繁栄を達成している。世界の中で自由が持続している自由諸国を、君主政的あるいは寡頭政的な専制の支配下にある現代の国々と比べてみればよい。ギリシャの諸都市をペルシャの太守支配地と比べ、イタリアの諸共和国やフランドルやドイツの自由都市をヨーロッパ各地の封建君主国と、スイスやオランダやイギリスをオーストリアや革命前のフランスと比べてみればよい。自由諸国がいっそう繁栄していることは反論の余地のないほど明白であり、統治と社会的関係の良好さという点でまさっていることは繁栄によって証明されているし、さらには、歴史のどのページを見てもはっきりしている。ある時代を別の時代と比較するのではなく、同じ時代に並存していた種々の統治体制を比較すれば、自由諸国の言論の自由に存在したと大げさに誇張できる程度の無秩序は、君主政諸国の生活全体に広がっていた国民大衆への見下げ果てた抑圧や、歳入措置と称する略奪体制や恐るべき裁判所の秘密の暗闇の中で日常的という言葉では言い足りないほどくり返されていた、うんざりするような個人的専制とは、まったく比較にならない。

自由の恩恵は、これまで享受されてきた限りでは、その特権を社会の一部分だけに広げることで得られており、それを万人に偏りなく広げる統治体制は、まだ実現されていない願望である。そのことは認めなければならない。しかし、これに近づいていくあらゆる歩みは、やはり独自の価値を持っている。また、現時点での改善全般の状況では、多くの場合、一歩前進といった接近しかできないにしても、この恩恵に万人が与《あずか》るというのが、自由な統治の考え方としては、理想的と言える完全な考え方である。この統治から排除されている人々の利益は誰の利益であれ、排除されている度合に応じて、他の人々の利益に与えられているような保障を欠いた状態に置かれる。また、排除されていない場合に比べて、自分たち自身や社会の善のために精力を注ごうにも、その範囲は狭まり励みも少なくなってしまう。そうした範囲や励みの増減に比例して、社会全般の繁栄の度合も変わるのにである。

以上が、現世代の関心事の処理――現時点での有益さ――に関する論証である。次に、性格に対する統治形態の影響に話を移すと、民主政的統治が可能であるならば、他のあらゆる統治形態に対する優位は、はるかに決定的で反論の余地のないことが判明する。

この問題を実際に左右するのは、非常に根源的な問題である。つまり、人類全般の善にとって、積極的なタイプと受動的なタイプという二つの一般的性格類型のうち、どちらの優勢が望ましいかである。悪弊と闘うタイプか耐えるタイプか、環境を自分に屈服させようと努力するタイプか環境に屈するタイプかである。

道徳家たちの決まり文句や大方の人々の共感は、受動的タイプに好意的である。精力的なタイプも賞賛はされるだろうが、大半の人が個人的に好んでいるのは黙って従うタイプである。受動的な隣人はわれわれの安心感を増やしてくれるし、われわれの言いなりになってくれる。たまたまわれわれがその人の活発さを必要としているのでなければ、受動的性格の方がわれわれの進路の邪魔になることは少ないように思える。満足している性格は危険な競争相手ではない。しかし、人間生活における改善はすべて、満足しない性格の所業であるし、さらに、受動的精神が活発な精神を身につけるよりも、活発な精神が忍耐の徳を獲得することの方がはるかに容易である。これほど確実なことはない。

知的、実践的、道徳的という精神的卓越の三種類のうち、最初の二種類に関して、どちらの側が優位にあるかに疑いの余地はありえないだろう。あらゆる知的優越は活発な努力の成果である。進取の気性、動き続け自分自身や他者の利益のために新しい物事を試し成就しようとする欲求は、思索的才能にとってすらその根源であるし、実践的才能にとってはなおさらのことである。受動的なタイプと両立する知的教養は、ひ弱でめりはりのない類いのものであって、興味本位やたんなる抽象的思考のところで立ち止まってしまう精神に属する。本物の活力ある思考、つまり、夢を夢見るのではなく真理を確証する思考の試金石は、実践に適用して成功することである。思考に確定性や正確さや明瞭な意味を与えるという目的が存在しなくなると、思考は、ピタゴラス学派やヴェーダの神秘的形而上学〔6〕以上のものを生み出さない。実践面での改善に関しては、以上のことはいっそう明白である。人間生活を改善する性格は、自然の力や傾向に屈服するのではなくそれらと格闘する性格である。本人に利益をもたらす資質はすべて、活発で精力的な性格の側にある。また、個々の社会成員の利益を増大させる習慣や行為は、少なくとも部分的には、社会全体の進歩にも間違いなく役立つ。

しかし、道徳的な望ましさという点では、一見したところ疑念の余地があるかのようにも思える。神意に捧げるべき服従といっそう調和するとして、消極的な性格にあれほどまでに広く味方してきた宗教的感情のことを言っているわけではない。キリスト教は他の宗教と同様にこの感情を助長してきたけれども、しかし、キリスト教は、この点や他の多くの歪んだ点に関して、捨て去ることができるという特権を持っている。〔7〕宗教的考察を離れて言えば、障害を克服しようと奮闘せず屈服する受動的性格は、たしかに、自分にも他者にとっても大いに有益というわけではないだろうが、しかし、少なくとも有害ではないと考えてもよいだろう。いつでも、満足は道徳的な徳とみなされている。とはいえ、満足は受動的性格に必然的にあるいは自然にともなうものだ、と考えるのは完全な誤りである。また、受動的性格が役に立っていない場合には、道徳的結果は有害なものになる。自分が持っていない美点への欲求があっても、自分自身の活力でそれを手に入れる潜在的可能性がない人間は、それを持っている人々を憎悪や敵意を持って見がちである。自分にはできると前向きに期待しながら自分を奮い立たせて、自分の境遇の改善に努める人は、同じ企てに携わっている人やその企てに成功した人に対して好感を持つ。また、多くの人がその企てに携わっている場合には、目的を達成していない人々も、社会全般の習慣に気風が影響を受けて、達成されていないのは努力不足か機会の欠如か個人的な不運のためだと考える。ところが、他者が持っているものを欲求しながらも、そのために奮闘する努力をしない人々は、自分で試みていないことに運命が味方してくれないと絶えず不平を言ったり、自分が持ちたいと思っているものを持っている人に対する妬みや悪意で胸一杯になったりしてしまうのである。

人生における成功が、努力ではなく運命や偶然の結果だとみなされ信じられていると、それに比例して、妬みが国民性の特徴としてはびこってくる。人類全体の中で最も妬み深いのは東洋人である。東洋の道徳家たちや東洋の物語の中では、妬み深い人物が特に際立っている。現実生活の中では、大邸宅であれ器量のよい子どもであれ、健康な心身ですらそうだが、何か望ましいものを持つ人にとっ

〔6〕　ピタゴラス学派の数学的宇宙論や、古代インドのバラモン教の経典「ヴェーダ」の神秘思想。
〔7〕　宗教改革などさまざまな改革が行なわれたことを示唆している。

て、こうした妬み深い人物は恐怖の的である。この人物のただの一瞥《いちべつ》が、呪いの眼差しという、世界中にある迷信を結果として作り出していると考えられる。消極性とともに妬み深さという点で東洋人に次ぐのは、一部の南欧人である。スペイン人は、自国のあらゆる偉大な人物たちを妬み深く追い回し、その人生を損ね、成功を初期段階で止めてしまうことにおおむね成功した。＊本質的には南方系国民であるフランス人の場合は、その衝動的な気質にもかかわらず、専制とカトリシズムの二重の教育によって、服従と忍耐が共通の国民性となり、英知と卓越についての最も広く受け容れられた考え方にもなった。お互い同士の妬みや上位者への妬みがこの程度の広がりで済んでいるとすれば、それはフランス人の性格の中に多くの貴重な反対作用の要素があるためだ、と言うべきである。とりわけ、偉大な個人的活力がそうである。この活力は、自助的で奮闘的なアングロサクソンに比べれば持続性が少なく断続的であるにせよ、制度の作用がこの活力にとって好都合に働いているほぼすべての方面で、フランス人の中にも示されている。

＊〔原注〕この記述は過去限定である。なぜなら私は、偉大で今やついに自由になった国民について、悪く言いたくはないからである。彼らは、急速な失地回復を期待させる活発さをたずさえてヨーロッパの進歩の全般的動きに加わりつつある。スペインの知性と活力の可能性は誰も疑えない。国民としての彼らの欠陥に対する真の特効薬は、主に自由と勤労意欲なのである。

本当に満足した性格の人々、つまり、自分がまだ持っていないものを見つけ出そうとせず、また、欲しがりもせず、そのため当然ながら、明らかにもっと恵まれた運命の人に対して敵意を持たない人々が、どの国にもいるのはたしかである。とはいえ、大半の外見上の満足は、怠惰やわがままと結びついた不満そのものであって、それを表に出す正当な手段はないものの、他人を自分のレベルに落とすことで喜んでいるのである。また、純真無垢な満足でさえ綿密に見ると、われわれの賞賛の的となるのは、外面的環境の改善に無関心なだけで、精神的な価値を絶えず高めようとする努力や、あるいは少なくとも他者に役立とうとする無私の熱意がある場合に限られていることがわかる。他の人をもっと幸福にしよう、自分の国や隣人の善を増進しよう、道徳的卓越という点で自分自身を改善しよう、といった大望を持たない満足した人物や家族は、われわれの賞賛も賛同も呼び起こさない。この種の満足はひ弱で根性なしだと、われわれは正しく判断する。われわれがよいと思う満足とは、手に入れられないものがあっても明るく過ごしていく能力であり、さまざまな欲求対象の相対的価値を正しく評価することであり、大きなものと両立しないときに小さなものを進んで断念することである。しかし、こうしたことは、自他の運命を改善する企てに積極的に従事する性格であればあるほど、その性格には当たり前な長所である。困難に向かい合いながら自分の活力を絶えず測っている人は、自分では克服できない困難が何であり、克服可能かもしれないがうまくいっても代価を払うに値しないものが何かを学んでいる。思考と活動がすべて、実際的で有益な仕事に必要とされていて恒常的に動いている人であれば、達成する価値のない物事やそうした価値が自分にとってはない物事を、不満を感じながらくよくよ考えるということは、誰にもましてありそうにない。こういうわけで、積極的で自助的な性格は、本来それ自体として最善であるばかりでなく、反対のタイプにおいて本当にすぐれているものや望ましいものすべてを獲得する見込みも最大なのである。

イギリスとアメリカの奮闘的で前進的な性格は、大して重要でもない対象に力を注いでいるために、批判の格好の的にしかなっていないけれども、それ自体は人類の全般的改善にとって最善の希望の拠り所なのである。鋭い指摘として言われてきたことだが、物事がうまくいかないとき、いつでも習慣的に言いたくなるのは、フランス人ならば「我慢が必要だ」であり、イギリス人ならば「何たる恥だ」である。物事がうまくいかないとき恥だと思う国民、害悪は防止できたし防止すべきだったという結論に突き進む国民は、長期的に見れば、世界をよりよくするのに最も貢献する国民である。欲求が低次元で、身体的安楽や富の見せびらかし以上のものに向かっていないのであれば、活力の直接的成果は、物質的なものに対して人間の支配力を絶えず拡大する、といった程度のことだろう。しかし、これですら、知的社会的な最大の偉業の可能性を作り出し、その機械的手段を準備する。活力が存在していれば、誰かがそれを使うだろうし、外的環境の完成のためにではなく人間の内面的性質の完成のために、活力がますます使われるようになるだろう。消極性、物事を強く望まないこと、欲求の欠如は、改善にとって、活力を誤った方向に向けること以上に致命的障害である。しかも、こうしたものが大多数の人々に存在していると、それだけで、少数者が活力を非常に誤った方向に向けることも、ありうる事態となってくる。人類の大多数が未開ないし半未開の状態にとどまっているのは、主にこのためである。

こう見てくると、消極的な性格類型が一人あるいは少数者の統治する体制に好まれ、積極的自助的な類型が多数者の統治する体制に好まれることに、疑問の余地はまったくない。無答責の支配者は、支配者側から強制できない物事を被支配者に求めるというよりも、被支配者の黙従を求める。自然の必然のようにして人の命令に従えというのが、政府にまったく参加していない人々に対してあらゆる政府が教え込む教訓である。上位者の意志や上位者の意志としての法には、受動的に服従せよ、というわけである。ところが、自分たちの他の営みにおいて意志や魂、内面的活動の動機を持っている人は、支配者の思いのままになるたんなる道具や材料にならない。そうした素質を表に出すことは専制的支配者が奨励するところではないから、許可をもらうことが必要になる。無答責の支配者の場合、たとえ被支配者の精神活動を抑圧したいと思うほどその活動から生じる危険を意識していなくても、こうした立場自体が抑圧的なのである。努力に水を差すには、積極的妨害よりも、努力の無意味さが確実なことの方が効果的である。他者の意志への服従と、自助や自治の徳との間には、本来的な両立不可能性がある。この両立不可能性がどこまで徹底的かは、束縛が強められるか緩められるかによる。被支配者の自由な動きを統制する度合や、被支配者の仕事を代行することで自由な動きを抑圧する度合は、支配者ごとに大きく異なっている。しかし、相異は程度の相異であって、原則の相異ではない。しかも、最善の専制的支配者は、被支配者の自由な動きを最大限にまで束縛することが多い。悪しき専制的支配者は、本人自身が怠惰な場合には、進んで国民を放任することもある。ところが、善良な専制的支配者は、自分は国民が知っている以上に適切なやり方で国民に仕事をさせることで国民の役に立っている、と言い張る。フランス手工業の主要部門すべてを固定した手順で束縛した統制は、偉大なるコルベール〔8〕の所業だった。

〔8〕 コルベール（一六一九―一六八三）は、一七世紀フランスでルイ一四世に側近として仕えた政治家、重商主義的・保護主義的な貿易政策や積極的な産業振興政策で知られている。

自然の必然性や、自分も関与していて不適当と思うならば公然と異議を唱え変更のために積極的に努力できるような社会の命令以外には、外的な束縛を何も人々が感じていない場合は、人間の諸能力の状態はまったく異なってくる。たしかに、部分的にしか民主政的でない統治体制の下で、市民としての特権を十分には得ていない人々でも、このような自由を行使することはあるだろう。しかし、平等なスタート地点に立って、自分が属していない集団の感情や性向におもねることができるかどうかに自分の成功がかかっていると感じなくてよいのであれば、どんな人の自助や独立独行にも大きな刺激が付け加わる。国制の外に置かれ、ドアの内側で協議するのではなくその外から自分の運命の裁定者に懇願するしかないのなら、一人の個人も、また、はるかにそれ以上に一つの階級も、大いに意気阻喪する。性格に対して活気を与えるという自由の効果の最大値が得られるのは、当人が他者と同様に十分な特権を持つ市民として振る舞っているときか、そうなることを期待しているときだけである。

こうした感情の問題以上にいっそう重要なのは、市民が一時的に交替で何らかの社会的役割を果たすよう時折要求されることで、実践的訓練が市民の性格に及ぶことである。大半の人々の日常生活に考え方や感じ方を広げるものがどれほど少ないかは、十分に考慮されていない。人々の仕事は決まりきったくり返しの仕事である。愛の労働ではなく、日々の必要を満たすという、最も原初的な形をした自己利益のための労働である。(9) 仕事の結果も仕事の過程も、個人を超えて広がる思考や感情を精神にもたらさない。啓発的な書物が手近にあっても、読む気にさせる刺激がない。しかも、ほとんどの場合、個人は自分よりもはるかにすぐれた教養を持つ人物に接する機会を持たない。こういう人に、公共のための何らかの仕事を与えることは、ある程度は、これらすべての不足を補う。もし事情が許して相当量の公的な職責が許されれば、それでこの人は教育ある人物となる。古代の社会体制や道徳観念の欠陥にもかかわらず、民衆裁判所と民会の慣行は、平均的なアテネ市民の知的水準を、古代近代を問わず多数者集団の模範例として存在している水準をはるかに超えたところにまで引き上げた。その証拠は、偉大なギリシャ史家の著書の随所に明らかである。〔10〕いや、人々の理解と意志に効果を発揮するよう計算し尽くしたと考えられる大演説家たちの演説の質の高さを見るだけでも十分だろう。同様の恩恵は、程度ははるかに低いにせよ、陪審員や教区の役職を務める義務のおかげで、下層中流階級のイギリス人にも生じている。アテネの全市民が民主政的制度から受けていた公的教育と肩を並べるほど、頻度は高くなく継続的でもなく、次元の高い多様な考慮を取り入れさせるものでもないけれども、それでもやはり、生涯を通じてペンを走らせたりカウンター越しにものを売ったりするだけの人々とは、思考の広がりや能力発展の面で大いに異なった人々を作り出しているのである。

これ以上にもっと有益なのは、ときたまであっても私人としての市民が公的職務に参加することで与えられる教育の道徳的部分である。この職務にある間は、市民は自分の利益以外の利益を秤量するよう求められる。主張が対立する場合は自分の個人的な好き嫌いとは別のルールに従うことが求められ、共通善が存在理由となっている原理原則をどんな局面でも適用するよう求められる。また、同じ

〔9〕　自分が心から好きな仕事。
〔10〕　ミルの友人でもあるジョージ・グロート（一七九四―一八七一）の著書『ギリシャ史』（一八四六―一八五六年刊）。

職務の中で、こうした考え方や物事の進め方にいっそう馴染んでいる人たちと一緒になるのがふつうである。そうした人たちの研鑽のおかげで、自分の理解に理由が与えられ、一般的利益への自分の想いが刺激される。自分が公共の一部であって、公共の利益は何であれ自分の利益でもあると実感させられるのである。公共精神のこうした学校が存在しない場合は、切迫した社会状況でなくても、私人は法を遵守し政府に服従する以外にも社会に対する義務を負っている、という自覚は出てこない。公共と自分を同一視する非利己的な感情も生まれない。利益や義務に関するあらゆる思考や感情は、個人と家族の中に吸い込まれてしまう。こういう人は、集団的利益や他者と共同追求する目的を考えず、他者と競合する目的や何らかの程度で他者を犠牲にするような目的しか考えない。隣人は共同利益のための共通の営みに従事していないので、味方や仲間ではなく競争相手でしかない。こうして、公的道徳が本当に消滅してしまう一方で、私的道徳ですら損ねられてしまう。仮にこれが物事の普遍的で唯一可能な状態であるならば、立法家や道徳家が望めるせいぜいのところは、社会の大部分を無邪気に並んで草を食べている羊の群れにすることだろう。

これまでの考察の積み重ねから明らかなように、社会のあらゆる必要を十分に充足できる唯一の統治体制は、すべての国民が参加する統治体制である。どんな参加でも、最小限の公的職務への参加でさえ、有益である。どこであってもその社会での改善全般の程度が許容する限りで、参加は最大であるべきである。また、万人が国家の主権的権力の分有を認められることほど、最終的に望ましいことはない。とはいえ、一つの小さな町よりも大きな社会では、公共の業務の何かごく小さな部分以外に全員が直接に参加することは不可能だから、完全な統治体制の理想型は、代議制でなければならない。

第四章　どんな社会条件では代議制統治は適用できないか

われわれは、代議制統治に、最も完全な政体の理想型を見て取った。したがって、人類のどの集団にせよ、全般的発展の度合に比例してこれに適合しているということになる。発展の度合が低くなっていくにつれて、一般的に言えば、代議制の統治形態は適合的でなくなっていく。ただし、このことは普遍的に当てはまるわけではない。代議制統治への一国民の適合は、人類の全般的な発展度に占める位置以上に、特定の諸要件を満たしている度合に左右されるからである。とはいえ、そうした要件は全般的な発展度と密接に結びついているので、両者のずれは通則というよりも例外である。これから検討したいのは、発展段階をどこまで下降していくと、固有の不適合性のために、あるいは、何か別の体制により適合しているために、代議制統治の受け容れ可能性がなくなるのかである。

まず最初に言うと、代議制統治は、他の統治でもそうだが、持続的に存立できない場合には、つまり、本書第一章で列挙した三つの基本的条件を満たしていない場合には間違いなく適合しない。三つの条件は、以下のとおりだった。第一に国民が代議制統治を意欲的に受け容れていること、第二に代議制統治を守るために必要な物事を国民が意欲的に行なうこと、かつ行なえること、第三に代議制統治が国民に課している責務や役割を国民が意欲的に果たすこと、かつ果たせることである。

代議制統治を受け容れる際の国民の積極性が現実の問題となるのは、啓蒙的支配者や、その国の権力を獲得した外国国民が、代議制統治を恩恵として与えようとする場合だけである。個人の立場にある改革者には、この問題はほとんど無関係である。なぜなら、国民の意見が賛成していないという点でしか改革者の企てに反論できないとすれば、国民の意見を賛成に変えることこそ自分たちがめざす目的なのだ、という当を得た即答が改革者たちにはあるからである。実際に反対意見がある場合は、反感はふつう、代議制統治それ自体というよりも、むしろ変革という事実に向けられている。そうでない例[1]もたしかに皆無ではない。ときには、特定の王家の権力を制限することへの宗教的反発もあった。とはいえ、受動的服従の教義の場合、それが意味していたのは、たいていは、君主政の権力であれ民主政の権力であれ、既存の権力の意向に従うべし、ということでしかなかった。

代議制統治の導入が試みられそうな事態で予測される障害は、積極的反対よりも、むしろ、代議制統治に無関心なことや、その手順や要件を理解できないことである。ただし、これらは反感そのものと同じく深刻であり、場合によっては除去が困難でもある。というのも、大半の場合は、以前からの消極的な感情の状態で積極的な感情を作り出すよりも、積極的感情の方向を転換させる方が容易だからである。国民が代議制の国制を十分に価値あるものとみなし愛着を持つことがなければ、それを保持していく可能性はほとんどない。どの国でも執行部は、統治体制の中で、直接的な権力を行使し国民全般とじかに接触する部門である。個人の希望と恐怖は主に執行部に向けられるし、統治体制の恩恵やその恐ろしさや威信が国民全般の目に見えてくるのは執行部によってである。したがって、執行部への牽制を職務とする機関が国内の実効性ある意見や感情によって支えられていないと、執行部はその機関をないがしろにする手段や言いなりになるよう強制する手段をいつでも持つことになり、それで確実に持ちこたえてしまう。代議制の諸制度の持続性は、その諸制度が危険にさらされた場合に国民が味方して積極的に闘うかどうかに必然的に左右される。これがまったく重視されないと代議制の諸制度の基礎はほとんどできない。たとえ基礎ができたとして、政府の長や、奇襲のために武力を招集できる党派指導者が、絶対権力を狙って何かちょっとした危険を冒そうという気になるやいなや、ほぼ確実に転覆されてしまう。

以上は、代議制の統治体制が失敗する最初の二つの原因に関連している。第三の原因は、代議制の国制において国民の役割となっているものを果たす意志や能力が国民に欠けることである。世論形成に欠くことのできない関心、つまり、国家の一般的問題への一定程度の関心を誰も感じていないか、あるいはほんの一握りの人たちしか感じていないときは、選挙人たちは、自分たちの私的利益や地元利益や支持者あるいは依存者として結びついている誰かの利益に役立てるためにしか、選挙の権利を利用しない。〔2〕社会全般の感情がこのような状態で、小規模な集団が代表機関を牛耳ると、たいていは、自分たちの立身出世の手段として利用するだけになる。執行部が弱体であれば、たんなる官職あさりの争いで国が混乱する。強力な場合は、代議士たちや厄介を引き起こせる連中に利権を分けてやって懐柔するという安上がりの代価で、執行部は専制的支配者になる。こうなると、国民代表制がもたら

〔1〕　変革という事実に対してではなく変革後の統治体制として提案されているものへの反感。
〔2〕　ミルがこのように選挙や投票の文脈で「権利 right」という語を用いるのは法律上の権利を指すときなど例外的な場合に限られている。ミルによるこの点の明確な指摘は、本書一八五頁参照。

す唯一の結果は、実際に統治している人々に加えて、公共を食い物にする議会もあり、議会の一部の利益が絡むような悪弊は除去の見込みがまったくない、ということになる。とはいえ、弊害がここでとどまるのであれば、代価は払うに値するかもしれない。なぜなら、恒常性に欠けるとしても情報公開と討論が、たとえ名目的な代表制でも自然に付随してくるからである。たとえば、現代のギリシャ王国では、*議会の主要部分となっている官職あさりの連中は、よい統治への直接的な貢献はほとんどあるいは全然ないし、執行部の恣意的権力を抑制するためにすら大したことは何もしていないが、国民全般の権利という観念は保持していて、この国に存在している本物の言論の自由に大きく貢献していることは疑いえない。ただし、この長所は、民主政的機構と世襲君主との並存ということに全面的に依存している。仮に、利己的で浅ましい諸党派がトップの支配者のひいきを求めて争う代わりに、トップの支配者の地位そのものを狙って争えば、スペイン系アメリカ諸国の場合と同様に、この国をつねに慢性的な革命と内乱の状態にとどめるだろう。法律という名目すらともなわない非合法の暴力による専制支配が、政治的冒険家の連中によって代わる代わるに行なわれ、代表制という名前や形式は、安定性や安心感という、専制の弊害を唯一緩和してくれるもの、あるいは専制のわずかな利点を実現してくれるものの達成を妨げる効果しか持たないだろう。

＊〔原注〕これは、一八六二年の有意義な革命〔国王オソン一世を追放し新国王を迎えたクーデタ〕以前の記述である。この革命は、腐敗と政治家たちの堕落のために国民全般が支配体制に対して嫌悪感を持ったことで引き起こされた。これによって、急速に改善の道を進みつつあるこの国民に、真の立憲的統治にとって有望な新しい機会が開けたのである。

以上は、代議制統治が持続的に存立できない事例である。これ以外に、おそらく存立はするかもしれないが、別の統治形態の方が望ましい場合もある。それは主に、文明を前進させるためには国民に学ぶべき学習課目、身につけるべき習慣があり、それらの習得にとって代議制統治が障害になりそうな場合である。

最も明白なのはすでに検討している事例であって、つまり、服従という文明の最初の学習課目を国民がこれから学ばなければならない場合である。自然や隣人たちとの闘争で活力と勇気を鍛えてはいるが、共通の優越者への恒常的服従にまで落ち着いていない民族は、集団的な自己統治の体制の下でこの習慣を身につける可能性はほとんどない。自分たちから代表を選出して議会を作っても、自分たちの荒々しい不服従を反映するだけだろう。議会は、改善効果のある束縛を自分たちの未開の独立性に押しつける措置すべてに関して、承認を拒否するだろう。こうした民族が通常はどのようにして文明社会の原初的諸条件に従うようになるかと言えば、戦争の必要性や軍隊の指揮に不可欠な専制的権威によってである。進んで服従される上位者は、天啓を受けていると考えられた預言者や魔術的力を持つとみなされた呪術師といった偶然的例外を別とすれば、軍事的指導者だけである。預言者や呪術師は一時的な支配力をふるうことはあっても、それは個人的なものでしかないから、国民の全般的習慣に変化をもたらすことはめったにない。ただし、預言者が、ムハンマドのように、軍事的な長であるとともに、新しい宗教の武装せる使徒として広く認められている場合や、軍事的な長が預言者の影響力と組んでその影響力を自分の統治の推進力に転用している場合は別である。

右に特定したのとは正反対の欠陥のために、同じように代議制統治に不適合な国民もある。つまり、極端な受動性や、専制に進んで服従してしまうという欠陥である。性格と環境にこのようにねじ伏せられている国民が仮に代議制の制度を持てたとしても、必然的に専制的支配者を代表に選んでしまい、抑圧を軽減するだろうとひとまず考えてよいはずの仕組によって、自分たちへの抑圧をいっそう重くしてしまうだろう。諸国民の多くはこれとは逆の形で、つまり、中央権力の助力によってこうした状態から徐々に抜け出してきている。中央権力は、立場上、地方の専制的諸権力のライバルになり最終的にはそれらの支配者になり、他のすべてを凌いで唯一の権力となったのである。ユーグ・カペーからリシュリューとルイ一四世にまで至るフランス史は、こうした進行過程の連続的な例である。〔3〕主だった封建諸侯の多くに比べて国王があまり強力でなかったときでさえ、唯一の存在ということで国王が得ていた大きな利点は、フランス史家たちが認めている。地方で抑圧されていたすべての人々の眼は、国王に向けられた。王国全体を通じて、国王は希望と信頼の的だった。他方、地方の各有力者は、多少なりとも限定された地域で有力であるにすぎなかった。国中至るところで、あれこれの直接的抑圧者に逆らいながら、避難と保護が国王に求められた。国王が優位になっていく過程は緩慢だったが、しかしそれは、国王にだけ与えられた機会を次々に活用していった結果だった。だからその過程は着実だったし、国王の優位は、達成されていくのに比例して、抑圧に屈従する習慣という社会の被抑圧部分の中にあったものを取り除いていったのである。国王の利益は、自分たちを主人から解放し国王に直接服従しようとする農奴側のあらゆる局所的試みを奨励することにあった。国王の庇護の下で、国王以外に上位者を持たないおびただしい数の地域集団が形成された。遠隔地の君主への服従は、近隣の城館にいる領主の支配に比べれば、自由そのものである。しかも君主は、諸階級の解放の成就を手助けしながらも、それらの諸階級に対して、主人ではなく同盟者として権力を行使する立場上の必要に、長らく強いられていた。このようにして、原理上は専制的だが実際上は一般的にかなり制限されている中央権力が、改善に必要な一段階を国民が通過する際の主要手段となった。仮に本格的な代議制統治だったら、この段階への国民の移行は、ほぼ確実に妨げられただろう。ヨーロッパでは、地域によっては同じ学習がまだこれからされなければならず、また、他の方法でなされる見込みのないところもある。ロシア帝国では、専制的支配か大虐殺以外のものでは、農奴解放は実現できないだろう。

同じ歴史的経緯は、文明の進展に対する障害を無制約の君主政が克服していく別の態様を、説得力ある形で示している。代議制統治であったら、その障害が悪化する方向で決定的影響を与えたことだろう。かなり進歩した段階に至るまで改善を妨げる最強のものの一つは、頑強な地方精神である。いくつかの人間集団が、多くの点で自由の能力を持ちその準備ができていながら、最小規模の国民としてすらまとまれないことがある。警戒心と反感のためにたがいに相手を寄せつけず、自発的統一のあらゆる可能性を閉ざすばかりでなく、仮に統一が名目的に達成されたとしてもそれを実質化する感情や習慣はまだ身についていない。古代社会の市民やアジアの村落民と同様に、村や町の利益に関して自分たちの能力を働かせる相当程度の実地経験を持ち、その限定された広がりの中ではそこそこに実効性のある民主政的統治すら実現しながらも、その広がりを超えたところへの共感は貧弱でしかなく、

〔3〕　リシュリュー（一五八五―一六四二）は、ルイ一三世に宰相として仕えた。

同様の多くの社会に共通する利益を取り扱う能力も習慣も持っていないのである。数多くのこうした原子の粒子のように小さな政治的単位が、それらすべてに共通する中央権力にあらかじめ従属していることによって以外に、一つの集団にまとまり一つの国民だと感じられるようになった歴史的事例を私は知らない。* 中央権力に信従し、その企図に加わり、そのめざすところに仕える習慣によって、ここで考えているような国民は、かなりの規模の地域に共通する広汎な利益という考え方を自分たちの精神に受け容れるのである。その一方で、そうした利益は必然的に、中央の支配者の精神において最上位の考慮事項になる。また、この支配者が、各地方住民との間で徐々に打ち立てていく多少なりとも親密な関係をつうじて、地方住民も全国的なものの考え方に馴染んでいく。

＊〔原注〕例外として唯一引き合いに出せるのはイタリアだが、これは変容の最終段階に関しての例外にすぎない。フィレンツェ、ピサ、ミラノといった都市ごとの孤立から、トスカナやロンバルディアといった地域的統一へと前進するという、もっと困難な過程が、通常は先行して生じていたのである。

この段階の改善を実施可能とするのに最も好都合な諸条件の同時並存と言えるのは、代議制統治にはならない形の代議制の仕組を成立させる場合だろう。各地方から選出され、中央権力の補助や道具にはなるが、それを妨害したり統制したりすることはほとんどない代表機関が一つないし複数ある、ということである。このように、国民が主権的権力を共有するわけではないが、言わば協議に引き入れられることによる政治教育が中央権力から与えられ、これが他の方法よりもはるかに効果的に地方の長や住民全般に及ぶのである。他方、同時に、社会全般の同意による統治という伝統が維持され、あるいは少なくとも、そうした同意を欠いた統治には伝統による支えが与えられないことになる。ただし、統治は伝統によって神聖化されてしまうと、多くの場合、最初はよくても結末は悪くなり、ほとんどの国で改善をごく初期段階で停止させてしまうという、悲惨な運命につながることが最も多い原因の一つである。これは、ある時代の学習が、次の時代に必要な学習の邪魔になる形で行なわれたためである。一つの政治的真理として明言が許されるだろうが、共通の結束感、征服や外国の攻撃から自衛するのに十分な力、また、人々の社会的政治的知性を引きつけ適切なバランスで発展させるのに十分なほど多様で大量の本来業務を持ちながら、多数の小さな政治的単位を一つの国民に統合することができるのは、当面のところは、代議制統治よりも、無答責の君主政である。

以上のいくつかの理由から、代議制の諸制度による統制を免れている(ただし、それによっておそらくは強化はされるだろうが)君主制統治は、どんな社会の初期段階に対しても最も適合的な政体の形態であって、古代ギリシャのような都市国家も例外ではない。したがって、この段階では、世論による何らかの実質的統制はあるにせよ、目立った統制や立憲的統制の下にはない国王政府が、歴史上は、期間は不明だがおそらく長期にわたって、あらゆる自由な制度に先行する。そして、かなり長期の時間を経て最終的には、少数の家系による寡頭支配に席を譲ることになるのである。

代議制統治の最善の活用を同程度にまで不可能にする一国民の弱点や短所は、他にも数多く指摘できるだろう。ただし、これらの弱点や短所の弊害が一者や少数者の政府によって除去ないし軽減される傾向にあるかと言えば、こちらは同程度に明白というわけではない。

どんな種類のものであれ強力な先入見や古い習慣への頑強な執着、国民性の明らかな欠陥やたんなる無知や精神的陶冶の不足が、国民の中に広まっているのであれば、たいていは代表者議会に忠実に反映される。執行部による行政、つまり公的業務の直接運営が、たまたま、こうした欠陥を比較的免れている人々の手中にある場合は、〔国民の欠陥を反映している〕議会の自発的同意によって自分たちへの支持を得ておかなければならないという障害がなければ、すぐれた業務処理が多くなるだろう。とはいえ、先に検討した事例とは異なり今の場合は、支配者の地位にあればそれだけで自動的に、有益な方向に働く利益や傾向を支配者に与える、ということにはならない。一者とその顧問官たちにせよ、少数者にせよ、当の国民や文明状態の全般的弱点をいつでも免れている、というのはありえないだろう。

ただし、彼らが外国人で、いっそうすぐれている国民やより進歩した社会状態に属している場合は別である。たしかにこの場合は、支配者の文明度はたいてい、被支配者よりも多少なりとも高いだろう。この種の外国人政府への服従は、その不可避的弊害にもかかわらず、国民にとって非常に有益なことが多い。その国民が進歩のいくつかの段階を急速に通過するように仕向け、被支配者たちが助力なしに元来の傾向や偶然のなすがままにされていたら際限なく続いていたかもしれない、改善に対する障害を一掃してくれるからである。

外国人の支配下にない国では、同様の利点をもたらすのに十分な原因は、非凡な天才を持つ君主という、めったにない偶然だけである。これは、歴史上、少数ながら登場している。こうした人物は、人類にとって幸運なことだが、長期にわたって君臨し、改善のいくつかを自分の影響下で育った世代の保護下に委ねて永続化させた。シャルルマーニュ〔4〕を一例にあげてよいだろう。ピョートル大帝〔5〕はもう一つの例である。こうした例はごくまれであるから、人類の先導的部分が突如動き始めるか未開状態に逆行するかを往々にして決定的瞬間に決めてしまう幸運な偶然にしか分類できない。ペルシャの侵攻時におけるテミストクレス〔6〕の存在とか、オラニエ家のウィレム一世〔7〕や三世〔8〕の存在というのと同じような偶然である。こういう可能性を利用するという目的だけのために制度を構築するのは、ばかげている。とりわけ、後者の三人の例が証明しているように、際立った地位にあってこうした特質をそなえている人物が大きな影響力を行使できるようになるのに専制的権力が必要だ、ということにはならない。

制度との関連で考察が大いに必要となるのは、社会成員のうちの小さくはあるが主導的な部分が、異なる民族であるとか、文明度の高い出自であるとか、あるいはその他の事情の特異性のために、文明度や性格全般の点で残りの部分を顕著に上回っているという、さほど珍しくもない事例である。この条件下では、大衆の代表による統治だったら、上位者たちのすぐれた文明から得られるかもしれな

〔4〕　シャルルマーニュ（七四二—八一四）は、カール大帝とも呼ばれるフランク王、西欧を広く支配しローマ皇帝にもなった。
〔5〕　ピョートル大帝（一六七二—一七二五）は、ロシア皇帝として、ロシアの近代化と大国化を推進した。
〔6〕　テミストクレスは、紀元前五世紀のペルシャ戦争でアテネを勝利に導いた政治家。
〔7〕　ウィレム一世（一五三三—一五八四）は、一六世紀末にスペインと戦いオランダを独立に導いたオランダ初代君主。
〔8〕　ウィレム三世（一六五〇—一七〇二）は、ウィレム一世の曽孫、一六八八年のイギリス名誉革命で妻のメアリとともにウィリアム三世として国王に即位した。

い利点が失われる可能性があるだろう。他方、上位者たちの代表による統治だったら、おそらく大衆の劣等的地位を固定することになるだろう。また、大衆に対する適正な処遇を望んでも、将来の進歩に必要な要素のうちの最も貴重な要素の一つ〔上位者が与えるすぐれた文明の影響〕を除去してしまわなければ無理ということになるだろう。このような構成になっている国民にとっての改善の最良の見通しは、国制上は無制限の権力あるいは少なくとも実際上は圧倒的な権力が、支配階級内の中心的支配者に与えられていることにある。この支配者だけが、立場上、大衆を向上させ改善することに利益を持つ。大衆は、この支配者にとって自分と同等の諸侯たちへの対抗勢力であるために、警戒対象にならないからである。また、幸運な事情により、この支配者の周辺に上位身分の代表機関が統制者としてではなく従属者として存在し、反対したり質疑したりすることによって、また、ときには激情を爆発させることによって集団的抵抗の気風を維持し、時がたつうちに徐々に本物の国民的代表機関へと発展していくならば(これが実質的にイギリス議会の歴史である)、その国民は、環境や構成がこのようになっている社会で十分可能な改善について、最良の見通しを持つことになる。

一国民を代議制統治に絶対的に不適合にしてしまうわけでないが、その十分な恩恵をかなりの程度、獲得できなくするような諸々の傾向の中で、とりわけ注目に値するものが一つある。二種類の性向が存在していて、両者は本来的にはまったく別物であるが、個人や国民の努力に与える方向では一致することが多いために何がしかの共通点を持っている。一つは他者に対して権力を行使したいという欲求であり、もう一つは、他者から自分たちに向けて権力が行使されるのを嫌う性向である。

これら二つの性向の相対的強度に関する人類の各集団ごとの相異は、人類史における最も重要な要素の一つである。他者支配への情熱が個人の独立への欲求よりもはるかに強いために、目に映った他者支配の影でしかないもののために、個人の独立をまるごと喜んで犠牲にするような国民も存在する。こうした集団の一人一人は、軍隊の一兵卒と同じように、軍隊が勝利を収め自分は征服軍の一員だと得意になれるのであれば、被征服者に対する支配に自分自身も関与しているという考えが幻想であっても、自分の行動する個人的自由を喜んで放棄し将軍に譲り渡してしまう。権限や職権が厳密に制限され、過剰な干渉を控えて保護者や監督者の役割を引き受けずに大方の物事を放任するよう求められている、といった政府は、こういう国民の好みに合わない。彼らの眼からすれば、権力自体が幅広い競争に開かれているのであれば、権力保持者が権力を多く持ちすぎるということはありえない。この場合の平均的個人は、自分たちに不要な権力が行使されない確実性よりも、どれほど見込みが薄く不確かであっても同胞市民に何がしかの権力行使をする可能性を好む。これが官職あさりをする国民の基本要素である。この国民の場合、政治の方向性は主に官職あさりによって決まる。平等だけが配慮され、自由は配慮されない。政党間の争いは、万事に干渉する権力がどの階級の所有物になるのかを決める闘争にすぎず、おそらくは、公的人物の派閥のうちのどの派閥の所有物になるのかを決めるだけのことである。民主政をどう考えるかと言えば、少数者ではなく万人に官職を開いておく、ということにすぎない。制度が民主政的になればなるほど、より多くの官職が作り出され、万人による各人に対する過剰統治と執行部による万人に対する過剰統治とがいっそう巨大怪物化するのである。フランス国民についての誇張なしで描写するとこうなる、あるいはそれに近いものになると言うのは、ひどすぎるし不当だろう。とはいえ、フランス国民にこのような性格類型の気味が多少あることが原因になって、限定された階級による代議制統治[9]が極度の腐敗のために崩壊し、また、すべての成人男性による代議制統治の試み[10]を終わらせ、一人の人物の好意を得る可能性が万人のそれぞれにありそうだと、その人物が万人に思わせてくれるならばという条件で、裁判なしでランベッサやカイエンヌ[11]に誰でも送り込める権力をその一人物[12]に与えてしまったのである。

イギリス国民を代議制統治にとりわけ適合させている性格上の特徴は、ほとんど全員がこれとはまったく逆の特性を持っているということである。イギリス国民は、長年の慣行と権利に関する自分たち自身の意見とが承認していない権力を自分たちに行使しようとする企てに対しては、きわめて警戒心が強い。しかし、たいていは、自分が他者に対して権力を行使したいと思うこともほとんどない。統治への情熱には少しも共感を持たないし、官職追求の際の私的利益という動機を知り抜いていて、自分から官職を求めなくても社会的地位のおかげで官職の方から来てくれるような人たちが職務を果たせば、その方がよいと思っている。外国人がこれを理解すれば、イギリス人の政治的感情における外見上の矛盾のいくつかについては納得がいくだろう。イギリス人は、上流階級に自分たちを統治させることをためらわずに受け容れるけれども、上流階級に個人的に従属することはまったくなく、そのため、あらかじめ決められている限界を権力が踏み越えると権力への抵抗をこれほど好む国民は他になく、自分たち自身が最も好きなやり方でしか自分たちは統治されないだろうということを、支配者にいつも思い起こさせようと断固決意しているのである。したがって、国民全体として考えると、官職あさりは、イギリス人にはほとんど無縁な野心のあり方である。イギリス人の出世観は、官職への道が直接開かれているような少数の名門家族や人的コネクションの場合は別として、実業や専門職での成功というまったく異なった方向をとる。政党や個人によるたんなる官職狙いの争いは大嫌いで、官職の増殖に最も強い忌避感を持つ。これとは逆のことが、官僚制のはびこる大陸諸国の国民には人気があって、彼らは、自分自身や自分の係累が官職にありつく可能性のために、税金をとことん減らそうとはせず、むしろ高い税金を払おうとする。歳出削減の訴えは官職の廃止をけっして意味しない。そうではなくて、通常の市民には任命される見込みがないような要職にある連中の給料を減らせ、ということなのである。

〔9〕　一八三〇年に成立した七月王政。
〔10〕　一八四八年の二月革命後の共和国体制。
〔11〕　いずれも流刑地の地名。
〔12〕　ルイ・ボナパルト（一八〇八—一八七三）。一八五一年のクーデタ後、ナポレオン三世としてフランス皇帝になった。

第五章　代表機関の本来の役割について

代議制統治を論じるときに何よりもまず必要なのは、その理念や本質と、歴史上の偶然的発展や特定の時代に流布していた見方が与えている特殊な形態との違いに注意することである。

代議制統治が意味するのは、全国民あるいは国民の大多数の部分が、自分たちで定期的に選出する代表を通じて、どんな国制でも必ずどこかにあるはずの最終的統制力を行使する、ということである。この究極の権力を、国民は完全無欠な形で持たねばならない。国民は望むときにはいつでも、すべての統治業務の支配者でなければならない。成文憲法で国民にこの支配権を与えておく必要はない。イギリス国制ではそうしていない。しかし、実質的にはそうなっている。最終的な統制権力は、純粋な民主政や君主政と同様に、混合均衡政体[1]でも本質的に単一である。これは、均衡国制は不可能だという昔の考え方の中で真理を言い当てている部分であり、権威ある識者たち[2]が現代に復活させた考え方である。力の競り合いはほぼいつでも存在するが、ぴったり均等に釣り合っているわけではない。いずれが優位かは、政治制度の表層からは必ずしもはっきりしない。イギリス国制では、主権を構成する同格の三部分それぞれに、全面的に行使すれば統治機構全体を停止できる権力が与えられている[3]。したがって各部分は、名目上は、他の部分を妨害する同等の権力を持っている。三部分のいずれにしても、仮にその権力を行使して自らの地位向上を望めるのであれば、人間生活のふつうの進み具合からすれば、そうした権力行使をすることは疑えない。それぞれが他の一つあるいは二つから攻撃されれば、自衛のために自らの全権力を行使することはたしかである。ではなぜ、その同じ権力を攻撃的には行使できないのか。憲法の不文律、言いかえれば、一国の実定的な〔実際に機能して実効性を持っている〕政治道徳のためである。国制における真の最高権力が誰の手にあるかを知りたいのであれば、この実定的な政治道徳に目を向けなければならない。

憲法の上では、国王はどんな議会制定法に対しても同意を拒否できるし、議会の抗議に逆らってどんな大臣でも任命し職にとどめておける。しかし、イギリスの憲法道徳はこうした権限を無効とし、行使できないようにしている。さらに、行政の長〔首相〕が実質的にはつねに庶民院によって任命されるよう求めることで、庶民院を国家の事実上の主権者としている。とはいえ、合法的な権力行使に制約を加えているこれらの不文律が実効性を持ち存続するのは、実際の政治的な力の分布状況との整合という条件に合致している場合だけである。どんな国制にも最強の権力というものがあり、通常時に国制を機能させている妥協が停止され力試しのときが到来すると、それが勝利を収めることになる。憲法の諸原則が守られ実際に機能するのは、場外に出たところでの実力で優位にある勢力に国制上の優位を与えている限りである。これはイギリスでは国民大衆という勢力である。したがって、仮にイ

---

〔1〕　イギリス国制はこれに該当。
〔2〕　ベンサムやジョン・オースティン（一七九〇―一八五九、法哲学者）。
〔3〕　国王、貴族（貴族院）、国民全般（庶民院）の三つの抑制均衡を指している。

ギリス国制にかかわる法的規定や、種々の政治機構の運用を事実上規制している不文律が、国制のうちの民衆的部分が持っている国内での力の実態に相応する形で、この民衆的部分に、統治の全部門に対する実質的な最高権力を与えなければ、イギリス国制の特徴となっている安定性が失われるだろうし、そうなれば、法律も不文律も、即刻、変えなければならなくなるだろう。こういうわけで、イギリスの統治体制は、言葉の正確な意味で代議制統治である。国民に直接には責任を負わない人々の手に委ねられる権力は、支配権力が自らの誤りを防ぐために自ら進んで取り入れた予防策である。こうした予防策は、適切に構築されたあらゆる民主政の国々に存在している。アテネの国制にはその種の仕組が数多くあったし、アメリカ合衆国も同様である。(4)

国家の実質的至上権を国民の代表に与えることは代議制統治に不可欠であるけれども、しかし、代表機関が自ら直接的に果たす実際の役割は何か、統治機構のいったいどの部分か、という問題にはまだ答えられていない。それは万事について最終的な統制力を代表機関に確実に与えるような役割だという前提に立っても、この問題については、きわめて多様な答が、代議制統治の本質と両立可能である。

統治業務の統制と実際の業務遂行との間には、根本的な違いがある。個人や集団が万事を統制することは可能かもしれないが、しかし、その同じ個人や集団が万事を行なうのはおよそ不可能である。しかも、万事に対する統制は多くの場合、自分で直接に業務を担当しなければしないほど、完全となる。軍隊の司令官は、自分が戦列に加わったり攻撃の先頭に立ったりしてしまうと、軍隊の動きを適切に指揮できない。集団の場合も同様である。集団でなければできない仕事もあれば、集団ではうまくできない仕事もある。というわけで、民主政的な議会が何を統制すべきかは、その議会自体が何をすべきかとは別問題である。すでに見たように、議会は統治の全業務を統制すべきである。しかし、この全般的統制の実施に最適な手段が何であり、代表者議会は統治業務のどの部分を掌握すべきかを確定するには、多人数の集団が適切に行なえるのはどんな仕事かを検討する必要がある。議会は自ら適切に行なえることだけを、自ら直接に行なうべきである。それ以外の仕事については、議会の本分は行なうことではなく、他者に適切に行なわせる方策を講じることである。

たとえば、国民を代表する議会に何よりも固有の職責とみなされているのは、税に関連する議決である。にもかかわらず、予算の概算書を代表者議会が自ら作成したり、あるいは代表機関から委嘱された役人が作成したりする国はない〔5〕。歳出案を議決できるのは庶民院だけであり、種々の歳出項目への歳入の充当についても庶民院の承認が必要だが、歳出の承認ができるのは国王からの提案に限る、というのがイギリス国制の原則であり不変の慣行である。歳出額の縮減や、支出の細目に関する配慮や慎重さが期待できるのは、予算案を提出する行政府が歳出の根拠となる概算や積算について責任を負わされている場合だけだ、と明らかに実感されている。そういうわけで、議会は課税や歳出について自ら発議するということは、考えられていないし許されてもいない。議会に求められているのは同意だけであり、持っているのは否決の権限だけである。

〔4〕　アテネの評議会やアメリカの連邦最高裁判所など。
〔5〕　大統領ではなく議会が予算案の提出権を持つアメリカ合衆国は、ミルのこの指摘の例外になるだろう。

この憲法理論に含まれ承認されている諸原則は、ある程度守られている場合を見れば、代表者議会の一般的役割の限界と定義の目安となる。代議制の仕組を実務次元で理解している国はどの国でも、多人数からなる代表機関は執行を担当すべきでない、とまず最初に認めている。この原則を根拠づけているのは、よい統治の最も本質的な原理であるとともに、あらゆる種類の仕事に良好な成果をもたらすための原理でもある。どんな人間集団でも、組織され指揮を受けなければ、本来の意味での行動に適していない。業務に特に精通した少数の人々が選任される特別委員会ですら、つねに、その中の誰か一人の下位に置かれた道具であって、その一人を長とし、他はすべて従属的立場とした方が、委員会の質は向上する。個人よりも集団が適切に行なえるのは審議である。数多くの対立する意見をきちんと傾聴し顧慮することが必要あるいは重要なときには、審議を行なう集団が必要不可欠である。そのため、こうした集団は執行業務に関してさえ有益なことも多い。ただし、一般的にあくまでも助言者としてである。執行業務は、たいていの場合、一人が責任を負う方がうまくいく。共同出資の会社ですら、理論上はともかく実質においては、つねに社長がいる。経営の善し悪しはつまるところ、誰か一人の資質に左右される。社長以外の重役が役に立つとすれば、社長への助言や監視によってであり、劣悪経営の場合に社長を制止し解任する権限によってである。経営に関して重役が社長と見かけの上で同じ権限を持つことに利点はなく、むしろ、重役としてできる貢献にとって大きなマイナスである。それは、当人においても他の人々においても、単独で自ら負うべき個人としての責任の意識を著しく弱めてしまうのである。

　ましてや民主政的な議会となれば、執行を担ったり執行担当者に細々と指示したりするのはいっそう不適任である。干渉は、たとえ誠実な意図からでも、ほとんどつねに有害である。行政のどの部門も熟練を要する仕事であり、それぞれ固有の原則や伝統的規則を持っている。それらの多くは業務経験がある人以外にはきちんとした形では知られることすらないし、その部門の実務に精通していない人にはどれも正しく判断できそうにない。公務の処理は難解な秘義で、入門を許された人にしか理解できない、と言いたいわけではない。まっとうな理解力を持ち対処すべき事情や条件を正しく把握している人であれば誰でも、公務の原則は十分に理解可能である。しかし、そのためには事情や条件についての知識が不可欠であるし、その知識は直観で得られるわけでもない。公務のどの部門にも（あらゆる私的な仕事と同様に）非常に重要な規則が数多くある。門外漢はその存在理由を知らないし、規則があると思ったことすらない。なぜなら、それらの規則は、門外漢にはまったく思いもよらない危険や不都合に対処するためのものだからである。人並み以上の能力があるのに、新規担当の省庁での初顔合わせで部下たちの失笑をかった公人を、大臣のことだが、私は何人か知っている。誰もがおそらく最初に思いつきそうだが、仕事を始めればすぐに放棄されるような思いつきを、自分が発見した前代未聞の真理といった調子で公言したために、失笑をかったのである。たしかに偉大な政治家は、慣行にいつ従うべきかばかりでなく、慣行をいつ破るべきかも知っている。しかし、伝統を知らない方が慣行を上手に破れる、と考えるのは大間違いである。共通の経験が是としている行動様式を知り尽くしていない人は、通常の行動様式から離れる必要が生じる状況を見分けられない。公的部門の行動に左右される利害や、行動のそれぞれの仕方から生じてきやすい結果を推測し評価するには、そのための訓練を受けていない人にはめったにないような、知見や格別に磨きのかかった判断力が必要である。法律を専門的に学んだことがない人に、法律改正の能力がめったにないのと同じことである。

　こうした困難の一切を、個々の行政行為を決定したがる代表者議会は確実に無視する。そのような議会は、せいぜいのところ、経験に向かって判断を下す無経験であり、知に向かって判断を下す無知である。自分の知らないことがあるなどと考えもしない無知は、軽率であるばかりか尊大でもあり、あなた御自身の判断よりも注目に値する判断ですよ、という主張すべてに対して、憤慨はしないまでも軽んじた扱いをする。以上は、利害に関係する動機が絡んでこない場合である。ところが、利害絡みの場合は、社会全般の監視下にある政府の役職でも十分に生じうる腐敗のうち最悪のものと比べて、はるかに大胆破廉恥な不正に行き着く。利害による偏りは、多数の議員にまで広がる必要はない。どの場合でも、たいていは、二人か三人の議員に影響していれば十分すぎるほどである。議会に正道を歩ませることが他の議員たちにとって利益である以上に、この二、三人にとっては議会を邪道にそらすことがいっそう大きな利益になる。大半の議員は手を汚しはしないだろうが、自分の知らない事柄について警戒心を保ち判断力を研ぎ澄まし続けられるものではない。しかも怠惰な多数者は、怠惰な個人と同じように、厄介事を一手に引き受けてくれる人物の言いなりになってしまう。大臣による不適当な施策や人選は、議会が阻むだろう。大臣は自己弁護に利益があり、野党側は攻撃に利益があるから、これでかなり対等な議論が確保される。しかし、誰が監視者を監視するのか[6]。誰が議会に対する歯止めになるのか。省庁の長である大臣は多少の責任感を持っている。今論じているような議会には、責任感は皆無である。行政の細目に関して行なった投票のせいで、議員が議席を失ったためしはないからである。大臣や省庁の長官にとっては、自分の施策が現時点でどう評価されるかよりも、しばらく後になってどう評価されるかが重要である。しかし、議会の場合は、性急なものであれ故意に煽り立てられたものであれ、当座の叫び声が議会を支持しているのであれば、結果がどれほど悲惨でも自分は完全に無罪潔白だと思っており、また、他の人々も誰もがそう思っている。しかも、議会は、国全体に及ぶ災厄にでもならなければ、施策の不手際から生ずる不都合を一人一人が実感することはない。大臣や行政官には災厄の到来は目に見えており、それを回避するため、ありとあらゆる不快や労苦に耐えねばならないのである。

行政の仕事に関する代表者議会の本来的職責は、行政の仕事を自分たち自身の投票で決定することではなく、それについて決定すべき人が適切な人物であるよう注意を払うことである。代表者議会は、人物の指名によってこの職責を果たせるかと言えば、それすらうまくできない。職務への任命ほど、強い個人的責任感が絶対的に求められる行為はない。公務に精通したすべての人の経験が確証しているように、平均人の良心がこれほど鈍感になる行為は他にない。適性への配慮がこれほどなされない例は他にないが、そうなるのは、一人一人の適性の違いがわからないからであり、また、そうした違いに無関心なためでもある。大臣が誠意のある任命のつもりで人選をしたとしよう。つまり、自分の縁故関係者や党派の便宜を図る職権濫用では本当になかったとしよう。実態を知らない人は、この場合、大臣は最も適性のある人物を任命しようとしたのだ、と思うかもしれない。そんなことはないのである。たいていの大臣は、取り柄のある人物や、取り柄があるという世間向けの自己主張をする人

〔６〕ユウェナーリス（ローマ帝国時代の風刺詩人）『ローマ風刺詩集』の一節。

物を自分が任命すれば、そうした言い分や取り柄が、求められているものとまったく違っていても、奇跡的に上出来な任命だと考えている。「会計掛が必要な折、その仕事にありついたのはダンサーだった」という戯画は、フィガロの時代同様[7]、今日でも当てはまる。こういう大臣は、その人物がダンス上手であれば自分に非はないし、それどころか自分は立派な人選をしたと思っている。さらに論点を加えると、特定の職責に対する特定の人物の適性を見分けられるのは、その人物を知っている人であるか、あるいは、その人物についてその業績や判定者の立場にある人の証言にもとづいて検討し判断を下すのを業務としている人だけである。任命責任を問われることもありうる政府高官ですら、良心上のこうした義務への配慮がこれほどまでに乏しいとすれば、任命責任を問われることなどありえない議会について何をか言わんやである。現在でも、最悪の任命が、代表機関内での支持獲得や反対派懐柔のために行なわれている。代表機関自体が任命するようになったら、いったいどうなるだろうか。多人数からなる集団は、専門的適性をまったく顧慮しない。極悪人でもなければ、候補者として自薦できるほとんどすべての仕事について、他の人とほぼ同程度の適性があると思ってもらえる。公的集団による任命は、たいていは党派的つながりや私的なひいきで決められるが、そうでない場合の任命理由は、たいていは評判倒れだが諸事全般に有能だという評判であるか、たんに人柄に人気があるというだけのことも多い。

　閣僚の任命ですら、議会自体によるのが望ましいと考えられたことはない。議会は、誰が首相になるか、あるいは、誰が二、三名の首相候補者になるかを実質的に決めれば十分である。議会はこの決定に際して、ある特定の人物が、一般政策に関して議会の支持を得ている政党の首相候補者であるという事実を追認しているだけである。議会が決めているのは、二つあるいは多くても三つの政党や集団のうち、どれが政権を担当するかということだけであり、誰が党首として最適かは政党の意見自体で決まっている。イギリス国制の現在の慣行では、こうしたやり方は最善の土台に立脚していると考えられている。閣僚は議会が指名するのではなく、国王が議会の示す総意に従って行政の長を任命し、他の閣僚は首相の推薦にもとづいて国王が任命する。閣僚は全員、任期付きの行政職に適切な人物を任命することについて、道徳的責任を一人ですべて負う。共和政の国では何か別の仕組も必要だろうが、その仕組は、イギリスで長く続いてきた仕組に実質において近ければ近いほど良好に機能するだろう。アメリカ共和国のように、執行部の長は代表機関とはまったく別の機関が選ぶようにするか、あるいは、代表機関は首相を指名するだけで満足し、閣僚以下の選任は首相の責任とするか、いずれかにすべきである。以上の考察全体については、少なくとも理論上は誰もが同意すると思う。とはいえ、現実には、行政の細目に対する代表機関の干渉がますます増えていく傾向が強い。最強の権力を持つ者は誰でも、その権力を過剰に行使する誘惑にますます駆られていく、という一般法則があるためである。これは、代議制統治の国々が今後直面することになる現実的危険の一つである。

しかし、ようやく最近になって認められ始めたにすぎないが、多人数の議会は、行政ばかりでなく立法に関しても直接的な仕事にはほとんど適していない、ということも同様に言えるのである。立法

〔7〕 ボーマルシェの風刺的な戯曲『フィガロの結婚』(一七八四年)の一節。後にモーツァルトがオペラの作曲をしたことで知られる。

の仕事ほど、経験と訓練を積んでいるばかりでなく長年の労苦に満ちた研鑽で鍛えられた人物を必要とする知的仕事は他にない。これ以外に理由がなくても、これだけでごく少人数の委員会でしか法律がうまく作れない十分な理由となるが、同じぐらいに決定的な理由はもう一つある。法律の条項はどれも、他のすべての条項への影響をきわめて正確に長期的な視点から見抜いた上で作る必要がある。また、作成された法律は、既存の諸々の法律と調和して、一貫性のある全体とならなければならない。雑多な寄せ集めの議会で法律について逐条的に投票していたのでは、この条件はまったく満たせない。イギリスの法律は、形式と構成が混沌としているために、全体に何を付け足そうと混乱と矛盾は今以上に大きくなりそうもないほどだが、仮にそうでなかったならば、こうした立法の仕方による一貫性の欠如は、誰の目にも明らかだろう。

とはいえ、現在ですら、イギリスの立法機関が立法の目的にまったく不適合であることは、年を追うごとにますます実感されている。法案成立にどうしても時間がかかるということだけのために、断片的で些末なもの以外は、議会での成立がますます不可能になっている。どんな問題にせよその全体に対応しようとする法案が用意されると(一部分であっても、全体を念頭に置かなければまともな立法はできないのだが)、取り上げる時間が見つからないということだけのために、会期から会期へと先延ばしになる。仕事に取り組むあらゆる手立てを備えた最適と思える部署や、テーマに精通しているという理由で選任され法案を何年もかけて熟議検討してきた特別委員会が、慎重に起案していても、そんなことは問題にならない。法案が通らないのは、法案を拙劣にいじりまわすというありがたい特権を庶民院が断固放棄しないからである。法案の骨子が第二読会で承認された場合には、詳細な検討は特別委員会に委ねるという慣行が、最近ではいくらか取り入れられるようになった〔8〕。しかし、この慣行によって、その後に法案を全院委員会〔9〕で通過させるのに費やされる時間が大幅に縮減されたわけではない。知見によって却下されていた臆見や個人的な思いつきが、無知という裁判官の前でいつでも、もう一度自己主張しようとするのである。このやり方〔全院委員会での審議〕は、実のところ、主に貴族院が取り入れている。貴族院議員は、選挙で選ばれる庶民院議員よりもひまでお節介好きであり、自分の発言について体面を気にすることも少ない。多くの条項からなる法律について細々と審議できようものなら、全院委員会を通ってきた法案の姿は見られたものではない。残り全部が機能するのに欠かせない条項が削除され、私的利害に迎合するためや法案成立を遅らせかねない難癖好きを懐柔するために整合性のない条項が挿入され、たんなる半可通でしかない連中の動議で条項が追加される。その結果、提案した議員や賛同した議員が当初まったく予想していなかった事態に至り、次の会期では、その問題点を是正するために法改正が必要になってしまう。

法案やそのさまざまな条項に関する説明や弁明が発案者本人によって行なわれないことも、現行の議事方式における弊害の一つである。発案者はたいてい議席を持っていないからである。弁明を担当するのは、法案作成者ではない大臣か議員の誰かである。こうした人は、わかりきった議論以外は丸

〔8〕　イギリス議会では、第一読会で法案が朗読され、第二読会で法案の骨子について審議・採決を行ない、第三読会では委員会による審議・修正後の法案を採決する、という手順になっていた。

〔9〕　庶民院議員全員で構成される委員会。

暗記に頼る。提案が持つ長所の全体像や拠り所となる最善の理由も知らず、予想していなかった反論にはまったく対応できない。この弊害は政府提出法案に関しては是正の余地があり、代議制を国制とするいくつかの国では、政府の信任を受けた人物が両院で政府を代弁することを認め、投票権は与えないが発言権を与えることで是正されている。

修正動議の提出や演説をすることを自分からは望まない庶民院議員の数は、まだかなり多い。もしこうした議員たちが、議事運営の全体を、動議や演説をしたがる議員たちに任せるのをやめ、立法作業の資質としては雄弁や選挙区で当選する能力よりも高次元のものが存在するのであって、それは探せば見つかるかもしれないのだ、と思い至ったとしよう。そうなるとすぐにわかることだが、行政でも立法でも、代表者議会がしっかりやれそうな仕事は、作業そのものをすることではなく作業をさせることであり、誰にあるいはどんな種類の人に作業を委ねるかを決め、実施されたらそれを国全体として承認するかしないかを決めることなのである。高度な文明状態に適合している統治体制であれば、その基本的要素の一つとして、立法委員会の役割を果たし法律の作成を任務とする、閣僚の人数を超えない小委員会があった方がよい。近い将来に間違いなくイギリスの法律は改正され体系的に関連づけられるようになるだろうが、そうなったあかつきには、これを推進した法典化委員会を、作業を見守りその後退を防ぎ必要な頻度で改善を重ねるための恒久的制度として残すとよいだろう。

この委員会自体に法律を成立させる権限を持たせることは、誰も望まないだろう。委員会は知性の要素だけを組み入れた作りとし、意思の要素は議会が体現する。法案は議会が明示的に承認するまでは法律にならない。議会あるいはいずれかの議院は、法案に対する拒否権ばかりでなく、再検討や改善のために委員会に法案を差し戻す権限も持つ。また、議院のどちらかが、法案準備の指示とともに委員会に懸案を付託することによって、法案発議権を行使してよい。委員会には当然ながら、国が望んでいる立法に助力することを拒む権限はない。特定の目的を達成するための法案を起草せよ、という指示が両院一致で下されたならば、委員は辞職を選ばない限り、必ず従わねばならない。しかし、いったん法案ができあがったら、議会に修正権限はなく、その権限は、成立させるか拒否するか、あるいは、部分的に不承認の場合は再検討するよう委員会に差し戻すことだけにとどめるべきである。委員の任命は国王が行なうが、たとえば五年といった一定期間の任期にするとよい。ただし、（裁判官の場合のように）本人自身が違法行為をしたとか、議会の求めに応じて法案を起草するのを拒んでいるといった理由で、議会の両院からの請求で解任される場合は別である。五年の任期が満了したら、委員は再任されない限り職を解かれる。これは、職責にふさわしくないと判明した委員を辞めさせたり、委員会を若返らせたりする便法となる。

以上に相当する何らかの仕組の必要性は、アテネの民主政においてすら感じられていた。その民主政の最盛期でも、民会は政令（大半は単一の個別的政策に関する命令）を可決できたものの、法律と名のつくものを制定し改定できたのは、ノモテタエと呼ばれ毎年作り直される別の少人数の会議体だけだった。法律の全面改定や法律相互の整合を図ることも、その職責となっていた。

イギリス国制の場合は、形式と内実の両面で新しい仕組を導入するのはかなり困難だが、既存の形式や伝統に合わせて新しい目的を達成することに対しては、比較的わずかな反発しか生じない。このような重要な改良でイギリス国制を充実させる手段は、上院という機構で工夫できそうである。法案準備のための委員会自体は、救貧法委員会や囲い込み委員会と同様に、国制を一新するものではないだろう。立法委員会の委員に任命された者は全員、議会の請求によって解任されない限り、非常に重要で威信のある職務の信任であることをふまえて終身貴族とするのがルールになれば、貴族院の司法機能が良識と判断力を理由にして法官貴族だけに委ねられているように(10)、同じ理由からおそらく立法の仕事も、政治上の原則や利害に絡む問題以外は、立法の専門家に委ねられるだろう。上院で発議される法案は、つねに委員会が起草することになる。政府提出法案はすべて、委員会に作成が委ねられる。政府の役職に就いていない庶民院議員も、自分たちの法案を庶民院に提出して直ちに審議にかける代わりに、提出後に立法委員会に付託してよいとなれば、その方が便利で法案が成立しやすいことが徐々にわかってくる。なぜなら、両院で必ず可決されるような法案を用意しておきたいと思うなら、法案の趣旨ばかりでなく、具体的な骨子や法律の草案全体も、庶民院は委員会に付託できるからである。そうなれば、助言が得られるという利点があるから、叩き台でしかない草案の作成であっても、庶民院が草案作成を委員会に依頼するのは確実である。委員会での審議後の法案に対して議員から書面で提出された修正案や反対論も、庶民院は同じようなやり方で委員会に対応を委ねるだろう。全院委員会による法案修正は、正式な廃止としてではなく使われず廃れて姿を消すことになる。権限自体は廃棄されないが、国王の拒否権、歳出差し止め権、その他諸々の政治闘争用具が収められた武器庫にお蔵入りとなる。誰もこうした武器の使用を望んではいないが、非常事態で必要になるときのために、手放そうとも思わないのである。

以上のような仕組によって、立法は、熟練が必要で専門研究と経験が欠かせない仕事という、本来の地位を回復する。その一方で、自分たちの選出した代表者が同意した法律によってのみ統治されるという、国民の最も重要な自由は、すべて元のまま変わらない。しかも、この自由は、無知で思慮を欠いた立法という、現時点で自由に付随している深刻だが回避可能な欠陥を免れて、いっそう価値あるものとなるだろう。

代表者議会の本来の役割は、統治するという元々から適していない役割ではなく、政府を監視し統制することである。政府の行動に公開性の光をあて、疑問に思える行動すべてについて十分な説明と正当化する理由の提示を強制することである。非難に値する行動は非難し、政府構成員が職権を濫用したり国民の良識に反する仕方で職務を行なったりした場合には解任し、明示的ないし実質的に後任を任命することである。これは間違いなく大きな権限であり、国民の自由の保障として不足はない。

さらに議会には、これに劣らず重要な役割もある。議会は国民の苦情処理委員会であるとともに、種々の意見が集う会議でもある。国民全般の意見ばかりでなく、国民の中のあらゆる部分の意見や、国民の中の卓越した人々の意見も可能な限りの多くが、もれなく自己主張し論戦に挑める舞台である。自分と同じかもっと上手に自分の想いを、味方や仲間に対してばかりでなく論敵の面前で反対論の試練を受けながら語ってくれる代弁者を、国中のすべての人が期待してよい舞台である。この舞台では、自分の意見が論破された人でも、自分の意見が傾聴され、退けられたにしても頭ごなしにではなく、

〔10〕二〇〇九年までイギリスでは貴族院が最高裁判所の機能を兼ねていて、この職務のために少数の法律専門家を一代貴族に任命していた。

よりよいと考えられた理由のためであって、国民の多数を代表する人々の前でともかく自分の意見を訴えたということに、満足感を持つ。国中のあらゆる党派や意見がそれぞれの力を結集できるし、自分たちの支持者の数や力に関する幻想を醒ますこともできる。国民の中で支配的な意見は、ここでも支配的な形で登場し、政府の目の前で勢力を展開する。そのため、姿を現わすだけで実際に力を行使しなくても、政府を従わせることができる。政治家は、どんな意見や勢力が伸長しているのか凋落しているのかを、他の徴候よりもずっと確実に捉えられるし、目前の差し迫った必要ばかりでなく今後の動向も顧慮して対策を講ずることができる。

代表者議会は、それを敵視する人々からは、たんなるおしゃべりの場所でしかないと愚弄されることが多い。これほど的外れな嘲笑はまずない。話題が国の重大な公的利益であって、国民の中の重要な集団の意見やそうした集団が信頼を寄せている人物の意見が余すところなく語られているのであれば、話すこと以上に代表者議会が有益な役割をどう果たせるのか、私には見当がつかない。国中の利益や意見のすべてが、政府や自分以外のすべての利益や意見の前で熱心に自己主張でき、傾聴させることができ、賛同してもらう、あるいは不賛成ならその理由を明確に述べるよう迫ることができる場所は、他に果たせる目的がなくても、それ自体として、およそ存在しうる中で最も重要な政治制度の一つであり、自由な統治が持つ最大の利点の一つである。そうした「おしゃべり」で「行動」に水を差すことが仮に許されていなかったとしたら、非難がましく見られることもないのだろう。議会が行動するというのではない。話し合い議論することが本来の仕事であるとわきまえていれば、それはないだろう。議論の結果としての行動は、種々雑多な人々からなる議会の仕事ではなく、特別に訓練された人々の仕事である。議会にふさわしい職務は、そうした人々が誠実かつ賢明に選ばれるよう見守ることであり、何ら制限されずに意見や批判を述べることや、最終的に国民的同意を与えたり与えなかったりすることは別として、それ以上の干渉はしないことである。こうした賢明な自制が欠けると、民主政的な議会は、自分では上手にこなせない統治と立法という仕事に手を出そうとし、そうした仕事の大半を担わせる別の機関を作らずに自分で済ませようとする。話し合いに使う時間は、当然ながら、実務に手出しをしないことで得られる時間なのにである。

しかし、議会を立法委員会の仕事にまったく不適任にしている事実そのものが、議会を他の役割には適任にしている。つまり、国の最高レベルの知性をそなえた精鋭集団の意見からは、国民全般の意見を確実に推し測ることはできないけれども、議会はそうした集団ではないので、適切な構成になっていれば、公的な問題に発言する資格を持っている国民の様々な知性のレベルすべてを正しく反映した見本となる、ということである。議会の役割は、要求を知らせること、国民の要望の表明機関となることである。公的な性格の問題であれば大小を問わず、それに関連するあらゆる意見について、反対論をぶつけ合う場となることである。それとともに、公務を実際に担当したり担当者を指名したりする上級公職者を、批判によって、また最終的には支持の撤回によって牽制することである。代表機関の役割をこうした合理的な範囲内に制限すること、これ以外によっては、熟達した立法と行政という等しく重要な必要条件(人間生活が規模も複雑さも増すにつれて、ますます重要になっている必要条件)と結びつく形で民主的統制の利点を得ることはできない。それぞれの利点を結びつけるには、統制一方を保証する役割を、他方が本質的に必要としている役割から切り離す以外にない。つまり、統制と批判という職務を実際の業務遂行と分離し、統制と批判は多数者の代表に委ねる一方で、実際の業務遂行については、国民に対する厳格な責任を負わせた上で、特別に訓練され経験を積んだ少数者の身につけた知識や実地を経た知見を確保する、ということである。

国民の主権的代表者議会に委ねるべき役割に関する以上の議論の次には、地域限定の目的のために存在すべき地方の代表機関についてもしかるべき考察が必要だろう。この考察は本書に欠かせないものである。しかし、多くの理由からこれは後に取り上げることにし、その前に、法の制定と国民全般にかかわる業務の執行を主権者として統制することを任務とする、国レベルの代表機関の最適な構成について検討しておこう。

第六章　代議制統治が陥りやすい欠陥や危険について

どの統治形態の場合でも、その欠陥は、消極的か積極的かのどちらかである。政府のなすべき仕事をするのに十分な権力を諸機関に集中させていない場合や、個々の市民の活動能力や社会的感情を実際に発動させて十分に発達させる、というようになっていない場合は、消極的欠陥である。これらのいずれの点も、論究の現段階で長々と論じる必要はない〔1〕。

国民の中で秩序を維持し進歩を可能とするのに必要な政府権力の量的不足が生じやすいのは、特定の形態の政治的統一体というよりも、むしろ未開の社会状態全般においてである。人々が未開状態の独立に執着しすぎて、服従した方が自分たちに有益となるような権力の量に耐えられない場合、社会状態は(すでに見たように)代議制統治にまで成熟していない。代議制統治にふさわしい時点に到達していれば、必要なすべての目的にとって十分な権力は、主権を持つ議会が間違いなく手中にしている。もし執行部に十分な権力が委ねられていないとすれば、この事態が起こりうるのはもっぱら行政に対する議会側の警戒心のためであって、行政担当者を解任する憲法上の権限が、議会にまだ十分に確保

〔1〕統治の実効性を損ねるのが消極的欠陥。社会全般の利益の維持促進という統治の目的を損ねるのが積極的欠陥。代議制統治の欠陥は主に後者なので、前者は簡単に言及されるだけにとどめられる。

されていない場合以外には起こりそうにもない。そうした憲法上の権限が原則の形で認められ、実際に十分機能している限り、議会が現実的に望ましい程度の権力を大臣たちに委ねようとしない、というおそれはない。危ぶまれるのはむしろ、議会があまりに気前よく権力を無制限に委ねてしまいかねないことである。なぜなら、大臣の権力は議会の権力であって、それが大臣に地位を与え地位にとどめているからである。とはいえ、気前よく権力を与えた後でその行使に干渉し、権力をまるごと与えた上で行政業務に対する一つ一つの干渉を積み重ねて権力を少しずつ取り戻す、ということも大いにありうるし、それは統制者である議会が持つ危険の一つでもある。統治担当者を批判し抑制する代わりに、実際の統治の役割を横取りすることから生じる弊害については、前章で十分に詳論しておいた。問題の性質からして、この不適切な干渉に対する予防策は、有害だという強い確信〔つまり政治道徳〕が広く行きわたっていること以外にありえない。

国民一人一人の道徳的・知的・活動的能力を十分に発揮させないという、政府にありうるもう一つの消極的欠陥については、専制の際立った悪影響を論じた際に概説しておいた〔本書第三章〕。民主政的な統治形態どうしで比べると、この点ですぐれているのは、公的な役割の担い手を幅広く拡大している方である。まず、選挙資格からの排除を最小限とすることによってである。さらに、他の同程度に重要な目的と両立する限りで、市民のすべての階級に、司法や行政の細々とした業務への参加を最大限開放することによってである。陪審や地方行政への参加があるし、また何にもまして、最大限の情報公開と言論の自由があり、これによって、少数の個人がかわるがわる政府に参加するばかりでなく国民全般もある程度まで参加者となり、そこから派生する教育や精神的訓練に与ることになる。以上の長所や、長所の追求に際して加えるべき制約についてのこれ以上の説明は、行政の詳細に関して議論するまで先延ばしした方がよいだろう〔本書の第八章と第一五章〕。

代議制統治の積極的な弊害と危険は、他の統治形態の場合も同様だが、二つの項目にまとめてよいだろう。第一に、統制を担当する集団全体の無知と無能力、もう少し穏やかな言い方をすれば、精神的力量の不足である。第二に、社会全般の利益と異なる利害の影響を受ける危険性である。

高度な精神的力量が不足するという第一の弊害は、他の統治形態よりも民主政的統治が陥りやすい弊害だと一般的に思われている。君主政の活力や貴族政の堅実さと思慮は、最も有能な民主政にすらつきまとう優柔不断や長期的視点の欠如に比べて、ずっとよいと考えられている。しかし、こうした主張は一見したところでは根拠がありそうだが、けっしてそうではない。

純粋君主政に比べて、代議制統治は精神的力量の点で劣ってはいない。未開時代を別とすれば、世襲君主政は、君主政に見せかけた貴族政でなく掛け値なしの君主政である限りでは、民主政に特有と考えられているあらゆる形の無能に関して、民主政をはるかに上回って無能である。未開時代を別とすれぱと言ったのは、本当に未開な社会状態では、君主の知的能力や活動能力にはかなりの裏付けがあるからである。君主個人の意志は、臣民やその中の有力者たちの反抗から生じる障害にたえず直面する。社会環境は、君主をひたすら奢侈《しゃし》にふけるように誘惑する余裕を持っていない。知的活動や身体活動、とりわけ政治と軍事に関連した活動が、君主にとっての主な刺激である。しかも、君主本人が大胆で機敏で精力的でなければ、荒くれの諸侯たちや無法な臣下に囲まれる中で少しも権威を持てないし、君位を長続きさせることすらできない。イギリス史の中で、ヘンリーやエドワードのような国王たちの能力の平均レベルが高かった理由は、エドワード二世とリチャード二世の悲劇的運命や、ジョン王やその無能な後継者の治世下での内戦や混乱の中に読み取れるだろう。[2] 宗教改革の混乱期も、エリザベス女王やアンリ四世[3]やグスタフ・アドルフ王[4]といった何人かの傑出した世襲君主を生み出している。しかし、これらの人々はたいてい、逆境で育ったか、王位継承順位の上位にあった者の予想外の脱落で王位を継承したか、あるいは、治世の当初に大きな困難と格闘しなければならなかったのである。ヨーロッパが安定局面を迎えると、非凡な世襲君主はごくまれになり、全般的な平均レベルは、才能と性格の活発さのいずれの点でも凡庸以下にすらなった。こうなると、国制の上では絶対的となっている君主政は(気概のある簒奪者による一時的な場合は例外として)、常設官僚制の精神的資質によってしか存続できなくなった。ロシアやオーストリアの統治体制、それに通常時のフランスの統治体制ですら、官僚の寡頭政であって、国家元首は官僚の長を選ぶことしかしていない。ただし、これは行政の定型的な進め方に関してである。なぜなら、当然のことだが、君主の意志は個別的措置については多くのものを決定しているからである。

業務遂行における精神的な能力と活力の維持という点で歴史上顕著な統治体制は、一般的に貴族政だった。とはいっても、それらは例外なく公職者の貴族政である。支配者集団は厳選されていたため、各構成員は、あるいは少なくとも有力な各構成員は、公務に積極的に取り組むことが可能だったし、実際にも積極的に取り組んで自らの本業とした。何世代にもわたって高度の統治能力を示し堅実な政策原則にもとづいて仕事をした貴族政は、ローマとヴェネツィアの貴族政だけである。ヴェネツィアでは特権身分の人数は多かったけれども、実際の業務処理は寡頭政内部のさらに小さな寡頭政にしっかり集中していて、その全生活は国事の研究と遂行に向けられていた。ローマの統治体制は、イギリスの場合と同様に、開かれた貴族政〔5〕の性格がかなり強かった。とはいえ、実際の統治機構である元老院の構成員は、公務経験があって、しかも、適性欠如や不手際の場合に厳しい責任を問われる危険を覚悟で国家の要職をすでに担当したか今後担当する見込みのある人物に、たいていは限られていた。いったん元老院議員になると、生活を公務にささげる旨の誓約が行なわれ、何らかの公務遂行以外でイタリアを離れることすら許されなかった。また、不名誉と考えられる人柄や言動をとがめられて元老院から追放されない限りは、権限と責任を終生持ち続けた。このような作りになっている貴族階級の中では、その構成員全員が、自ら政務を担当している国家の威信や尊厳にも、審議で果たすことのできる役割にも、自分たちの重要な地位が全面的に結びついていると感じていた。こうした威信や尊厳は、一般市民の繁栄や幸福とはまったく別物だったし、両立が全面的に不可能な場合も多かった。むしろ、国家の対外的成功や領土拡張に密接に結びついていた。したがって、ローマやヴェネツィアの貴族政が、政策に関して集団として賢明さを一貫して示し、個々人として偉大な統治能力を示したことは、歴史が正しく額面通りに裏付けているけれども、それはこうした目標追求にほとんど限られ

〔2〕一二世紀末から一四世紀末にかけてのイングランド・プランタジネット朝の王たちを指す。
〔3〕アンリ四世(一五五三―一六一〇)は、フランス・ブルボン朝の創始者。
〔4〕グスタフ二世(一五九四―一六三二)、一七世紀前半のスウェーデン最盛期の王。
〔5〕生まれながらの貴族でない成功者を貴族階級に迎え入れる仕組のあった貴族政を指す。

ていたのである。

以上のことから、代議制統治以外で、高度の政治的な技量や能力が例外的でない唯一の統治体制は、君主政や貴族政の形態をとっているにせよ、本質においては官僚制的なものだったと見られる。統治の仕事は専門的統治者の手中にあった。これが官僚制の本質であり意味するところである。この仕事の訓練を受けたからこの仕事をするのか、それとも、この仕事をしなければならなかったから訓練されたのかで、多くの違いが生じるとはいえ、しかし、支配の本質的性質については何ら違いは生じない。他方、イギリスの場合のような貴族政、つまり、権力を持つ階級が、特別な訓練を受けたり専業的に従事したりすることなしに、社会的地位に由来する権力を保持している(したがって、権力は直接行使されず、寡頭政的な構造の代表制度をつうじて行使される)貴族政は、知的資質に関しては民主政とほぼ同レベルだった。言いかえれば、こうした貴族政が知的資質を相当程度に示したのは、高い地位に立つとともに偉大で民衆に好感を持たれるような才能を持つ一人物が一時的に支配者となった時期に限られていた。イギリスの議会制的貴族政におけるチャタム[6]やピール[7]のような人物と比べると、さらに、フランスの貴族政的君主政におけるシュリ[8]やコルベールのような人物に比べても、テミストクレスやペリクレス、ワシントンやジェファーソン[10]の場合は、それぞれの民主政の中では完璧な例外というわけではなかったとしても、例外的人物としての輝かしさという点ではずっと格上だったのは間違いない。現代ヨーロッパの貴族政的政府でも、偉大な大臣は、偉大な国王とほぼ同じようにまれである。

したがって、政府の知的特性に関する比較は、代表民主政と官僚制との間ですべきであり、他の政府形態は取り上げなくてよい。そこで、この比較をしてみると、官僚制がいくつかの重要な点で相当にすぐれていることは、認めなければならない。官僚制では経験が蓄積され、十分な試行と熟慮を経た伝統的な行動原則が獲得され、実際に業務を行なう人々に適切な実務的知識が提供される。とはいえ、個々人の精神の活力という点では、同じように優越しているわけではない。官僚制がかかる病気でしばしば滅亡原因ともなるのは、仕事のルーティン化である。官僚制が滅びるのは行動原則が変わらないためであり、またそれにもまして、ルーティン化した仕事は何であれ生命力を失ってしまい、内面で働く精神がなくなるために、やるべき仕事をやらずに機械的にずるずると続いていく、という普遍法則のためである。官僚制はつねにペダントクラシー[11]になりがちである。官僚制が実際の統治体制となると、団体精神が(イエズス会の場合のように)、構成員の中で卓抜している人々の個性を圧迫

〔6〕チャタム伯ウィリアム・ピット(一七〇八―一七七八)、フランスとの七年戦争を勝利に導いた。
〔7〕ロバート・ピール(一七八八―一八五〇)は、一八四六年の穀物法改正を実現した保守党政治家。
〔8〕シュリ(一五六〇―一六四一)は、一六世紀から一七世紀にかけてのフランスでアンリ四世に仕えた政治家、ユグノー戦争後の財政再建に貢献した。
〔9〕ペリクレスは古代アテネ(紀元前五世紀)の政治指導者。
〔10〕ジョージ・ワシントン(一七三二―一七九九)はアメリカ初代大統領。トマス・ジェファーソン(一七四三―一八二六)は第三代大統領。
〔11〕もったいぶった形式主義者の支配を意味するミル本人の造語で、ミルは本書以前にもコント宛て書簡や『自由論』でこの語を使っている。

する。他の専門的な仕事と同じように統治という専門的な仕事でも、大方の人の頭にあるのは、教えられたことをこなすということだけである。こうした人々の中にあって、独創的才能を持つ個人という考え方が、訓練された凡庸という妨害的精神に打ち勝てるようにするには、民主政的な統治体制が必要である。民主政的な統治体制だったからこそ(きわめて聡明な専制君主という偶然は例外だとしても)、サー・ローランド・ヒル[12]は郵政省に対して勝利を収めることができた。民主政的な統治体制が彼を郵政省の中に送り込み、この役所は不承不承ながら、専門的知識と個人的な活力と独創性をそなえた人物の情熱に従ったのである。ローマの貴族政が官僚制の特徴的病弊を免れたのも、明らかに、民主政的な要素を持っていたためだった。特別な役職は、元老院議員ならばなれる役職でも、元老院議員がなりたがる役職でも、すべて民主的選挙で与えられたのである。ロシアの統治体制は、官僚制のよい面と悪い面の両方の典型例である。一方では、しっかりした行動原則が、時代から時代へ断固として同一目的を追求し続けるローマ的な粘り強さで守られており、卓抜した技量で目的を追求するのが普通である。しかし他方、内部は驚くほど腐敗していて、外部からの改善に対してはつねに組織的な敵意を示す。これを克服するには、強健な精神をそなえた皇帝の専制的権力でもめったに足りることはないし、全然足りないこともある。官僚集団の執拗な妨害は、長期的に見れば、一人の人間の一時的活力を上回っているからである。中国の官僚統治の体制は、われわれの知る限りでは、同様の特質と欠陥を示すもう一つの典型例である。

人間生活の万事において、対立しあう影響力は自らの固有の有用性のためにも、対立する相手の生き生きとした活力を保つ必要がある。よい目的であっても、並存すべき別の目的をなおざりにしてそれだけを追求すると、最終的には、一方が過剰で他方が不足するばかりでなく、ひたすら重視してきたものまでが衰退し消滅してしまう。自由な統治体制なら国のためにできることが、訓練された官僚の統治ではできないが、しかしまた、自由な統治それ自体ではできないことが、官僚制であればできるとも考えられる。とはいえ、自由という外部的要素は、政府が自らの仕事を効果的にあるいは持続的に行なえるようにするためにも必要だ、ということもわかっている。他方で、熟練した行政と自由とを結びつける手段を見出せなければ、自由は最善の効果を生み出せないし、壊滅してしまうことも多い。代議制統治に適合するまで成熟した国民であれば、代議制統治と想像上最も完全な官僚制のどちらかを選ぶかで、躊躇は一瞬たりともありえない。しかし同時に、代議制統治と両立する限りで官僚制の多くのすぐれた点を獲得することは、政治制度の最重要目的の一つである。つまり、これら二つが両立可能な限りで、国民全体の代表機関に委ねられ実効性のある形で行なわれる統制に沿いながら、知的専門職として業務に取り組むよう育成された専門家の業務遂行で得られる大きな利益を確保する、ということである。前章で論じた境界線を認めれば、この目的に大いに役立つだろう。つまり、一方で、特別の教育を受けなければうまくできないような本来的に統治の仕事と言える仕事と、他方で、統治者を選び監視し必要ならば統制するという、統治担当者ではなく統治してもらうことに利益を持つ人に委ねるのが、他の場合と同様にこの場合にも適切である仕事、これら二つの仕事の間の境

(12)　ローランド・ヒル(一七九五—一八七九)は、一九世紀中頃にイギリスで、全国均一料金の近代的郵便制度を創設した政治家。

界線である。技術を必要とする仕事が技術を持つ人によって行なわれるよう国民全般が望まない限り、熟練性を確保した民主政に向かう進歩はまったくありえない。国民の側は、監督と牽制という自分たち本来の仕事をするのに十分な度合の精神的能力を調達するだけでも、手一杯なのである。

この度合をどう確保するかは、代表機関の適切な構成を判断する際に考慮すべき問題の一つである。その構成がこの度合を確保できなければできないほど、議会は、特別法[13]で行政の領域を侵犯する。よい内閣を排除し、悪いものを内閣に押し上げて支持することにもなる。内閣の信託違反を黙認したり見過ごしたりする。虚偽の言い訳にだまされたり、自分に向けられた信託に良心的に応えようとする人々を支持しなかったりする。外交内政のいずれの一般政策においても、利己的な政策や、気まぐれの衝動的な政策や、短見で無知で偏った政策を容認したり押しつけたりする。よい法律を廃止し悪い法律を制定して、新たな害悪を引き入れ古くからの害悪に頑迷に執着する。国民感情が公平な正義を望んでいない場合には、一時的にであれ恒久的にであれ議会自体や選挙民に生じている誤った衝動に駆られて、おそらくは、法律をまったく無視した手続を許容したり黙認したりさえする。こうしたことが、代表者議会の中に十分な度合の知性や知識を確保していない代表制の国制から生じてくる、代議制統治の危険である。

次に、（ベンサムが使い始めた便利な用語で言うと）邪悪な利益《シニスター・インタレスト》[14]、つまり、社会の全般的利益と多かれ少なかれ対立する利益によって、代表機関が引き回されている場合、そこに蔓延する行動様態から生じる弊害に移ろう。

君主政や貴族政の政府で生じやすい弊害の大半がこれに起因することは、誰もが認めるところである。君主の利益や貴族の利益は、集団的なものであれ個々の構成員のものであれ、社会の全般的利益が求める行為とは対立する行為によって増大する。あるいは、増大すると本人たちが考えている。たとえば、政府の利益は課税を重くすることであり、社会の利益はよい統治が必要不可欠な出費として許容する最小限の課税である。国王や統治を担当する貴族の利益は、国民に対する無制限の権力を保有し行使することであり、国民を支配者の意志や好みに完全に従わせることである。国民の利益は、どんなことに関しても、統治の正当な目的の達成と両立する最小限の統制力しか行使させないことである。国王や貴族の利益、あるいはそのように見えたり思えたりする利益は、少なくとも、自分たちの権力を脅かしたり自分たちの自由な動きを妨げたりすると考えられる仕方での問責を許さないことである。国民の利益は、すべての公職者に対して、また、すべての公的な行為や施策に対して、問責できる完全な自由がある、ということである。貴族政にせよ貴族政的君主政にせよ、支配者階級の利益は、ありとあらゆる不正な特権を持つことである。それは、あるときは国民の出費で私腹を肥やすためであり、またあるときは、自分を他者の上に置くだけのためであり、あるいは同じことについての別の言い方になるが、他者を自分の下に貶めるだけのためである。こういう政府の下で国民が不満

〔13〕　通常の法律のように適用対象が一般的ではなく、個別の事例に絞り込まれた法律。

〔14〕　ベンサム『訴訟証拠の理論』（一八二七年）の中で使われた言葉。この本の編者は、青年時代のミルだった。

を持つことは大いにありうる話だが、その場合は、国民を低レベルの知性や教育の状態にとどめ、国民の間の不和を煽り立てることが、また、「増長して反抗的」にさせないために国民を裕福にしすぎないようにすることさえ、国王や貴族の利益となる。リシュリュー枢機卿の『政治的遺言』の教えに素直に従うと、そうなる。以上のすべては、抵抗を誘発することへの危惧によって十分に強力な反対方向の利益[15]が作り出されない限り、純然たる利己的見地からは国王や貴族の利益にかなっている。国王や貴族の権力が社会の他の人々の意見に十分に優越している場合には、国王や貴族の邪悪な利益によって、これらすべての害悪が生み出されてきたし、現在でもその多くが生み出されている。こうした地位にある結果として何か別のふるまいを期待するのは合理的でない。

以上のことは、君主政や貴族政では明々白々である。ところが、同じような不正な影響は民主政では働かないという、ずいぶん理不尽な想定がされることもある。数の上での多数者の支配という、通常考えられているような民主政の見方をするのであれば、支配権力が党派利益や階級利益の指図を受け、万人の利益に対する不偏不党の配慮が命じるのとは異なった行為に向かうことは、間違いなくありうるのである。多数派が白人で少数派が黒人であったとすれば、あるいはその逆でも、多数派が少数派に平等な正義を認めると期待できるだろうか。多数派がカトリックで少数派がプロテスタントであれば、あるいはその逆でも、同様の危険はないだろうか。あるいは、多数派がイングランド人で少数派がアイルランド人であれば、あるいはその逆でも、同様の害悪の大きな可能性がないだろうか。貧者という多数派と、それとは対照的に富者と呼べる少数派は、どの国にも存在する。これら二つの階級の間では、多くの問題をめぐって、それぞれの利益と思われているものが完全に対立している。

所有の安全を弱めても自分たちの利益にならないこと、そして、所有の安全は恣意的な財産没収によって弱められることを、多数派が十分賢明にわきまえていると仮定してみよう。それでもなお、多数派が、いわゆる実現財産[16]の所有者や高額所得者に、税金を不公平な割合で、あるいはすべてを負担させた上で、後ろめたく思うこともなく、労働者階級に利益をもたらすと思っているやり方で増収分を歳出額に積み増すといった危険は、相当程度ありはしないか。さらに、熟練労働者という少数派と、非熟練労働者という多数派の場合を考えてみよう。ごうごうたる非難でも受けない限り平等賃金が義務として強制されるのではないか、出来高払いや時間給など、勤勉さや能力の点ですぐれていれば多くの報酬が得られるような慣行すべてが廃止されるのではないか、という憂慮の正しさは、数多くの労働組合の経験が裏付けている。賃上げ立法や、労働市場での競争制限、既存の職種を不要とする機械設備やあらゆる種類の改良に対する課税や規制、さらに、外国産業に対する国内生産者保護ですら、肉体労働者という支配的多数者の階級利益感情のごく自然な帰結(ほぼ確実な結果とまではあえて言わないまでも)である。

　こうしたことは、最大多数者の階級にとって真の利益にはならない、という議論もあるだろう。これに対する私の回答はこうである。人間の行為が「真の」利益そのものを作り出すための考慮とは異なる利益絡みの考慮で決定されていなかったら、君主政も寡頭政も、現状の悪い政府にはならないだ

〔15〕　国民への配慮が自分の権力維持にとって利益になる状況。
〔16〕　現金化されている資産を意味する会計学の用語。

ろう。なぜなら、君主や統治を担当する元老は、能動的で富裕で開明的で高潔な国民を正しく周到に支配するときこそ、最も恵まれた立場にあることが、間違いなく非常に強力な議論によって示されるだろうし、実際、多くの場合示されてきたからである。しかし、自己利益に関するこの立派な見方を国王は時折しかしないし、寡頭政支配者の場合は前代未聞である。だとすれば、それ以上に深遠な考え方を労働者階級に期待すべきだろうか。行為に関する彼らの最も重要な考慮点は、何が彼らの利益かではなく、彼らが何を自分たちの利益と考えているかである。この考慮に際して、別の権力受託者がけっしてしない行為やごく例外的な場合を除いてするとは考えられない行為を、この数の上での多数者ならばいつでもするだろうと想定すること、つまり、目先の見掛け上の表面的な利益に背を向けて真の利益によって自分たちの行為を方向づけるだろうと想定することは、どんな統治理論にもまったく決定的に反している。先に列挙した有害な施策の多くやそれ以外の同様に有害な多くの施策が、非熟練労働者全般の目先の利益にかなっていることは、たしかに誰も疑えないのである。それらがこの階級の現世代全体の自己中心的利益にかなっているということも、大いにありえる。施策が実施されれば最終的な結果は、勤勉や活発性が弛緩し貯蓄意欲が減退するということになるだろうが、非熟練労働者階級はそのことを、自分が生きている間にはおそらく少しも実感しないだろう。

人間生活の中で最も致命的な変化であっても、いっそう目立つ目先の結果としては有益だったものもある。カエサルたちによる専制の成立は、専制が始まってまるまる一世代の間は大いに有益だった。内戦は終結したし、執政官や地方総督によるおびただしい公金費消や暴政も沈静した。生活面での礼儀作法や、政治関係を除くあらゆる分野の知的教養も発展した。歴史を表面的にしか読まない人から見れば、目も眩《くら》むばかりの文学的才能の金字塔が打ち立てられた。ただし、こうした見方をする人は、アウグストゥスの専制に（ロレンツォ・メディチやルイ一四世の場合と同様に）輝きを与えた人物たちは、すべてそれ以前の時代に育っていたことを深く考えていない。何世紀にもわたる自由によって、富が蓄積され精神的な活力と活動が生み出され、それらが残って奴隷たちの第一世代に役立ったのである。しかしこれは、達成された文明総体を知らず知らずのうちに消滅させていく緩やかな効き目を持った支配体制の始まりだった。世界を征服し支配したこの帝国は、最後には、軍事的能力すら完全に喪失して、以前なら三つか四つの軍団でいつでも十分に制圧できた侵入者が、広大な領土のほとんどすべてを攻略し占領できるようになってしまったのである。キリスト教のもたらした新鮮な刺激が到来して芸術や文学を滅亡から救い、終わりのなさそうな暗夜への陥落から人類を救ったのは、ちょうどその瀬戸際だった。

当事者の行動を決定する原理として集団の利益を議論する場合、あるいは個人の利益を議論する場合ですら、先入見のない観察者から見て何が当事者の利益かという問題は、問題全体の中で重要性が最も少ない部分の一つである。コールリッジが見て取ったように、人が動機を作るのであって、動機が人を作るのではない〔17〕。あることをしたりしなかったりする当事者の利益が何かを左右するのは、外的環境よりも、当人がどんな人物かである。その人の利益が実際には何なのかを知りたいのであれば、その人の習慣的な感情や思考の傾向を知る必要がある。人は誰でも、自分が顧慮する利益と顧慮しな

〔17〕　コールリッジ『政治家提要』（一八一六年）。

い利益という、二種類の利益を持っている。人は誰でも利己的な利益と非利己的な利益を持っており、利己的な人間は前者を顧慮し後者を顧慮しない習慣を育成済みである。人は誰でも目先の利益と遠い将来の利益とを持っており、無思慮な人間とは、目先の利益を顧慮し遠い将来の利益を顧慮しない人間のことである。心の習慣のために思考や願望が目先の利益だけに凝り固まっている人は、正しい計算をすれば遠い将来の利益の方がずっと大きいかもしれないといったことは、少しも問題にならない。妻を殴打し子を虐待する男に向かって、妻子を愛し慈しむ暮らしの方がもっと幸福なのにと説得しても無駄な努力だろう。そのように暮らすことのできる人物なら幸福だろうが、しかし、この男は違うし、おそらくそうなるには手遅れだろう。現に本人がこうである以上、この男のものの見方からすれば、支配欲を満たし凶暴な気分に耽溺することの方が、家族の喜びや愛情から自分が引き出せるものよりもずっとよいのである。家族の喜びを自分の喜びと感じないし、家族の愛情などどうでもよいのである。そうではない隣人はおそらくこの男より幸福だろうが、しかし、仮にそれをこの男にわからせることができたとしても、ほぼ間違いなく、邪悪な気分や苛立たしさをかえって悪化させるだけだろう。普通の場合であれば、他者を顧慮し自分の国や人類全般を顧慮する人は、そうしない人よりも幸福だが、しかし、自分の安楽さや懐具合以外の何物も顧慮しない人にこのように説教して何の役に立つだろうか。この人は、他者を顧慮しようとしても顧慮できないのである。地上を這いまわる虫に向かって、鷲であったらずっとよかったのに、と説くようなものである。

ところで、どこにでも見られる事実であるが、自分が他者と共有している利益よりも自分の利己的利益を優先する性向と、自分の利益のうちで間接的な遠い将来の利益よりも目先の直接的利益を優先する性向という、今問題としている二つの邪悪な性向は、何にもまして特に権力を持つことで引き起こされ助長される特徴である。一人の個人でも一つの階級でも、権力を手にすると、その人の個人的利益やその階級だけの利益が、本人たちの目から見てまったく新たな重要度を帯びてくる。他人が自分を礼賛してくれるのを目にすることで、本人も自らの礼賛者となり、自分は他人の百倍も価値あるものと見られて当然だと思うようになる。その一方で、結果を気にせずに好きなようにする手段が容易に得られるようになるために、結果を予測する習慣が、自分にまで影響が及んでくる結果に関してすらも、知らず知らずのうちに弱まっていく。これが、人は権力によって堕落するという、普遍的経験にもとづいた普遍的な格言の意味である。人が私人の立場にあるときの人柄やふるまいから、その人が王位に就いて専制的支配者となってもその人柄やふるまいはまったく同じだろうと推論することがどれほど理不尽かは、誰もが知っている。こういう立場になれば、当人の人間本性の悪い部分が、その人のあらゆる生活環境や周囲の人々によって制約され抑制される代わりに、万人からもてはやされ、あらゆる場面で奉仕の対象となる。一つの階級についても、それが庶民階級であれ何であれ、同じような期待を持つのは理不尽だろう。より強力な権力が自分たちの上にある間は大いに控え目で理性に従順であったとしても、自分たち自身が最強権力となったときには、その点で全面的な変化があると考えるべきである。

統治体制は、あるがままの人間、あるいはすぐにそうなると見込める人間に合わせて作らなければならない。人間全般にせよ、そのうちのいずれの階級にせよ、人々が現時点で到達している教育状態や、まもなく到達すると見込まれる教育状態では、自己利益しか考えていない場合に人々を動かす利益は、一目でわかり現に影響している利益にほぼ限られている。階級や集団の精神や目的を遠い将来の利益やわかりにくい利益に向けさせるのは、共感あるいは良心的感情のどちらにもとづくものであるにせよ、他者、とりわけ自分たちの後に来るもの、子孫や祖国や人類といった観念への無私の配慮だけである。こうした高尚な行動原理が通常の人間の主導的で支配的な動機であることを条件として求める統治形態は、どんなものであれ合理的とは言えない。ある程度の良心や無私の公共精神ならば、代議制統治にふさわしいまでに成熟している社会の市民には期待してもよいだろう。しかしそれらが、自分たちの階級利益を正義や社会全般の善の命ずるところだと思わせてしまうような、もっともらしい誤謬を防止するほどまで高い水準にあり、そうした誤謬を防止する知的判断力とも結びついている、と期待するのは馬鹿げている。

不公正だが大衆の空想上の利益になるとして提案されているあらゆる行為を擁護するために、どんなもっともらしい誤謬が主張されることがあるかは、誰もが知っている。他の点では愚かでも悪人でもないどれほど多くの人たちが、国の債務不履行を正当と考えているかは、誰もが知っている。無能でもなく大衆に対するかなりの影響力を持つどれほど多くの人たちが、実現財産だという大義名分で、税負担を全部まるごと貯蓄につけ回すのを公正だと考え、自分の祖先も自分自身も全収入をいつでも使い切っている人々に対しては、そうした模範的行為の報酬として完全非課税を認めているかも知っている。あらゆる相続、遺贈行為、特定の個人だけを利するような事柄一切に対して、どれほど強力で、部分的な真理が含まれているだけにいっそう危険でもある敵対的主張が向けられているかも周知のことである。ほとんどすべての分野の知識について、役に立たないという証明をして、知識を持たない人々をとことん満足させることがどれほど容易かもわかっている。完全な愚者というわけでもないどれほど多くの人たちが、科学的な言語研究は無益だ、古代文学は無益だ、一般教養など全部無益だ、論理学や形而上学は無益だ、詩や芸術は役立たずでくだらない、経済学はまるで有害でしかない、と思っていることか。歴史ですら、有能な人々から、無益で有害だと宣告されている。生活に必要である、あるいは、感覚に快い物質的なものの生産に直接に役立つ、といった類いの、外的自然について経験的に得られた知識以外のものは、もしそれに対する人々の不信感が煽り立てられたならば、有用性を認めてもらえないだろう。

権力の座にたどりつくと、たちまち、あらゆる方面から誤謬が押し寄せてくる。それは、正義に反し他のすべての階級と後世の人々を犠牲にして、自分の利己的な傾向と自分の善に関する短慮に引き込む誤謬であり、以上述べた誤謬もあれば、他にも数え切れないほどある。それらをはねのけるほど鋭敏な良心や、見かけ上の自己利益と対立しているものを正しく見分ける力は、大多数の人々よりもはるかに教育のある人々の場合ですら、期待できると考えるのは理にかなっているだろうか。

というわけで、民主政における最大の危険の一つは、他のすべての統治形態の場合と同様に、権力保持者の邪悪な利益にある。階級立法の危険、つまり、全体をつねに犠牲にして、支配階級の直接的利益を(実際に実現されるにせよ、されないにせよ)めざす統治、という危険である。そこで、代議制の統治体制の最善のあり方を決定する際に考察が求められる最も重要な問題の一つは、この弊害に対する実効的な防止策をどう用意するかである。

同一の邪悪な利益を共有する集団は政治的に言えば一つの階級であって、同じ種類の不当な施策に向かう直接的で目に見える利益を持つ集団だと見るならば、めざすべき目標は、どの階級も、また、ありえそうな階級間のどんな結託も、統治体制内で支配的な影響力を行使できないようにすることだろう。現代の社会は、人種や言語、国民としての帰属意識の相異から生じる強い反感で内部分裂していない場合は、主に二つの部分に分かれていると考えてよい。それぞれの部分は、多少の違いはあるものの、全般的には外見上の利益の二つの異なった方向に沿っている。一方を(世間一般の簡潔な言い方で)労働者と呼び、他方を雇用者と呼んでおこう。ただし、雇用者には他に、引退した資本家や相続財産所有者を含めるとともに、教育や生活様式の点で富裕階級と同じで、この階級に上昇する見通しや志向を持っている高給取りの労働者(知的専門職の従事者など)も含めておこう。他方、利害や習慣や教育の影響のために、願望、嗜好、目的意識の点で労働者と同じになっている小規模な雇用者は、労働者と同列扱いでよいだろう。これには小商人の大半が含まれる。このような構成の社会状態で、代議制が理想的と言えるほど完全になることができ、また、その状態で維持可能となるには、一方で肉体労働者やそれに類する人々、他方で雇用者やそれに類する人々という二つの階級が、代議制の仕組の中で均衡し、議会での採決においてほぼ同数の議員に影響力を持つようになっている必要がある。なぜなら、そうなっていれば、各階級内の多数派は階級間の相異点に関して主に自分たちの階級利益に左右されると考えられるにしても、理性や正義や社会全般の善に即して物事を考える少数派も各階級内に存在していて、そうした少数派がそれぞれ相手階級全体に合流して、優勢となるべきでない自階級多数派の要求に対抗して形勢を逆転させるだろうからである。

どうにか許容できる程度の出来具合の社会であればどこでも、正義や社会全般の利益が最終的にはおおよそ達成されている理由は、人々のそれぞれの利己的利益がほとんどつねに分裂していることにある。不当なものに利益を持つ人がいても、正当なものの方に私的利益を持つ人もいる。また、もっと高尚な考慮で自分を律している人々は、自分たち以外の全部に対して優位に立つには少数で弱すぎるにしても、議論して熱意を掻き立てた後であれば、たいていは、自分たちと同じ側に立つことに私的利益を持つ集団を優勢に転じさせるのに十分な力を持っている。代議制の仕組は、こうした状態を維持するよう作られなければならない。さまざまな部分的利益のどれであっても、真実や正義と自分たち以外の部分的利益との団結に対して、優位に立てるほど強力になるのを代議制の仕組は許容すべきでない。どの個人的利益にしても、高尚で幅広く将来を見すえた見地から行動する人々の少なくとも大部分の支持を得なければ実現できないような、そうした個人的利益間での均衡がつねに確保されるべきである。

第七章　真の民主政と偽の民主政について

――全員を代表することと、多数者だけを代表すること

すでに見たように、代表制の民主政に生じがちな危険には二種類ある。一つは、代表機関の知的レベルや代表機関を統制する国民全般の意見の知的レベルが低い、という危険である。もう一つは、数の上での多数者の全員が同一階級に属し階級立法を行なう危険である。次に検討しなければならないのは、民主政の統治に特徴的な利点を実質的に損ねることなしに、人為的工夫で可能な限りこれら二つの弊害を除去して、あるいは少なくとも軽減して民主政を組織することは、どこまで可能かである。

弊害を除去するための常套手段は、選挙人資格を多少制限して、代表の民主的性格に限定を加えることである。しかし、あらかじめ考慮に入れておくべき点があり、これにきちんと留意すれば、選挙資格を制限する必要性を招いていると考えられている事情はかなり異なったものになる。完全に平等な民主政でも、一つの階級だけが数の上の多数者になっている国民の場合に必ず生じてくる弊害は、除去しきれない。とはいえ、そうした弊害は、現存する民主政が平等ではなく支配的階級に好都合になるよう意図的に不平等になっているという事実のために、輪をかけてひどくなっているのである。

民主政と称しながらも、二つの非常に異なった考え方が、たいていは混同されている。民主政の純正な考え方では、民主政とは、定義上、平等に代表されているすべての国民によって、すべての国民

を統治する体制である。一般に考えられ従来実施されてきた民主政は、すべての国民のうち排他的に代表されているたんなる多数者によって、すべての国民を統治する体制である。前者は、全市民の平等と同じ意味である。後者は、奇妙なことに前者と混同されているが、数の上での多数者に都合のよい特権的統治体制であって、国家の中で実質的に発言権を持つのは数の上での多数者だけである。これは、少数者の投票をまったく無意味にしている現行の投票方式では、避けられない結果である。

こうした考え方の混同は大問題だが解消は容易で、平均的な知性を持った人々の目の前でわずかばかりの指摘をして問題を正しい光で照らし出せばそれで十分だ、と思う人もいるだろう。習慣の力がなかったらそうだろう。しかし、これがあるために、単純この上ない考え方でも馴染みがなければ、はるかに複雑な考え方の場合と同じで、得心するのは非常に難しい。少数者は多数者に従わねばならない、数の少ない側が多い側に従わねばならないというのは、馴染み深い考え方である。そのため人々は、それ以上考えをめぐらす必要はないと思ってしまい、数の少ない側に多い側と同等の力を認めることと、少数者を完全に排除してしまうこととの間に、中間的なものがあるとは思いもよらない。実際に審議を行なう代表機関では、もちろん少数派は劣勢が当然であるべきだし、平等な民主政の場合でも(選挙人たちがあくまでも自分の意見に固執するのであれば、その意見が代表機関の意見を決定するから)、国民のうちの多数者は代表を通じて、少数者とその代表に対し投票で優位となり勝利する。しかし、だからといって、少数者は代表をまったく持たなくてもよい、ということになるだろうか。多数者は少数者に優越すべきだからといって、多数者が全投票を独占すべきで少数者は一票も持つべきでない、ということになるだろうか。少数者の意見に耳を傾けないということまで必要なのだろうか。分別ある人がこうした無用の不公正を認容できるのは、習慣や古くからの連想〔1〕によって以外にない。真に平等な民主政であれば、社会のあらゆる部分が、数に不相応にではなく数に比例して代表される。選挙人のうちの多数者がつねに多くの代表を持つだろうが、しかし、少数者もつねに、少数の代表を持つだろう。少数者は多数者と同じように、対等な仕方で十分に代表されるのである。そうでなければ平等な統治はなく、不平等で特権的な統治体制になってしまう。国民の一部分が他の部分を支配することになる。代表に関して公正で平等な影響力の持ち分が与えられない部分が出てくることは、あらゆる正当な統治に反しているし、とりわけ、平等こそ自らの根幹であり基礎だと公言している民主政の原則に反している。

こうした不公正や原則破りのひどさは、その被害を受けるのが少数者だからといって軽減されはしない。なぜなら、社会の中で、誰にせよある一人の個人が他の一人の個人と同じ重みで数えられないならば、平等な選挙人資格ではないからである。とはいえ、被害を受けるのは少数者だけではない。民主政がこのように作られていると、その名目上の目的、つまり、あらゆる場合に数の上での多数者に統治権力を与えるという目的すら達成できない。それとは非常に違ったことになってしまうのである。権力が与えられるのは多数者の中の多数者であるが、これは全体から見れば少数者でありうるし、そうであることが多い。

原則というものはすべて、極端な事例で最も効果的に検証される。そこで、平等な普通選挙資格で統治が行なわれている国があって、全選挙区で複数の候補者が争う選挙が行なわれ、いずれの選挙区でも僅差で選挙結果が決まっている、と想定してみよう。こうして選出された議員が集まる議会は、国民の中の過半数ぎりぎりしか代表していない。この議会が立法を行ない、議員たちの過半数ぎりぎりで重要法案を成立させたとしよう。こうした法案が国民の中の多数の意向に合致していることを、いったい何が保証するのだろうか。半分近い選挙人は選挙の投票で負けているから、法案の決定に何ら影響を与えていない。この選挙人たちは、法案に賛成した議員の対立候補に投票していたから、全員が法案に反対である可能性があるし、実際にもその多くが反対しているだろう。これ以外の選挙人のうちの半数近くも、法案に反対票を投じたと考えられる議員たちを選出している。したがって、勝利を収めた意見を支持しているのが、国の制度によって支配者の地位にのぼっている人々の中では多数だが、国民全体の中では少数派にすぎないということはありうるし、おそらく実際にもそうなのだろう。〔2〕民主政が多数者に確実に優位を与えることを意味するのであれば、それを確実にする手立ては、全員の一人一人に平等な意見陳述を認めることしかない。〔3〕意図的にであれ、制度のはたらき具合のためであれ、決定からはずされている少数者は、権力を多数者に与えているのではなく、多数者内のい

〔1〕ここで使われている「連想」という語は、本来は無関係だった複数の観念が結びつくことで、一つの観念が他の観念を自動的に呼び起こすという、ミルが重視していた連想心理学（観念連合論）の考えにもとづいている。

〔2〕ここでの想定では、選挙人全体の四分の一をわずかに超える人数で、自分たちが選出した議員を通じて自分たちの意向を貫徹できる。

〔3〕そのための方策としてミルが考えているのは、直接に国民投票をすることではなく、後出のヘア式投票制である。

ずれかの少数部分に与えているのである。[4]

以上の議論に対しておそらく唯一可能な反論はこうである。色々な地域に色々な意見があるのだから、ある地域での少数意見は別の地域では多数意見となるし、全体としては各選挙区の中のあらゆる意見が代表者議会の中では応分の比率を占めるのではないか。この反論は選挙区の現状ではおおよそ正しい。仮にそうでなかったら、すぐさま、庶民院と国全体の意見との不一致が目につくことになるだろう。しかし、現在の選挙人の規模がもっと拡大したら、この反論は正しくなくなるだろう。国民全体にまで拡大したらなおさらである。そうなると、どの地域でも肉体労働者が多数派になるからである。未決着の争点があって、それをめぐりこの階級が社会の他の部分と対立している場合は、他の階級が代表を選出することはどこでも不可能となる。現在ですら、自分たちの代表を持ちたがっている非常に多くの選挙人が、自分たちの支持する候補者に投票しても、改選後の議会に議員を送れないでいる。そのことが大きな不満となっていないだろうか。教会関係者の指名した二人の候補者がメルボーンの選挙人を代表してしまうとか、居酒屋の主人が指名した(と世間では信じられている)候補者がフィンズベリーやランベス[5]の選挙人を代表してしまうというのは、正当なことだろうか。教育と公共精神が高い水準にある人々の大半が居住している選挙区は、イギリスの場合は都市部の選挙区であるが、現在、これらは代表されていないか、あるいは適切な代表のされ方になっていない。政党が競り合う中で地元の多数派でない側を支持している選挙人は、代表されていない。多数派側の支持者に関しても、大部分が適切な代表のされ方になっていない。支持政党という点以外はすべて自分の意見と異なっていても、支持政党内の最大多数の支持を得た人物であれば、甘受するしかないためである。この現状はいくつかの点では、少数者の側が投票をまったく認められていない場合以上によくない。なぜなら、その場合であれば、少なくとも多数者の側は、自分たちの意向を最もよく代表する人物を議員にできるかもしれないからである。〔6〕ところが現状では、対立党派の候補を勝たせないために党の分裂を避ける必要があるので、支持する党の政党色をいち早く鮮明に示した人物や地元リーダーが推す人物に、全員が投票せざるをえなくなる。こうした地元リーダーに敬意を表して、と言っても敬意に値することはめったにないのだが、彼らが自分の個人的利益で候補者選択を歪めていないと想定しても、党の全勢力を確実に結集するために、地元リーダーは、党から強い異論が出ない人物、つまり際立った個性がなく党の決まり文句以外に意見を持っていない人物を候補に推さざるをえないのである。

その顕著な例がアメリカである。アメリカの大統領選挙では、優勢にある政党は自党の最強メンバーをあえて候補者にしない。なぜなら、このような人物はいずれも長らく公衆の眼にさらされてきたという、ただそれだけの事実のために自党のどこからか異論を招いてしまうので、候補者になるまで誰も聞いたことがないような人物に比べて、自党の支持票の全部を確保できる安全な切り札とならな

〔4〕 選出された議員の中でかろうじて過半数を占めている部分に投票した人々。
〔5〕 いずれもロンドンの地区名。
〔6〕 少数派の対立候補がいないので、多数派の内部で誰を議員にするかをめぐる競争が可能になるということ。

いからである。こういうわけで、最強政党の候補者の場合ですら、候補に選ばれる人物が実際に代表している意向は、おそらくは、対立政党に競り勝つ僅差の部分を占める人々の意向でしかない。当選に必要な支持票を固めているグループが、候補者選びで拒否権を持つ。他の人々よりも強いこだわりを見せるグループが、自分たちの指名する人物を他の全員に受け容れさせてしまう。しかもこうした強硬な姿勢は、残念ながら、公的利益よりも自分たち自身の利益を押し出してくる人々に見られがちである。そのため、一般的に言って、多数者側の選択に決着をつけるのは、この上なく小心で了見が狭く偏見で歪んでいる人々や、排他的な階級利益に執拗にこだわる人々である。このような場合、少数者側の選挙の権利[7]は投票の目的に役立たない一方で、多数者側が自分たちの中で最も貧弱か最悪の候補者を受け容れることを強いる役割しか果たさない。

こうした弊害を多くの人々が認める一方で、それらを自由な統治体制のために支払う必要のある代償と考えているのはまったく意外なことではなくて、それは最近まで、自由に味方するすべての人々の見解だった。しかし、改善不可能だとして大目に見る習慣が根深くなってしまったために、改善可能であれば改善を歓迎したい問題として見ることが、多くの人々の場合、できなくなってしまっているようである。改善の断念から病弊の否認へは、ほとんどいつでも、ほんの一歩でしかない。さらにここからは、提案者が改善策ではなく厄介事を作り出しているかのように、改善策の提案を嫌悪することにもつながっていく。人々は弊害に慣れきってしまい、弊害に不満を表明することが、不正ではないにしても非常識であるかのように感じている。しかし、避けられる避けられないにかかわりなく、弊害を重視せず弊害除去策の発見を歓迎しないような人は、物事がよく見えていない自由愛好者でしかない。少数者の実質的な排除が自由の必然的結果でも当然の結果でもなく、民主政とまったく無関係であることは今や明々白々なのだから、そうした排除は、数に比例した代表という民主政の第一原理に真向から反しているのである。少数者が適切に代表されることは、民主政の本質的部分である。これなしで可能なのは真の民主政ではなく、偽の民主政に他ならない。

以上の考察が持つ説得力を多少なりとも感知した人々は、弊害を多少なりとも緩和するさまざまな方策を提案している。ジョン・ラッセル卿〔8〕は、自ら提案した選挙法改正案のうちの一つで、一定の選挙区は定数を三名とし、選挙人は候補者のうち二名にまでは投票してよい、という条項を取り入れた。ディズレーリ氏は最近の論議で、これについてラッセル卿を批判してこの提案に関する記憶を呼び戻した。いかにも保守党の政治家らしい意見なのだが、手段だけを顧慮し、目的について考える姿勢を少しでも見せた人物に対しては軽蔑的態度で一切の共感を示していない。*

＊〔原注〕保守党の指導者たちが保守党の諸原理にどれほど無理解であるかを示す例は数多くあるが、ディズレーリ氏のこの失態は、その中の見事な一例である（サー・ジョン・パキントン〔9〕は、本人にとって大いに名誉あることだが、その後すぐに機会を捉えて、自分がこの意見に賛同していない旨を明らかにした）。対立相手の諸原理を理解しどのタイミングで適用されるのかを知っておく、というところまでの能力や鑑

〔7〕　ミルは投票資格を通常の意味での権利とは考えていないが（本書一八五頁）、ここでは、選挙人の間での公平という観点から法律上の「権利」として言及している。
〔8〕　ジョン・ラッセル（一七九二―一八七八）は、自由党の政治家・首相経験者。
〔9〕　パキントン（一七九九―一八八〇）は、保守党の政治家。

識眼はあえて両党に要求しないとしても、各政党が自分たち自身の諸原則を理解しそれにもとづいて行動すれば、大きな改善になるのだとは言ってよいだろう。保守党が保守的なものすべてに一貫して賛成投票し、自由党がリベラルなものすべてに一貫して賛成投票すれば、イギリスにとってよいことなのである。そうなれば、目下の他の多くの重要法案と同様に、改善と保守のいずれの面でも卓抜しているものを気長に待望する必要はない。保守党は、その存在法則からして最も愚かな政党であるために、この点で最悪である。憂鬱な真相だが、どんな課題に関するものであれ、保守的という点で本格的で十分で遠くまで見きわめた法案が上程され、自由党ですら賛成投票に前向きな法案だったとしても、保守党の大半は見境なく突進して成立を阻止するだろう。

他に、投票は候補者一名だけとする、という提案をした人もいる。いずれの提案でも、地元の選挙区で少数派であっても三分の一以上であれば、それ以上頑張らなくても定数三名のうちの一名を当選させることができる。これと同じ結果は、ジェイムズ・ガース・マーシャル氏のすぐれた小冊子〔10〕で提案されているように、選挙人は三票を持つがその全部を同一候補者に投票してもよいとすれば、はるかにうまく達成されるだろう。以上の構想は、何もないよりはずっとよいけれども、やはり一時しのぎであって、目的達成はきわめて不完全でしかない。なぜなら、各選挙区内の三分の一未満の少数派や、いくつかの選挙区での票を合算すれば相当数になるような少数派は、いずれも代表されないままだからである。そうは言っても、これらの構想がいずれも実現しなかったのは、大いに残念なことである。どれも正しい原則を認識していたし、正しい原則のいっそう完全な実現への道を準備しただろうからである。とはいえ、一選挙区の選挙人の平均人数に相当する選挙人たちが、国内のどこに居住していても一名の議員を当選させるために連携できないのであれば、代表の真の平等は確保されない。

そこまで完全な代表制は実現不可能と見られていたが、今は違う。トマス・ヘア氏という、大局観を持ちつつ実践上の細々とした点もこなせるきわめて有能な人物が、それを実現する構想を議会制定法の法案形式に練り上げることによって、その可能性を立証したからである。[11] この構想は、ここで論じている特定の目的に関して理想的な完全に近い形で統治の一大原則を実現するという、ほとんど類例のない利点を持っており、加えて、重要度の点で劣らない他のいくつかの目的も達成している。

この構想によれば、代表の基本単位、つまり一名の代表を当選させられる投票者の基準数を、選挙人総数を議席数で割るという、平均値を出すふつうの方法で確定する。どれほど多くの選挙区からの寄せ集めであっても、ともかくこの基準数を得票した候補者は全員が当選となる。投票は現在と同様、地域ごとに行なう。ただし、候補者が国内のどこで立候補していても、選挙人は自由にどの候補者に投票してもよい。したがって、地元のどの候補者も自分の代表にしたいと思わない選挙人は、当選意欲を示している全国すべての候補者の中から最もよいと思う人物を当選させるために、自分の票を役立てることができる。ここまですれば、他の方法では奪われているのと事実上は変わらない少数者の選挙の権利に実質が与えられるだろう。しかし、地元の候補者に投票したくない人々ばかりでなく、落選した地元候補者に投票した人々が、地元では持てなかった代表を他の場所で持てるようにすることも重要である。そこで、選挙人は第一位の投票先として望ましいとした人物に加えて他の人物名も

〔10〕『少数派と多数派』（一八五四年刊）、マーシャル（一八〇二―一八七三）は自由党の政治家・庶民院議員。
〔11〕ヘア（一八〇六―一八九一）は法律家、ここで言及されている著書は『代表選挙論』（一八五九年刊）。

投票用紙に記入してよい、という条項が定められている。投票は、候補者一名に限って一票と数える。しかし、第一位の選択対象が当選基準数に達せず落選した場合でも、第二位の選択対象はもっと有望かもしれない。よいと思う順位をつけた投票リストの人数は、かなりの数まで増やしてよいことになっている。これは、リスト上位の候補者が基準数を満たせない場合や、自分の票を含めなくても基準数に達している場合に、当選に力を貸せるいずれかの候補者用に一票を活かすためにである。議員の総定数を満たすために、また、非常に人気の高い候補者がほとんどすべての票を独占してしまわないようにするために、候補者がどれほど多く得票しても、基準数を超えた票は当選票数に数えないことが必要である。この候補者への投票の余剰部分は、票を必要としているリスト上の次の候補者にまわされ、当選基準数を満たすのに役立てることができる。一人の候補者の得票のうちどの部分を当選得票数に数え、どの部分を他の候補者にまわすかを決める方法については、いくつかの方策が提案されているが、ここでは立ち入らないでおこう。他の候補者を代表にしたくない選挙人が投じた票のすべてを、投票先となった候補者が得るのは当然である。それでも残った票については、他にもっとよい方法がない場合には、抽選で割り振るという便法でも異論は出ないだろう。投票用紙は中央の役所に送付され、そこで集計される。各候補者について、第一位として何票、第二位として何票、第三位として何票等々というように得票数が確認され、議員総定数を満たすまで、当選基準数を獲得できた候補者にその基準数を割り振っていく。第一位への票が第二位への票に優先し、第二位への票が第三位への票に優先、以下同様である。投票用紙とすべての集計結果は公的な場所に保管され、関係者全員が閲覧できる。基準数を得ていて当選するはずだったのにできなかった人は誰でも、そのことを容易に立証できる。

以上が本構想の主要条項である。このきわめて簡明な仕組の詳細を知りたければ、ヘア氏の『代表選挙論』（一八五九年刊の小著）*、ならびに、一八六〇年刊の『ヘア氏の改革法案を簡略化して説明する』と題したヘンリー・フォーセット氏（現在はケンブリッジ大学経済学教授）著の小冊子を参照していただかねばならない。

*〔原注〕ヘア氏は、最近刊行された第二版〔一八六一年〕で、細目のうちのいくつかに関して、重要な改良を加えている。

後者の小冊子は、この構想に関するきわめて明快で簡潔な説明であり、ヘア氏の元々の提案条項のいくつかを省略してぎりぎりまで単純化したものである。削除した条項はそれ自体としては有益だが、それらを加えて実用性が高まるかと言えば、構想の単純さから得るものの方が多い、という考え方によっている。これらの著作を検討すればするほど、私はあえて予言するが、本構想は完全に実現可能で卓抜した利点をそなえているという印象が強まるだろう。そうした利点が非常に多くあることで、ヘア氏の構想は、統治の理論と実践においてなされた最上級の改善の一つになっていると私は確信している。

第一に、本構想が、選挙人の中のどの支持母体に関しても、それぞれの数に比例した代表選出を確実にしていることである。二大政党ばかりでなく、また、特定地域の若干数の大規模集団もそうだろうが、他にも、全国的に見れば公平公正の原則からして代表を持つべき十分な人数を擁しているすべての少数者集団も代表される。第二に、選挙人は現在のように、自分が選ばなかった誰かによって形式的に代表されることがなくなる。すべての議員が、選出母体全員の支持を得た代表となる。議員は、当選基準数に応じて、千人、二千人、五千人、あるいは一万人の選挙人の代表だが、これらの選挙人はすべて、この議員に投票したというだけではなく、全国からこの議員を選び出したのである。おそらくは腐っている二つか三つかのオレンジの詰め合わせという、地元のマーケットで提供できるせいぜいの選択肢から選び出したわけではない。選挙人と代表との結びつきは、こうした関係であれば、目下のところ経験していないほど力強く価値あるものとなる。選挙人全員が代表と個人的な一体感を持ち、代表も選挙人に対して同様に感じるだろう。どの選挙人にせよ、なぜこの人物に投票したかと言えば、ある程度の人数の選挙人には好意的印象とともに知られている議員候補者全員の中で、選挙人本人の見解を最もよく体現しているからであり、選挙人が最も尊敬する能力と人柄の持ち主で、自分に代わって考えてくれるという点で最も信頼できる人物だからである。この議員は、たんなる町のレンガやモルタルを代表しているのではなく、人を代表している。たんに少数の教区委員や教区内の名士を代表しているのではなく、投票者たち自身を代表している。とはいえ、地域代表という性格の中で、残す価値のあるものはすべて残している。国レベルの議会は純粋に地方的な事柄にはできるだけかかわるべきではないが、かかわらざるをえないこともあるから、重要度の高いすべての地域の利害に配慮することを特に引き受ける議員もいるべきであり、こうした議員はやはり残るだろう。自分のところで当選基準数を満たせる地域はどこでも(そうでない地方選挙区はおそらくないはずである)、多数者はたいてい、地域内の誰かに代表されることを望むだろう。地元のことを知っていて地元在住であり、他の点でも代表に十分ふさわしい人物が候補者の中にいれば、そうした人に代表されたいと思うものである。地元の候補者を当選させられないために、自分たちの票以外にも得票の見込みがある候補者を地元の外に捜し求めるのは、主に少数者の方だろう。

本構想は、代表者に望まれる知的資質を確保する点で、全国レベルの代表制として可能なすべての構成様式の中で最善である。現在では、誰もが認めるように、有能な人格者というだけでは、庶民院議員になるのはますます難しくなっている。当選できるのは、地元で影響力を持つ人や支持獲得のために金銭をばらまく人だけである。さもなければ、どんな状況でも得票をあてにできる人物として、三、四名の商人や事務弁護士に招聘《しょうへい》され、二大政党がロンドンのそれぞれのクラブから送り込んできた人だけである。ヘア氏の仕組であれば、地元の候補者では気に入らなかった人や、自分が支持した地元候補を当選させられなかった人は、候補者リストにある全国的に著名な人物の中から自分が共鳴する一般的な政治信念を持つ人物を選んで、投票用紙に記入できる。そのため、何らかの点ですばらしく卓越している人であればほとんど誰であれ、地元での影響力がなくても、どの政党にも忠誠を誓っていなくても、当選基準数を獲得する可能性がかなりある。この励みがあれば、こうした人々の中から、従来では想像もつかなかった人数の立候補が期待できるだろう。独立した思想を持つ有能な人でありながら、既存のどの選挙区でも多数の支持で選出される可能性の皆無だった人は何百人もいる。こうした人物は、自分の著作や公的な有用性のある何らかの分野で才能を発揮したことによって、全国のほとんどすべての地域それぞれで、少数の人々には知られ賞賛されている。すべての場所でこの人物に投じられたすべての票を本人の得票として数えることができれば、当選基準数に達する場合もあるだろう。提案可能と思われる他のどの方法をもってしても、ここまで確実に国中のすぐれたエリートを議会に集めることはないだろう。

さらに、この選挙の仕組が庶民院の知的水準を高めるのは、少数者の投票によってだけではない。〔選挙区内の〕多数派も、いっそう優秀な議員を捜さざるをえなくなる。多数派を構成している個人は、ホブソンの選択[12]、つまり、地元リーダーが推薦する人物に投票するか、それとも棄権するかという状態に陥らずに済む。地元リーダーから指名された人物は、〔選挙区内の〕少数派が支持する候補者との競争ばかりでなく、仕事の意欲を持った全国的に著名なすべての人々との競争にも直面しなければならなくなる。こうなれば、党のスローガンをいち早く口にしていて三千ポンドか四千ポンドの手持ち資金もある、といった人物を選挙人に押しつけることは、もはや不可能である。多数派の人々は選出に値する候補者を強く求めるだろう。さもなければ、票はどこか別の地域に流れて、少数派が優位となる。多数派の人々が自派勢力内でいちばん評価できない部分に隷属することはなくなり、地元の著名人の中で最も有能な最良の人物が候補者に選ばれる。他地域から流入する票で地元での強さを高めるために、地元を超えた知名度が何らかの形で有利に働く人物を選べるのであれば、そうした人物が選ばれるだろう。各選挙区は最善の候補者をめぐって競争し、地元を知っていて地元とつながりもありつつ他のあらゆる点でも抜群にすぐれている人物たちを奪い合うことになる。

代議制統治の自然的傾向は、現代文明の場合と同様に、集団的凡庸に向かっている。しかも、制限を緩和して選挙人資格を拡大する動きはすべて、社会の最高度の教養水準を下回る諸階級に最高権力を与える結果をもたらすから、この傾向を強めることになる。しかし、すぐれた知性と性格の人々が数で勝てないのは仕方ないとしても、この人たちの意見が傾聴されるかされないかは大きな違いをもたらす。全員を代表するのではなく地元の多数者しか代表しない偽の民主政では、教養ある少数者の意見は代表機関にはまったく届かない。公然の事実だが、この欠陥モデルにもとづいて作られたアメリカ民主政では、社会の中の教養ある人々は、自分の意見と判断様式を進んで放棄し知性の劣る人々の卑屈な代弁者にでもならない限り、連邦議会や州議会に立候補することはほとんどないし、当選の可能性もまずない。

仮に、アメリカ共和国の聡明で愛国的な建国者たちが幸運に恵まれ、ヘア氏の構想のようなものを目にしていたとすれば、連邦議会や州議会には多くの卓越した人々が加わり、民主政は最大の非難を受けずに済み、最も手強い弊害の一つを避けられただろう。この弊害に対して、ヘア氏が提案した個人代表制は、特効薬と言ってよいものである。各地方の選挙区に散在している教養ある少数者は結束して、国内にいる非常に有能な人々を自分たちの人数に比例した数だけ当選させることになる。少数者は、そうした人を選ぶ最強の誘因の下にある。なぜなら、自分たちの小さな数の力で相当の効果を得ることは、他の方法では不可能だからである。多数者を代表する人々は、この仕組の作用によって自らの資質を向上させるとともに、すべてを独占することもなくなる。たしかにこうした多数者の代表は、国全体として見て一つの階級の選挙人集団が他に対して優位に立つのと同じように、数の上では他の代表に対して優位に立つ。彼らは投票ではいつも勝利できる。しかし、その投票は他の代表た

〔12〕 選択肢が一つしかないような選択、貸馬業者のホブソンが顧客に馬の選択を許さなかったという一七世紀の逸話に由来。

ちの眼前で行なわれ、他の代表たちの批判を受けることになる。見解の相違が生じたときは、彼らはせめて外見だけでも説得的な理由を示して、教養ある少数者の議論に対抗しなければならなくなる。しかも、すでに見解が一致している人々に向かって語るときには、自分たちは正しいと単純に思い込むものだが、それはできなくなるから、自分たちが間違っていたという確信に至ることも、たまには起こってくる。彼らはたいていは善意の人々であるから(国民の代表として公正に選ばれているのであれば、そう考えてもよいだろう)、その精神は、自らが接し対立さえする精神からの影響によって、知らず知らずのうちに向上するだろう。不人気な主張の提唱者が、仲間内しか読まない本や定期刊行物の中だけで自説を主張する、ということはなくなる。対立する集団は顔と顔を合わせ手の届く距離で対峙し、それぞれの知力の公平な対比が、国全体が見守る中で示されるようになる。そうなれば、票数で優位にある意見が、票数を数えるだけでなく票の重みを評価しても優位にあるのかどうか、わかるようになるだろう。

有能な人が自分の能力を公平な場で大衆に示す手段を持てば、大衆は有能な人を見分ける本物の勘を働かせることが多い。有能な人が正当な評価を幾分かでも得られていないとすれば、制度や慣行のせいでその人が目立たなくなっているのである。古代民主政では、有能な人を目立たなくさせる手立てはなかった。有能な人には演壇が開かれていて、公共の助言者となるために誰の同意も必要ではなかった。代議制の統治体制ではそうなっていない。助言で国民を救ってくれるテミストクレスやデモステネスのような人物は終生議席を得られないのではないかと、代表民主政の最良の味方ならば心配せずにはいられない。しかし、国内第一級の精神の人が少人数でも代表者議会に確保できれば、残りは平均的であっても、こうした指導的精神の影響は全体の審議の中で確実に感じることができる。たとえこの少数者が、一般的な意見や感情の基調とは多くの点で対立すると知られていてもである。ヘア氏の提案した方法以上に、そうした精神の存在感を積極的に確保できる方法は、私には考えられない。

議会のこの少数者たちは、一つの大きな社会的機能の適切な担い手でもある。既存の民主政では、そのための手当がなされていないのだが、しかし、この機能が働かないままであれば、統治体制は間違いなく劣化し衰退せざるをえない。これは対立の機能と呼べるだろう。どの統治体制でも、強さで他のすべてにまさる権力があり、この最強の権力はたえず唯一の権力になろうとする。ある程度は意図的に、またある程度は無意識に、つねに他のすべてを自分に従属させようと努め、自分に絶えず反抗してくるものや自分の精神に合致しないものがある限りは満足しない。ところが、競合する全勢力を抑え込み、すべてを自分と同じ鋳型に流し込むのに成功してしまうと、その国の向上は終わり衰退が始まる。人間の進歩は数多くの要因の所産だが、人類の間にうち立てられたどの権力も、そうした要因の全部を取り入れているわけではない。最も有益な権力でさえ、善の要件の一部を取り込んでいるにすぎず、進歩を継続させるには、残りの部分を何か別の源泉から引き出さなければならない。社会の最強権力とそれと競合する何らかの権力との間で対立が続かなければ、どんな社会でも進歩は続かない。霊的権威と世俗の権威、軍人階級と産業者階級、国王と民衆、正統派と宗教改革者などとの

〔13〕　デモステネスは紀元前四世紀のアテネの政治家・弁論家、マケドニアへの対抗を市民に説いた。

間の対立である。一方の側の完全な勝利によって抗争が終わってしまい、しかも他の対立が生じてこない場合には、まず停滞が生じ、続いて衰退へと向かう。数の上での多数者の優位は他の多くに比べて不当な度合は低く、害悪も概して少ないとはいえ、他とまったく同じ種類の危険が、他よりもいっそう確実につきまとう。なぜなら、一者や少数者が政府を手にする場合は多数者が競合する力としてつねに存在し、多数者の意見や感情は、一者や少数者を統制できるまでに強力ではないにしても、信念や利害の違いから支配権力のどんな傾向にも対立する人々すべてにとって、精神的な支えとなり社会的な支えにすらなるからである。ところが、民衆全般が最高の地位にある場合には、異論を唱える側や、損ねられたり脅かされたりしている利益の側が頼りにできる強力な一者や少数者は存在しない。民主政統治の大きな困難とこれまで考えられてきたのは、先進性を保っていたあらゆる社会でたまたま提供されていたものを民主政的な社会でどう確保するか、という問題である。つまり、支配権力の諸傾向に対する個人の抵抗への社会的な支え・拠点、支配的な世論が好意的に見ていない意見や利益に対する保護・集結地点を、どう確保するかである。そうした拠点の欠如のために、過去の社会でも、また、少数の例を別とすればほとんどすべての近代社会でも、社会的幸福や精神的幸福の諸条件のうちのごく一部が排他的に優越することで、社会は解体するか、停滞(これはゆっくりとした劣化を意味する)に陥ったのである。

個人代表の制度は、こうした重大な必要に、現代社会の環境が許す限りで最も完全な仕方で応えるのに適している。民衆全般という多数者の本能に対する補完策や補正策を探し求めるべき唯一の場所は、教養ある少数者である。ところが、民主政のふつうの構成様式では、この少数者の声を伝える仕組がない。ヘア氏の制度はこれを提供する。少数者の票をまとめることで当選する代表者たちは、最高の完成度でこの仕組を提供できるだろう。教養階級の機関を別途設置することは、実行可能であるとしても不公平感を生じさせるだろうし、影響力をゼロにしてしまう以外に攻撃の的になることは避けられない。しかし、この階級の中のエリートが他の議員と同じ資格で、つまり、同じ数の市民を代表し、数で他と違わない国民的意志の一部分を代表するということで、議会の一部を構成するのであれば、そうした議員がいても誰にも不快感を与えないだろう。その一方で、この議員たちは、あらゆる重要テーマに関して自分たちの見解や助言を傾聴してもらうという点でも、また、公的業務に積極的に参加するという点でも、最も有利な立場を占めることになるだろう。その能力のために、おそらくは、統治の実際の運営に関して人数相応に割り当てられた発言権以上のものを持つことになるだろう。アテネの人々は、クレオンやヒュペルボロス[14]を責任ある公職に信任しなかったけれども(クレオンがピロスやアンフィポリス(いずれも古代ポリスの名称)で登用されたのは、まったくの例外である)、しかし、ニキアス[15]やテラメネスやアルキビアデス[16]は、民主政よりも寡頭政に共鳴していると知られていたにもかかわらず、つねに国内外で登用されていた。それと同じことである。教養ある少数者は、

〔14〕いずれもペロポネソス戦争期(紀元前五世紀)の古代アテネの政治家だが、粗野で無教養なデマゴーグと見られることが多い。
〔15〕ペロポネソス戦争を終結させスパルタとの和平を導いた古代アテネの政治家。
〔16〕いずれもペロポネソス戦争期の古代アテネの政治家。

実際の投票では数相応でしかないけれども、しかし、精神的な力としては知識や他者への影響力のために数以上のものになる。大衆の意見を理性と正義の範囲内にとどめ、民主政の弱点を衝くさまざまな堕落的な影響から守るのに適合した仕組として、これ以上のものを人間の創意工夫で編み出すことはほぼ不可能だろう。このようにすれば、民主政の国の国民は、他のやり方ではほぼ確実に得られないもの、つまり、自分たちよりも高いレベルの知性と性格を持った指導者たちを得るだろう。現代の民主政でも、ときにはペリクレスのような人物が得られるし、またつねに、すぐれた指導的精神の集団が得られるだろう。

目下の問題〔ヘア氏の構想〕の肯定的側面に関しては、最も基本的な性格の根拠がこのように勢揃いしているのであるが、否定的側面についてはどうだろうか。新しい物事について本気で詮索してやろう、という気持ちを人々に起こすことができたら、詮索に耐えるものは何もない。たしかに、平等な正義という名目で富者の階級支配を貧者の階級支配に代えることを狙っている人々は、そうした人々がいるとしてだが、両者を同一レベルに置くような構想にもちろん好意的ではないだろう。今後、何か機会があってデマゴーグ的術策で貧者の階級支配のような願望が掻き立られても心配無用、とまで請け合うつもりはないが、しかし現時点では、そうした願望がイギリスの労働者階級にあると私は思っていない。数の上での多数者がずっと長い間、集団として専制支配することに全面的に固執しているアメリカでは、この多数者はおそらく、専制君主や貴族階級と同じように、専制との縁を切りたがらないだろう。しかし、イギリスの民衆全般は、自分たち以外の者による階級立法からの保護に今のところ満足していて、次は自分たちの番だとして階級立法を実行する権力を要求してはいない、と私は考えている。

ヘア氏の構想にはっきりと反対する人々の中には、実行不可能な計画だという考えを公言する人もいる。しかし、すぐにわかることだが、こういう人は概して構想をこれまでかろうじて耳にしたことがあるだけか、ほんのわずかにざっと検討してみただけなのである。他に、代表制の地方的性格と自分たちが呼んでいるものが失われることを受け容れられない人もいる。こういう人は、国民とは諸個人の集合体ではなくて、人為的単位の集合体、地理と統計学の創作物だと思っている。議会は、人間ではなく町や州を代表しなければならない、というのである。しかし誰も、町や州をなくしてしまおうとしているわけではない。町や州に住む人間が代表されるとき、町や州は代表されていると考えてよいだろう。地方感情を感じとる誰かがいなければ地方感情はありえないし、誰かが地方的利益に関心を持たなければ地方的利益は存在しえない。地方的な感情や利益を持つ人々が代表に関して適切な持ち分を持っているのであれば、その地方的な感情や利益は、自分たちの他のあらゆる感情や利益と同様に代表されている。しかし、なぜ、地方ごとにまとまった感情や利益だけが代表される価値を持つと考えるのか、私にはわからない。地理的なもの以上に大切だと思っている感情や利益を持つ人々が、なぜ、政治的分類の原則は地理的なものだけ、という制限を受けなくてはならないのかも、私にはわからない。ヨークシャーとミドルセックスはその住民の権利とは別個に権利を持つとか、リヴァプールとエクセターはその住民とは異なるものとして立法者の適切な配慮対象であるといった考えは、言葉から生じてくる珍妙な錯覚例である。

とはいえ、反対論者はたいてい、イギリス国民はこんな仕組には同意しないだろうと断言して、議論を切り上げてしまう。イギリス国民が拒むのは間違いないと断言する前に、断言が正しいか間違っているかを検討する必要はないと思っているらしく、そのため、イギリス国民の理解し判断する能力をこんな簡単な言い方で済ませている人々を、イギリス国民はどう思うだろうか。私はあえて言わないでおこう。私自身としては、イギリス国民は自分にとってあるいは他者にとってよいことだと証明できる物事について度しがたく偏見で歪んだ見方をするなどと、確かめもせずイギリス国民に汚名を着せても当然だとは思わない。それにまた、偏見が根強く存続する場合、誰にもまして大いに問題があるのは、偏見を取り除く仕事に加わらない言い訳として偏見は克服不可能だとわざわざふれ回っている人のように私には思える。偏見を共有していない人たちが、その偏見に屈服しおもねり自然の法則として受け容れてしまえば、どんな偏見も克服不可能である。しかし、偏見という点では、正確に言えば、今の場合はそれを論じている人以外に偏見は存在していない。また、新奇なものでありながら賛否両論を広く世間に明らかにするための討論がまだ十分に行なわれていなければ、そうしたものすべてが疑わしく思えても当然で健全だが、しかし今の場合は、一般的にはこうした疑念以外の拒否感はないと思う。唯一の厳しい障害は、馴染みがないということである。これはたしかに手強い障害である。想像力は、名前や形式のごくささやかな変更よりも内容実質面での大きな変更の方を、はるかに容易に受け容れるからである。とはいえ、馴染みのなさは不利な点だとしても、着想に本当の価値がある場合には、時間さえあれば取り除くことができる。しかも、討論が盛んになり改善への関心が幅広く目覚めている今日では、以前ならば何世紀もかかった仕事でも、数年しか必要としなくなっていることが多い。

ヘア氏の著書が最初に公刊されて以来、その構想に反対して行なわれた批判のうちいくつかは、少なくとも慎重に検討したことや、その主張について以前よりも理知的な考察をしていることを示している。これは、重大な改善をめぐって行なわれる議論には自然な展開である。改善が最初に直面するのは、やみくもな偏見であり、やみくもな偏見だけを価値ありとするような議論である。そうした偏見が弱まっても、反対論はしばらくはより強力になってくる。なぜなら、構想の理解がいっそう進むと、避けられない不都合な点や、構想それ自体としては即座にもたらすことのできる恩恵すべてに対して悪影響をおよぼす付随状況が、長所とともに明るみに出てくるからである。しかし、このような反対論は道理にかなっているように見えても、管見の限りでは、前もってこの構想の支持者が予見し考察し詳細に検討することで、妥当性を欠くあるいは容易に論破できると判明しなかった議論は一つもない。

外見上は最も深刻に見える反対論については、ごく簡単な応答でよいだろう。その反対論とは、担当中央省庁の業務における不正行為あるいは不正行為の疑いを防止できないのではないか、というものである。公開の場での投票と、選挙後に投票用紙を点検する完全な自由が、防止策として用意されていたが、しかし、この防止策は役に立たないと主張されている。なぜなら、開票報告書を検査するためには、事務職員が行なっていた仕事全部をくり返さなければならないからだ、というのである。投票者全員が個々別々に開票報告書を検査する必要があるとすれば、これは非常に有力な反対論だろう。確認過程で一人一人の投票者ができそうなのは、自分自身の投票用紙がどう扱われたかを検査することだけだろう。その目的のために、適切な間合いを置いた後で投票用紙が発送元〔選挙区の選挙事務担当〕に送り返されてくるわけである。しかし、投票者にできないことは、投票者に代わって落選候補者やその代理人たちがするだろう。当選していたはずだったのにと思っている落選候補者の中には、単独であるいは何人かでまとまって、選挙過程を検証する代理人を雇う者がいるだろう。こうした人たちが重大ミスを発見した場合は、資料が庶民院の委員会に送付され、この委員会によって、国全体の選挙管理業務が吟味検証されることになる。そのための時間と経費は、現行制度の下で選挙管理委員会が一つの開票報告書を精査するのに必要な時間と経費の十分の一で済む。

　構想が実行可能だと想定しても、二通りの形で、利点が得られなかったり利点どころか有害な結果が生じたりする、という主張もある。第一に、派閥や徒党、セクト的結社に不当な力が与えられるだろう、という主張である。メイン法同盟[17]、秘密投票協会や宗教の自由協会[18]といった特定目的のための団体、階級利益や宗教的信条の共通性で結合している組織も同様とされる。第二に、この制度は党派的目的のために利用できてしまう、という反対論である。各政党の中央組織は、すべての選挙区の支持者全員の票を確保するために、六五八名の候補者リストを全国に送付するだろう。その得票数は、無所属の候補者が獲得できる票数をはるかに上回ることになる。この反対論の主張によれば、「党公認候補者名簿」の仕掛けは、アメリカでそうであるように、大規模な組織政党に有利に働くだけである。この名簿は鵜呑みにされて名簿通りの投票が行なわれ、票数で負けることはまずない。例外は、すでに言及したような一風変わった意見の共有で結集しているセクト的集団や派閥に、時折負けることがあるぐらいである。

この反対論に対する応答は、はっきりしているだろう。ヘア氏の構想にせよ他のどんな構想にせよ、組織が有利でなくなるとは、誰も主張していない。散在する小集団は、組織的集団に比べれば、いつでも不利である。ヘア氏の構想は事物の本性を変えることはできないから、組織を持っているあらゆる政党や党派は、その大小にかかわりなく、自分たちの影響を最大限強化するために組織を利用すると考えておかねばならない。とはいえ、現行制度ではそうした影響力がすべてになっている。散在する小集団の方は完全な無である。大政党にも小さなセクトにも縛られていない投票者には、自分の票を活かす手立てがない。ヘア氏の構想は、こういう人々にその手立てを与える。その使い方に上手下手はあるだろう。相応の影響力を持つこともあれば、それよりもかなり下回ることもあるだろう。しかし、何であれ得られたものは、明らかに利益となるだろう。しかも、あらゆる些細な利益や些細な目的の組み合わせが組織化されるのであれば、全国レベルの知性や性格という大きな利益が組織されないままだとは、どうして考えられるだろうか。禁酒派の候補者名簿や貧民学校後援者の候補者名簿などがあるのだったら、公共精神を持った人物が一選挙区に一人でもいれば、「人格優秀者」の候補者名簿を作成して近隣にくまなく配布するのには十分だろう。また、そうした少人数の人々がロンドンに集まって、細かいところでの意見の違いにかかわりなく候補者名簿の中から一番卓抜している人たちの名前を選び、わずかな経費でそれらの名前を印刷し全選挙区に配布する、ということもありう

---

〔17〕　禁酒法の制定を求める団体。
〔18〕　国教会制度の廃止を求める団体。

るのではないか。現在の選挙方式では、二大政党の影響力は無制限であることを想起すべきである。ヘア氏の構想では、その影響力は大きくはあっても一定限度内に収まる。二大政党にせよ小党派にせよ、支持者の人数に比例する以上に多くの議員を当選させることはできなくなる。アメリカの候補者名簿の仕組は、これとは正反対の条件の下で機能している。アメリカでは選挙人は政党の候補者名簿を支持して投票する。なぜなら、選挙の帰趨はたんなる数の多さで決まり、確実に多数を得られない候補への投票は無駄になってしまうからである。しかし、ヘア氏の仕組では、価値があると知られている人物への投票は、政党候補者への投票とほぼ同程度に〔当選という〕目標達成の可能性を持っている。そのため、党員であるということ以上の何物かであって、つまり、党の優先順位に加えて自分自身の優先順位も持っている自由党員や保守党員であれば、そうした人は皆、あまりぱっとしない弱小候補者の名前は消してしまって、その代わりに、国民にとって名誉であるような人物の名前を書き込む、といったことにもなるだろう。さらに、そういう可能性があれば、それは、党の候補者名簿の作成担当者が名簿掲載対象を忠誠を誓った党員に限定せずに、それに加えて、ライバル政党以上に自党に共感を持っている全国的著名人も含めるよう仕向ける誘因になるだろう。

困難があることを隠すべきではないので言うが、困難は実在している。それは、すぐれた人物で後援団体がついていない人物に投票したいと思っている無党派の投票者は、少数のそうした人物の名前を書き込むと、後の残りはたんなる政党候補者の名前で埋めてしまいがちで、そのため、自分たちが代表にしたいと思っている候補にとって不利となる票数の積み上げを助けてしまう、ということである。これについては、いざ必要となれば、簡単な救済策があるだろう。つまり、第二位以下の投票対象として投票できる候補者名の数を制限する、ということである。候補者についての知識を根拠とした非党派的な優先順位を、六五八名の候補者につける投票者はいそうにない。一〇〇名の候補者につける投票者すらいないだろう。こうした投票者については、党派のたんなる一員としてではなく一個人として投票しようとしているのであれば、選ぶ人数を二〇人とか五〇人とかに制限しても、あるいは、投票者本人が選ぶだろうと見込まれる人数にまで制限しても、異論はほとんど出てこないだろう。もっとも、こうした制限がなくても、仕組がよく理解されるようになればすぐに弊害は是正されるだろう。影響力が非常に過小評価されている党派や派閥にとっては、この弊害に対抗することが至上目的となる。そこで、規模の小さい各少数派内では、次のような標語が広まるだろう。「あなたがよいと思う特定の候補者だけに投票してください。あるいは少なくとも、その候補者の名前を先頭に置いてください。そうすれば、あなたの一票の力が間違いなくもたらす勝利の可能性すべてをその候補者に与えることになります。つまり、最初の投票で、あるいは下位の順位にまで降りていかずに、当選得票数を獲得する可能性を与えることになります。」これは無党派の投票者にとっても有益な教訓となるだろう。

少数派は、持つべき量と正確に同じ量の力を持つことになる。少数派が行使できる影響力は、投票者の数に正確に相応するものとなり、それをいささかでも超えることはない。その一方で、これを確実にするためにも、少数派は、自分たちの特定目的の代表者として、無党派投票者の票を獲得可能とする推薦を他からも得ている候補者を擁立する動機を持つだろう。

現行制度擁護論の通俗的な方向が、現行制度への批判の性格に即応して一変するのを見るのは、興味深いことである。まだ何年もたっていないが、以前は、あらゆる「利益」や「階級」が代表されているというのが、当時存在していた制度の擁護論として人気があった。たしかに、重要な利益や階級は代表されるべきである。言いかえれば、議会に代弁者や擁護者がいるべきである。ところが、その後は、部分的利益に、擁護者を与えるばかりでなく議会そのものまでも与える仕組を支持すべきだ、という議論になった。[19] 変われば変わったものである。ヘア氏の仕組では、部分的利益は議会を意のままにはできないが、部分的利益の擁護者の場所は確保しており、そのことで非難されてすらいる。階級代表の長所と数の代表の長所とを結びつけているので、両方の側から同時に攻撃されるのである。

この制度の受容を実際に困難にしているのは、以上のような反対論ではない。実際の困難は、この制度は複雑だという誇張された考え方であり、その結果として、実行可能性が疑われていることである。この反対に対する唯一完璧な答は、実際に試してみるということだろう。この構想の長所がもっと一般に知られるようになり、公平な思想家たちの間でもっと広く支持されるようになったら、どこか大きな都市の自治体選挙のような限定的領域で試験的に導入してみるとよいのである。定数四議席の確保を狙ってヨークシャーのウェスト・ライディングを分区する決定が行なわれたことで、その機会は失われた。むしろ、選挙区を分区しないままで、投票総数の四分の一を第一位投票か第二位投票で獲得した候補者を当選させるというようにして、新しい原則を試行すべきだったのである。こうした実験は、構想の価値の検証としては不完全だとしても、機能の仕方についての実例にはなるだろう。実行可能だと人々を納得させることはできるだろうし、人々を仕組に馴染ませ、手に負えそうもないと思われている困難が本物か空想上のものかを判断する材料を提供するだろう。そうした部分的な試みが議会によって承認される日が来れば、議会改革の新時代が始まると私は信じる。世界はまだ闘いの段階しか見ていないけれども、そこを通り過ぎて、代議制統治が成熟し勝利に達した時期にふさわしい形を得ることになる新時代がである。*

*〔原注〕本書の前の版と今回の版との間で、ここで提案した実験が都市や地方を上回る規模で実際に行なわれ、数年にわたって試行されていることが判明した。デンマーク憲法（デンマーク本土の憲法ではなく、デンマーク王国全体を対象に制定された憲法）では、少数者の平等な代表制が、ヘア氏の構想と非常に類似した構想にもとづいて整備された。人間精神や社会の一般的状況から生じてくる困難を解決する考え方が、相互の連絡がなくても、いくつかのすぐれた精神の中でどのようにして同時に生まれてくるのか、それを示す多くの例に、さらに一つの例が加わったわけである。デンマーク選挙法のこの特徴は、ロバート・リットン氏の的確な報告書の中で、イギリスの国民全般に向けて余すところなく明確に示されている。この報告書は、公使館書記官による貴重な報告書の一部であり、一八六四年に庶民院の指示により印刷されている。ヘア氏の構想は、今ではアンドラエ氏〔デンマークの政治家で蔵相や首相を歴任〕の構想とも呼んでよいだろうが、その立ち位置はこのようにして、たんなる計画から、実現された政治的事実へと前進したのである。

今のところ、デンマークは個人代表を制度化した唯一の国であるけれども、この考え方は、思想家たちの間で非常に速いスピードで普及してきている。現時点で普通選挙を必要と考えているほとんどすべての国において、この構想は急速に前進しつつある。民主政の味方にとっては自分たちの原則の論理的帰結としての前進であり、民主政的統治を好んで選ぶというよりも甘受している人々にとっては民主政の不都合

〔19〕　現行制度は、特定の部分的利益の代表に議会での優位を与えているのが長所であり、だから支持すべきだという議論。

な点を是正するのに不可欠な方策の前進としてである。スイスの政治思想家たちは先導者であった。フランスの政治思想家たちがそれに続いた。他には言及しないとしても、ごく最近の時期では、フランスで最も影響力と権威のある政論家のうちの二人が、一人は穏健派リベラルで〔エドゥアール・ド・ラブレイ〕、もう一人は極端な民主派だが〔ルイ・ブラン〕、いずれもこの構想に公式の支持を表明している。ドイツでの支持者としては、ドイツにおける最も卓越した政治思想家の一人がおり〔ロベルト・モール〕、この人はバーデン大公の自由主義的内閣の傑出した閣僚でもある。このテーマは、アメリカ共和国の重要な思想的覚醒の中で応分の役割を果たしており、すでに、人間の自由に向けた現在進行中の闘いにおける成果の一つとなっている。イギリスのオーストラリア植民地の主要二州では、ヘア氏の構想がそれぞれの立法部での検討事項となり、まだ採択はされていないが、すでに強力な支持勢力を持っている。また、イギリス政治全般では、保守党と急進派のいずれの立場にある論者たちも、その多くが、構想の諸原理について明確に、かつ余すところなく理解しており、この構想は広く理解され行動原則とされるには複雑すぎるという考え方がどれほど根拠のないものかを示している。この構想とその利点をすべての人にとって完全に理解可能にするのには、あえて実際に取り組むだけの価値はあるとすべての人々が考える時期が到来している必要はあるけれども、それ以外には何も必要ない。

第八章　選挙人資格の拡大について

以上が、多数者だけではなく全員を代表する代表民主政の素描である。この代表民主政では、数の上では劣勢にある利益や意見や各種の知的レベルの議論が傾聴されるとともに、議論や説得力の重みによって、数の力とは違った影響力を持つ機会が得られる。こうした民主政だけが、万人による万人の平等で公平な統治であり、唯一真正な民主政のあり方である。これならば、誤って民主政と呼ばれているもの――現時点では支配的で、通説的な民主政の考え方の唯一の源泉となっているもの――から生じる最悪の弊害を免れるだろう。ただし、この民主政でも、絶対権力は、数で多数を占める人々が行使しようと望めば手元に残る。しかも、この数の上での多数者は、偏見や先入観や一般的思考方法が同じで、控えめに言っても最高の知性とは言えないただ一つの階級で構成されている。そのため、この国制でも、やはり階級支配の典型的弊害に陥りやすい。たしかに、現時点で民衆全般を僭称している一階級の排他的支配に比べれば、弊害の度合ははるかに低いだろう。とはいえ、その良識や中庸や自制に見出されるものを除けば、何ら効果的な抑制がないことに変わりはない。もし、この種の抑制で十分なのであれば、立憲的統治の哲学は無用の長物でしかない。国制への信頼はすべて、権力保持者が権力を悪用する意志がないということではなく、悪用できないという確証にもとづいている。民主政は、この弱点を補強できなければ、理想的に最善の統治形態ではない。そうであるためには、どの階級でも、最大多数の階級であっても、自分たち以外のすべての人々を政治的に無意味にできないように、また、自分たちの階級的利益だけで立法や行政の方針を決められないようになっていなければならない。問題は、民主政的な統治に特徴的な利点を犠牲にせずに、なおかつ、この弊害を防止する手段を見出すことである。

これら二つの必要条件は、選挙人資格の制限という便法では満たせない。代表をつうじた見解表明から市民の一定部分を強制的に排除することを意味するからである。自由な統治の最大利益の一つは、自国の重大利益に直接影響する行為に参加することが国民の最下層にまで求められ、その際に彼らに知性と感情の教育が及ぶことである。この論点についてはすでに十分詳しく力説したが、再度取り上げるのは、民主政的な制度のこの効果について、認めて当然の重要性を全面的に認めている人がほとんどいない、という理由のためだけである。大した理想にも思えないことに多くを期待するのは空想的だが、肉体労働者による選挙人資格の行使を精神的向上の有力な手段だとみなすのはまさにそうだ、と考えられている。しかし、大多数の人々の実質的な精神的陶冶はたんなる幻想でありえないのだとすれば、これこそが進むべき道筋である。この道筋ではたどり着かないだろうと思う人がいるのであれば、トクヴィル氏の大著の内容全部、とりわけアメリカ人に関する彼の評価を証拠としたい[1]。アメリカ人全員がある意味で愛国者であるとともに、教養ある知性の持主でもあるという事実に、ほとんどすべての旅行者が感銘する。トクヴィル氏は、こうした資質と民主政的諸制度との間にどれほど密接な関連があるかを示している。教養ある人々の思想や好みや感情のこれほどまでの広まりは他では見られないし、達成可能だと考えることすらできない*。

＊〔原注〕以下に、『ニューヨーク博覧会イギリス側委員報告抜萃』を、キャリー氏の『社会科学原理』〔第三巻、一八五九年刊〕から引用しておく。これは少なくとも部分的には、本文での主張を裏づける顕著な証拠である。

「イギリスにも少数の立派な技術者や職人はいるし、多数の聡明な労働者もいる。しかし、アメリカ人は国民全体が、そうした人々になりそうに思える。すでに、アメリカの河川には蒸気船が群れ集まり、渓谷には工場が建て込んできている。都市は、ベルギー、オランダ、イギリスを別とすれば、ヨーロッパのどの国の都市よりも大きく、今や都市住民を際立たせているあらゆる技術の拠点となっている。技術は時代を重ねる中で開発され改善されてきたものであるけれども、アメリカで用いられているヨーロッパ発の技術の中で、ヨーロッパに匹敵するかそれ以上の熟練水準でないものはほとんどない。国民が全員、未来のフランクリンやスティーブンソンやワットのような人々であるというのは、他国民にとっては、考えただけでも驚異的なことである。ヨーロッパ人の場合、教養や才能のある少数の人々がどんなにすぐれているにしても、大多数はどちらかと言えば遅鈍で無知であるが、これとは対照的に、アメリカ国民全体の偉大な知性は、社会全般の注目に最も値する状況である。」

とはいえ、これ〔アメリカ国民に見られる高水準の精神的陶治〕は、他の重要な点で適切に組織されつつ排他的でないという意味で平等でもある民主政的統治体制に期待できるものと比べるならば、さほど素晴らしいものではない。なぜなら、アメリカで政治生活が非常に貴重な学校になっているのはたしかだが、しかし、それは最も有能な教師たちが排除された学校だからである。国内第一級の精神の持主は、まるで就任する資格なしと公式に決まっているかのように、国レベルの代表からも公職全般か

〔１〕トクヴィル『アメリカのデモクラシー』〔第一巻・一八三五年刊、第二巻・一八四〇年刊〕。

らも見事に締め出されている。デモス〔一般民衆〕はアメリカでは権力の源泉の一つだから、国内のあらゆる利己的野心がこれに引き寄せられる。専制国家で君主に引き寄せられるのと同じである。専制君主と同じように民衆もこびへつらいを受け、権力の影響のうち堕落的なものが、改善し品位を高めるものと完全に肩を並べる。こうしたものが入り混じりながらも、イギリスや他の諸国の同じ階級に比べて、アメリカの最下層に民主政的諸制度がこれほど顕著なすぐれた精神的向上をもたらしているとすると、影響の悪い部分抜きで良い部分が保たれれば、いったいどうなるだろうか。

そうしたことは、ある程度はありえるだろう。ただし、政治的な問題に注意を向け、それによって大規模で縁遠く複雑な利害に接するという貴重な機会を、他に知的刺激をほとんどまったく受けることのない人々から奪うことによってではない。肉体労働者は決まりきった仕事を日々くり返し、生活様式からして多様な影響や環境や思想に触れることはないが、そうした人々が政治的議論によって、縁遠い理想や遠隔地での出来事は自分自身の利害に対してすら目に見える影響を及ぼすのだと教えられるのである。日常の仕事のために関心が自分周辺の狭い範囲だけに凝り固まっている人々が、仲間の市民のために感じ仲間の市民とともに感じることを学び、自覚的に大社会の一員となるのは、政治的議論や集団的な政治行動によってである。しかし、政治的議論は、投票資格を持たず獲得しようともしない人々の頭上を飛び越えてしまう。こうした人々と選挙人資格を持つ人々との違いは、法廷傍聴人と陪審員席にいる十数人の人々との違いに相当する。選挙人資格を持たない人々には、投票は求められないし意見に影響を与えようとする企てもない。訴えかけられ議論が向けられるのは別の人々である。たどり着く結論があっても何事も左右しないし、結論に到達することは必要とされてもいないし促されもしない。他の点では民主政的な統治体制であっても、投票資格がなくそれを得る見込みもない人々がいれば、そうした人々は恒常的な不満分子になるか、あるいは、社会全般の事柄など自分にはどうでもよいと感じるようになるだろう。社会全般の事柄は他の人が処理すべきものであり、「従うこと以外に法律とは無関係」〔2〕で、公共の利害や関心事も傍観者として以外に関係がない、ということになる。こういう境遇にある人が何を知っていて何を気づかっているかは、中流階級の平均的女性が、その夫や兄弟に比べて、政治について何を知っていて何を気づかっているかを見れば多少は察しがつくだろう。

以上の考察全体とは別個の議論になるが、他の人々と同じように自分にも利害がある事柄の処理について、自分の意見を顧慮してもらうという通常の特権を与えないことは、より大きな害悪の防止のためでないならば、人格にかかわる不正である。その人が支払うことを強制され、戦うことを強制されるかもしれず、黙って従うように求められるのであれば、それが何のためであるかを示してもらう法的な資格がある。同意を求められ、その人の意見を価値以上にではないにせよ、価値相応に受け止めてもらう法的な資格がある。十分に成熟した文明国民の中には、パーリア〔3〕があってはならない。誰も、自分の落ち度によらない限り、無資格者とされてはならない。人は誰でも、何の相談もなく自分の運命を左右する無制限の権力を他人からふるわれるときには、自分で気づいていようといまいと、

〔2〕　イギリス国教会の主教、サミュエル・ホーズリー（一七三三—一八〇六）による議会演説の中の言葉。
〔3〕　社会から排除される賤民。

人格を貶《おとし》められているのである。しかも、人間精神がこれまでよりもはるかに向上した状態になった場合ですら、こうした処遇を受けている人々が、意見を表明する人々と同じように公平に扱われることはとうていありえない。支配者や支配階級は、選挙人資格を持つ人々の利益や願望を配慮せざるをえない。しかし、選挙人資格から排除されている人々については、配慮するかどうかは任意であるし、どれほど誠実な心構えだったとしても、たいていは取り組まなければならない事柄に没頭していて、無視してもとがめられない事柄まで考える余裕はない。というわけで、特定の人間や階級が決定的に排除され、投票する特権がそれを獲得したいと思っているすべての成人に開かれていないような選挙人資格の仕組は、いついかなる場合でも十分とは言えない。

　ただし、積極的理由のために必要とされる一定の資格除外もある。これは今述べた原則に反するものではなく、それ自体としては害悪であるとしても、それを取り除けるのは資格除外を必要とする事情が消滅した場合に限られる。読み書きができない人や、さらに言えば、日常レベルの計算もできないような人が選挙人資格を得るというのは、私としてはまったく認めることができない。こうした素養は、たとえ選挙人資格を左右しない場合であっても、それを得る手段が無償であるか、あるいは自活している人々の中で最も貧しい人がまかなえる限度を超えない費用で、誰の手にも届くようにすべきであり、それは正義が要求するところである。これが本当に実現されているのであれば、意見を言えない子どもに選挙人資格を与えようと誰も思わないのと同様に、字の読めない人に選挙人資格を与えようと誰も思わないだろうし、そういう人が除外されるのは、社会ではなく本人の怠惰のせいだろう。この程度の教育を誰もが受けられるようにする義務を社会がまだ果たしていない場合は、こうした除外にはいささか問題があるけれども、しかし、やむをえない問題である。社会が二つの重大な義務をいずれも果たしていないのであれば、より重要で根本的な義務が最初に果たされるべきであり、万人向けの教育が、万人への選挙人資格付与に先行しなければならない。経験と無関係な抽象論で常識を沈黙させていない人であれば、他者に対する権力、社会全体に対する権力を、一定条件を満たしていない人々にまで分かち与えるべきだと主張したりはしない。つまり、自立した生活に必要であって、また、自分自身の利益や自分にいちばん身近な人の利益を賢明に追求するのにも必要な、ごく普通の最も基本的な条件を満たしていない、という場合である。

この議論は明らかに、さらに押し進めて証明をもっと充実させられるだろう。読み書きや計算以外のものも、選挙人資格の要件とすることは大いに望ましい。地球の構造や自然地理および政治地理の多少の知識、世界史や自国の歴史と制度の初歩的知識を、すべての選挙人に求めてもよいだろう。しかし、この種の知識は、選挙人資格の賢明な活用にどれほど不可欠であるとしても、イギリスでは、また、おそらくはアメリカ合衆国北部以外のどこでも、国民全体には広がっていない。しかも、そうした知識が獲得されているかどうかを確認するための信頼できる制度も存在していない。現時点では確認を試みても、えこひいきや言い抜け、ありとあらゆるごまかしに終わるだろう。役人の裁量で選挙人資格を特定の者には与え他には与えないとするよりも、一律に与える方がよいし、あるいは一律に与えないことですら、まだましである。とはいえ、読み書き計算に関しては必ずしも困難ではない。選挙人登録に来たすべての人に対して、登録官の前で英語の本から一文を複写させたり足し算をさせたりするなどの簡単なテストが、確定的ルールと完全な公開によってきちんと公正に実施されるようにするのは容易である。したがって、この条件はどんな場合でも普通選挙資格に課せられるべきである。数年も経てば、除外されるのは、投票という特権に配慮していないので投票を認められても何か実質のある政治的意見の表明にはおよそならない、そうした人物だけになるだろう。

国税や地方税について議決する議会の選挙は、何がしかの税負担をする人々だけが行なう、としておくのも重要である。税金を払っていない人は、他人の金銭を扱う際に節約せず浪費する動機に事欠かない。金銭問題に関する限り、こうした人が投票の権限を持つのは、自由な統治の根本原則に反しており、監督する権限をその有益な行使への関心と切り離してしまう。公共目的と呼んでよいと自分が思う目的のためなら、他人の財布に手をつけてよい、とすることに等しい。これによって、アメリカのいくつかの大都市で、前例にない高額であるのに加えてすべてを富裕層に負担させる地方税が生まれたことが知られている。代表の範囲を課税の範囲と同じにし、課税の範囲より狭くも広くもしないことは、イギリスの制度に関する理論と一致している。ただし、これを代表制の付帯条件として、普通選挙制の代表という点と両立させるためには、課税が目に見える形で最貧層にまで及んでいることが必須であり、他の多くの点から見ても望ましい。イギリスでは、他のほとんどの国でもそうだが、薬品や酒類に加えて、茶、コーヒー、砂糖の購入で間接税を払っていない労働者世帯はおそらくない。しかし、公的支出のこうした分担方式は実感しにくい。担税者は、教育のある思慮深い人でない限り、自分の利益とわずかばかりの税負担とを、負担が直接に請求される場合と同程度にまで結びつけて考えない。仮にそう考えたとしても、浪費的歳出を政府に強いることに賛成投票する一方で、自分が消費する物品への追加的課税で歳出をまかなうことがないようにするのは確実である。人頭税という箇明な形で、社会の全成人に直接税を課す方がよいだろう。課税評価額に特定税率を付加することを受け容れた人にだけ選挙を認める、というのもよい。あるいは、国の歳出総額の増減に連動させた少額の年税納付を、選挙人登録をする全員に求めるのもよいだろう。いずれにせよ、投票で賛同した支出は部分的には自分自身の負担であり、その額を低くとどめておくのが自分の利益であると皆に実感してもらうためである。

どんな資格除外方式にするにしても、教区救済〔4〕の受給があれば選挙人資格を無条件的に停止することは、根本原則の求めるところだと私は考える。自分の労働で自活できない人は、他者の金銭に関与する特権は要求できない。実際の生計に関して社会の他の人々に依存するようになることで、他の点に関しても対等な権利を要求できる立場を放棄したのである。こうした人の生活の存続そのものを支えている側の人々が、自分たちの共通の関心事を自分たちだけで処理するよう求めるのは正当である。支えられている側は、そうした関心事に何も貢献していないか、受け取るもの以下にしか貢献していない。たとえば、選挙人登録をする前の五年といった期間を定めて、その期間中は登録申請者の氏名が救済受給者名簿に記載されていないことを、選挙人資格の条件とするとよいだろう。保証人なしの破産をしたり破産法の恩恵を受けたりした場合は、債務を弁済するまでは、あるいは少なくとも、現在および現在までの一定期間、慈善的給付に依存していないと証明できるまでは、選挙人資格を停止すべきである。税の未納も、不注意からは起こりえないほど長く続いている場合は、未納期間中の選

〔4〕 教区（国教会の基本管轄単位）ごとに貧窮者を救済する仕組。

挙人資格を停止すべきである。こうした除外は、性質上、永続的なものではない。自分で選べば誰もが満たすことができ、あるいは満たせるはずの条件を要求しているにすぎない。このような条件があっても、ふつうの人であれば全員が選挙人資格を持てる。選挙人資格が持てない人は、選挙人資格のためにあらかじめしておくべき事柄に十分配慮していないとか、他の人々を守るために必要なこうした制約が加えられても制約と感じないといった、総じて意欲のない低迷状態にある。こういう状態から抜け出れば、劣等扱いのこの目印は同様の他の目印とともに消滅することになる。

したがって、長い目で見れば(これまで論じてきたもの以外に制限がないとすれば)、教区救済の受給者という、ますます数が減っていく(ことが望まれる)集団を別として、全員が選挙人資格を持ち、わずかな例外はありながらも、普通選挙資格になると考えてよいだろう。選挙人資格がこのように拡大することは、すでに見たように、よい統治について視野を広げ狙いを高めた考え方をするのであれば絶対に必要である。ただし、現在の状態からすると、投票者の大半はほとんどの国々で、とりわけイギリスでは肉体労働者だろう。だとすれば、政治的知性の水準が低すぎること、および、階級立法という、二つの危険が非常に深刻なレベルで存続することになる。この弊害を除去できる手段があるかどうかを、以下、続けて検討する必要がある。[5]

弊害の除去は、真剣に望めば可能である。人為的な方策によってではなく、人間生活の自然な道理を通すことによってである。この道理は、自分に利害関係がない問題や伝統的な意見が反対しない問題の場合は、誰にでも受け容れられている。人間生活のあらゆる局面において、直接の当事者は誰でも、強力な保護下にでもなければ当然ながら意見を主張したいと思うし、社会全体の安全に抵触しないのであれば、意見の主張を許さないことは正当でありえない。とはいえ、誰もが意見を言えるようにすべきではあるとしても、どの意見も同等であるべきだというのは、それとはまったく別の話である。何かの仕事に共通の利益を持つ二人の人物が意見を異にした場合、どちらの意見もまったく同じ価値を持つとみなすことは公正だろうか。有徳という点で同じでも知識や知性の点で一方が他方よりもすぐれていれば、あるいは、知性は等しくても有徳という点で一方が他方を上回っているのであれば、道徳的あるいは知的にまさる者の方が劣った者よりも、意見や判断の価値は高い。どちらも同じ価値だ、と一国の制度が実質的に主張しているのであれば、それは現実に反した主張である。両者のうち賢明な人や善良な人が、いっそうの重みを持って当然である。難しいのは、どちらがそうなのかを確かめることである。しかし、個人と個人の間では不可能だとしても、多人数の集団として見ればかなり正確に確かめることができる。一個人の私的な権利の事例と考えてよい事例に、この考え方を適用せよとは主張できないだろう。二人のうちの一人にしか関係しない物事であれば、もう一人がはるかに賢明だとしても、自分自身の意見に従ってよい〔6〕。しかし、ここで論じているのは、両人に等しく関係する物事についてである。この場合、無知な人が自分の言い分を賢明な人の導きに従わせせないとなると、賢明な人の方が自分の言い分を無知な人間に従わせなければならなくなる。難問に決着をつけるこれら二つのやり方のうち、どちらが双方いずれの利益にとっても最善で、物事全般の適切さ

〔5〕以下、具体的には、複数投票制の議論となる。
〔6〕これはミル『自由論』の基本的主張である。

にかなっているだろうか。どちらが折れるのも不当だと思えたとしても、よりよい判断が劣った判断に折れるのと、劣った判断がよりよい判断に折れるのでは、どちらがいっそう不当だろうか。

ところで、国民全般に関わる問題は、そのような共通関心事に他ならない。ただし、違いもあって、自分自身の意見をまるごと犠牲にするよう求められる必要はまったくない、という点が異なっている。各人の意見はいつでも計算に算入され一定の数字として数えてもらえるけれども、より大きな重みを持つと見てよい見解を持つ人々の投票は加重評価される、ということである。この仕組には、より小さな影響力を割り当てられる人々に対して必然的に不正となるものは含まれていない。共通関心事への見解表明から完全に排除することと、共通利益の処理に関してより有能だという根拠から、より有望な見解に譲歩することとは、別問題である。両者は異なっているばかりでなく、同じ尺度で測ることができない。存在しないのと同然に扱われ数のうちにまったく入らないと決めつけられるのであれば、誰でも侮蔑だと感じる権利がある。意見や、さらに願望でも、自分以上に重視されてもよいものを持っている他者がいると認めることで感情を害されるのは愚か者だけであり、しかも特殊な類いの愚か者だけである。ある程度は自分自身の関心事である物事について発言できないことは、誰も喜んで承服はしない。しかし、自分自身の関心の一部でもある問題が、他者の関心の一部でもあり、その問題を自分以上に他者が理解していると感じる場合は、その他者の意見を自分の意見より重視しても、それを当人は意外とは思わないし、黙って従うという、生活の他のあらゆる局面で当人が馴染んでいる物事の進め方とも合致している。必要なのはただ、こうした優越的影響力が、当人が理解でき正当だと承認可能な根拠にもとづいていることだけである。

急いで言っておくと、財産を理由にして影響力の優位を認めることは、一時の便法としてでない限り、まったく許されるべきでないと私は考えている。財産が一つの判断基準であることを否定するわけではない。大半の国々では、教育は財産とまったく比例していないけれども、社会の一方の側の富者は、他方の側の貧者に比べれば平均的には教育程度がよい。しかし、この判断基準はきわめて不完全である。実力よりも運が世間的成功ではものを言う。一定量の教育を受けたことに比例して世間的成功が確実になるわけではないから、選挙の特権のこうした根拠は、つねに不愉快きわまりないものであるし、今後もずっとそうだろう。複数投票制を金銭的資格要件と結びつけることは、それ自体として反対すべきであるが、そればかりでなく、確実にこの制度の原理に対する信頼を失墜させ制度維持を不可能にしてしまうことにもなる。民衆全般は現在のところ、少なくともイギリスでは、人格的な優越に対しては警戒心を持っていないが、たんなる金銭的事情を根拠とする優越に対しては、当然にも警戒心を持っており、それは正当な態度でもある。

一個人の意見を一人分を超えるものと数えるのが正当化できるのは、個人の精神的優越だけであり、必要なのはその優越をおおよそのところで確認する何らかの手段である。本格的な国民教育や国民全般を対象とした信頼できる試験制度のようなものが存在していれば、教育程度は直接に検証されるだろう。こうしたものが存在していない場合は、各人の職業の性質が多少は判断基準になる。雇用主は労働者よりも平均的には知的水準が高い。手を使うだけではなく、頭も使って働かなければならないからである。現場監督は通常の労働者よりも一般的に知的水準が高いし、熟練労働者は非熟練労働者に比べて同様である。銀行業者や貿易商や工場主は扱う利害が広く複雑なので、小売商人より知的水準が高いだろう。

以上の事例のいずれにおいても、資格の判断基準となるのは、高度な職業にたんに従事しているということではなく、きちんとした仕事ぶりである。この理由のために、また、投票目的で形の上だけ職業に就くことを防止するために、職業は一定期間(たとえば三年間)続けていることを要件とすべきである。こうした要件を満たしているならば、二票あるいはそれ以上を、高度な職業に従事するすべての人に認めてよいだろう。専門職は、名目的にではなく実際に従事しているのであれば、当然、さらに高い教育程度を意味する。専門職に就く前に十分な水準の試験や高度な教育条件が求められる場合であればつねに、そうした業務の従事者は、直ちに複数投票を認めることができるだろう。同じルールは大学卒業者にも適用してよいだろう。さらに、形ばかりでなく実質のある教育だという適正な保証があれば、高度な知識分野を教える学校で要求している学習課程を合格修了したことを示す修了証の保持者にも適用してよいだろう。オックスフォード大学とケンブリッジ大学が準学士[7]のための「地方」試験や「ミドルクラス」向け試験を創設したことは、賞賛すべきであり公共精神にかなったことでもあったが、これらの試験や、他の適格な機関が実施する試験であれば(すべての受験希望者に公平に開かれているのであれば)、合格者に複数投票を与えるのは大いに有益だという根拠になる。以上の議論に対しては、具体的な詳細には議論の余地がかなりあるし、先回りして考えても意味はないが、反論もありえるだろう。この構想に実際的な形を与える時期は到来していないし、私としては自分の行なった特定の提案で自分が縛られるのを望んではいない。とはいえ、代議制統治の真の理想がこの方向にあり、見出しうる最善の工夫によってその理想に向けて努力するのが、政治の真の改善への道筋であることは明白だと思う。

原則をどこまで推し進めてよいのか、高度な資格があるという根拠で個人に何票を与えたらよいのか、と問われるのであれば、私の答は、区別や等級分けが恣意的に行なわれず社会全般の良心や常識が理解でき受け容れられるのであれば、この問題自体はさして本質的なものではない、ということになる。ただし、代議政国制の卓越性の条件として前章で提示した根本原則によって規定される限界を超えないことは、絶対条件である。複数投票制は、その特権を得る人々やその人々が主に属している階級が(どの階級にせよ)、この仕組のために社会の他の部分全体に優越してしまうところまで推し進めてはならない。教育重視の区別それ自体は正当であり、教育のない人々の階級立法から教育ある人々を守るためには、なおさら強く推奨される。しかしそれは、教育ある人々が自分たちのための階級立法ができるようになる手前で止めなければならない。さらに言わせてもらえば、もし、社会の中で最も貧しい人でも、あらゆる困難や障害にもかかわらず知性の点で複数投票を要求する資格があると証明できるのであれば、その人に複数投票を認めることは、この仕組の絶対不可欠な一部だと私は考えている。誰もが受験でき、複数投票にふさわしいと定められた知識や能力の水準に到達していると証明できれば複数投票を認めるような、任意の試験がなければならない。複数投票制が、理論や原則の面で拠り所となっている条件に関して、それを満たしていると証明できるどんな人にも拒まれない特権になっていれば、正義の感覚には必ずしも抵触しないだろう。しかし、いつでも無謬とは限ら

〔7〕　おおよそ短大レベルに相当する学位。

ない一般的想定から複数投票を与えておきながら、直接の証拠〔上述のような試験の結果という証拠〕の場合には与えないのであれば、間違いなく正義の感覚に抵触するだろう。

　複数投票制は、教区委員や救貧法委員の選挙では実施されているが、国政選挙では馴染みがないので、即座の採用や積極的な採用はまずないだろう。とはいえ、複数投票制と平等な普通選挙資格のどちらかを選ぶしかない時代は間違いなく到来するから、後者を望まない人々は誰でも、前者に慣れ親しんでおいて早すぎることはない。この提案は現時点では実現可能でないかもしれないが、原理上最善のものを際立たせるのには役立つし、既存の方策にせよ採用可能な方策にせよ、不完全ながら同一目的を推進するかもしれない間接的方策について、どの程度適切かの評価も可能にしてくれるだろう。同じ投票所で二票を入れるのとは別のやり方で、二票を持たせるのもよい。二つの別々の選挙区で一票ずつ持たせてもよいのである。また、現在のところ、この例外的な特権が知性よりもむしろ資産の点で優位にある人に与えられているとしても、現存するものの廃止を私は望まない。教育についてのまっとうな検証手段が採用されるまでは、資産規模に応じてという不完全なものでも、廃止は賢明でないからである。教育程度の高さにもっと直接的に結びつけて、この特権の拡大を図る手段は見つかるかもしれない。資産規模による投票資格制限を大幅に引き下げるような将来の選挙法改正では、すべての大学卒業者や上級学校を信頼できる形で修了したすべての人々、専門職のすべての従事者等々に、それぞれの肩書を特記した選挙人登録を認めて、各自が登録を選択した選挙区で投票させる一方で、各居住地域で市民であるということだけで与えられている一票も現状どおりにしておく、というのが賢明な施策となるだろう。

教育そのものにしかるべき大きな影響力を与え、教育を受けていない人々の数の多さに対抗するのに十分な影響力を持たせるような何らかの複数投票制が考案され、世論が進んで受け入れるまでの間は、完全な普通選挙資格を実施しても、利益の大きさを上回る弊害が付随しそうである。ある特定の選挙区では選挙人資格を制限する障壁が完全に取り除かれ、そのため、議員は主に肉体労働者によって選出されるが、他のところでは既存の選挙人資格制限が維持され、あるいは、労働者階級が議会で支配的になるのを防ぐ選挙区割りや選挙人資格の変更が行なわれる、といったことが可能だろう(それはおそらく、われわれの進歩の道筋の中で、真にすぐれた代表制へと向かう通過点の一つである)。こうした妥協によって、代表の変則性は残存するばかりでなく増大する。しかし、これは決定的な反対論にはならない。なぜなら、国が正しい目的と直結した規則的仕組で正しい目的をめざすことを選んでいないのならば、変則的な便法で満足しなければならないからである。その方が、変則を免れてはいても正しくない目的に規則的に対応する仕組や、他の目的と同等に必要な目的をおろそかにする仕組よりもましだからである。はるかに深刻な反対論は、このような比較考量が、選挙区に縛られない投票というヘア氏の構想が要求しているものと両立しない、というものである。つまり、その場合、どの投票者も自分が登録されている一つないし複数の選挙区に閉じ込められてしまい、その地域の候補者の一人に代表されることを進んで受け容れない限り、まったく代表されない、という反対論である。

投票資格はあるが数でいつも負けるので票が活かせない人々を救済することは、非常に重要だと私は考えている。また、適切に意見が表明される機会さえ確保されれば、真理と理性の本来的影響力が非常に多くのものをもたらすだろうとも思っている。したがって、平等な普通選挙資格がヘア氏の原則にもとづいてあらゆる少数者を比例代表させることで実現されるのであれば、平等な普通選挙資格の影響に関して私は絶望的な見方はしたくない。とはいえ、この点について持ちうる最善の期待が確実に実現するのであれば、私としては複数投票制の原則もやはり主張しておきたい。

私が複数投票制を提唱するのは、それ自体としては望ましくないものとしてではない。つまり、社会の一定部分を選挙人資格から排除する場合のように、より大きな害悪を防止するのに必要とされる間は一時的に許容してよいものとして提唱するわけではない。平等な投票については、不都合な点に対処できればそれ自体としてはよいものだ、と私は考えていない。相対的に良いものでしかないと考えている。平等な投票は、見当違いであるか本筋をはずれた根拠理由にもとづく特権の不平等に比べれば反論の余地は少ないけれども、しかし、誤った基準を承認し投票者の考え方に悪影響を与えるので原理的に誤っている、と私は見ている。一国の憲法が、無知と知識は政治権力に関しては同等だと宣言することは、有益でなくて有害である。一国の制度は、その制度に関連するすべての事柄について、市民がその制度を尊重することは市民にとって有益かどうかという観点から、市民の知的判断を仰ぐべきである。一定の影響力を持つ資格はすべての人にあるけれども、しかし、善良で賢明な人々にはより大きな影響力を持つ資格がある、と市民が考えることは、市民にとって有益なのだから、国家がこの信念を公言し、国の制度に体現させることは重要である。こうしたことが、一国の制度の精神に他ならない。これは、制度の影響の中でも、ふつうの思想家たち、とりわけイギリスの思想家たちが重視していない部分である。しかし、強力で目に余るような抑圧の下にでもない限り、どの国にせよ制度が及ぼす影響は、制度の直接的な規定よりも制度の精神による方が大きい。なぜなら、制度は国民性を形成するからである。アメリカの制度は、どの(白人の)男性も対等だという考えをアメリカ人に強力に刷り込んできた。アメリカの国民性における好ましくない面の一部は、この誤った信条と密接に関連しているように感じられる。どの国の憲法でも、この信条を容認することの弊害は小さくない。なぜなら、この信条は、明示的であれ暗黙のものであれ、大半の統治形態から生じうる悪影響とほとんど同程度に、道徳的知的卓越にとって有害だからである。

おそらく、次のような議論もあるだろう。各人それぞれに、最も教育がある人にも最も教育が少ない人にも、平等な影響力を与える国制は、やはり、進歩に貢献する。なぜなら、最も教育の少ない人々に絶えず訴えかけが行なわれ、精神的な訓練が与えられ、その判断力を高め誤謬や偏見を取り除くために教育ある人がせざるをえない努力が、教育の少ない人々の知性向上の強力な刺激となるからだ、という議論である。こうした最も望ましい効果が、教育の少ない階級に一定程度の権力、いやかなり大きな権力すら分かち持たせれば生じてくることは、私も認めているし、すでに強く主張したところである。しかし、こうした人々に全権力を持たせた場合には逆方向の流れが生じることは、理論も経験も等しく証明している。万事に対して最高の立場にある人は、一者であれ少数者であれ多数者であれ、理性という武器をもはや必要としなくなる。こうした人は、自分のたんなる意思を押し通すことができる。抵抗を受ける可能性のない人は、たいてい、自分の意見に十分満足していてそれを進んで変えることはないし、間違っていると告げてくれる人の話を聞けば苛立ってしまう。知性の発展に最強の刺激を与えるのは、権力に到達している立場ではなく、到達途上の立場である。そして、支配的立場へ向かう途上でたどり着く地点(一次的にせよ恒久的にせよ)すべての中で、最善にして最高の資質を発展させるのは、理性を優位に立たせることができる程度に強力だが、理性に反して優位に立つまでには強力ではないような人物の立場である。すでに提示した原則からして、富者と貧者、教育を多く受けた人とそうでない人、その他、社会の中で分かれている階級や集団は、可能な限りこの立場に置かれるべきである。この原則を、すぐれた精神的資質に大きな重みを認めるという別の意味で正当な原則と結びつければ、政治の基本体制は、人間生活の複雑な性格と両立可能なのはこれだけと言えるような、高い完成度を実現するだろう。

等級付けをともなった普通選挙資格に関する以上の議論では、性別については考慮に含めてこなかった。性の違いは、私の考えでは、身長や髪の色の違いと同様に、政治的権利とはまったく無関係である。よい統治に対してはすべての人が同一の利益を持つ。すべての人の幸福が等しくそれに影響されるのであり、よい統治がもたらす利益のそれぞれの持ち分を確保するためには、発言の機会がすべての人に等しく必要である。違いがあるとすれば、男性以上に女性はよい統治を必要とする、ということである。なぜなら、女性は身体面で弱いために、保護という点で法律や社会への依存が大きいからである。女性は投票資格を持つべきでない、という結論を支える唯一の前提を人類が放棄して久しい。女性は人格的に隷従すべきで、思想も願望も職業も持つべきではなく、夫や父親や兄弟のための家庭内雑役婦であるべきだとは、今では誰も思っていない。男性と同じ形で財産を持ち金銭や仕事に利害関係を持つことは、未婚女性には許容されているし、既婚女性の場合もそうなるのにあともう少しのところである。女性が物事を考えたり何かを書いたり教師になったりすることは、ふさわしいし適切だと考えられている。以上のことが認められれば直ちに、政治的無資格状態の根拠はなくなる。各個人が何に適し適していないか、何を試みることが許されるか許されないかは社会が決めるという主張に対して、現代世界の思考様式総体が、ますます強く反対を公言するようになっている。現代の政治学や経済学の原理が何かの役に立っているとすれば、以下の点を証明していることである。つまり、適不適を正しく判断できるのは本人自身であって、選択の完全な自由の下では、実際に能力に個人差がある場合には、大多数の人々はたいてい自分自身に最適な物事に専念し、例外的な人だけが例外的な方向を取る、ということである。現代の社会改善は、その傾向全般が誤っていないとすれば、人間が実直に働く道を閉ざしてしまうあらゆる排除や制限を全面的に廃止するところまで進められるべきである。

しかし、女性が選挙人資格を持つべきだと証明するために、多くの議論は無用である。女性は家庭内の仕事に閉じ込められ家庭内の権力に服従する従属階級であるべきだというのは間違っているけれども、仮に正しいとしても、その権力の濫用から身を守るために、選挙人資格という保護手段の必要性は減少しないだろう。男性にしても女性にしても、政治的権利が必要なのは、自分が統治するためではなく不正な統治をされないためである。男性の大多数は、全人生をもっぱら穀物畑や工場の労働者として過ごしているし、一生涯そうだろうが、だからと言って、悪用されない限り選挙人資格が彼らに無用だということにはならないし、選挙人資格要求の切迫度が下がるわけでもない。女性だから選挙人資格を悪用するだろう、などと誰もあえて考えたりしない。最大限悪く言っても、近親者の男性の言いなりになって依存するだけの立場で投票するだろう、というのがせいぜいである。そうだとしても、それはそれでよいのである。女性が自分自身で考えるのであれば、非常によいことがなされたのであり、そうしなかったとしても害はない。たとえ本人が自分で歩むことを望んでいないとしても、その足かせをはずすことは人類にとって有益である。人類の最も重要な関心事について、意見を言う能力もないし、どれがよいと言う資格もない、と法律で宣告されなくなるのであれば、女性の道徳的立場の一大改善が達成されたことになる。強引に自分のものにはできないにせよ欲しがっている何かが近親者の男性にあって、それを女性の側が与えられるのであれば、個々の女性にとっても多少は有益である。夫が妻と相談せざるをえなくなり、投票が夫だけの関心事ではなく共通の関心事となることも、少なからず有益だろう。夫とは独立別個に外の世界に関して行動できるという事実によって、野卑な男の目から見てもその女性の尊厳と価値が高まり、社会生活の面で男性側にまるごと好き勝手にされていたらどんな個人的資質があっても得られないような尊敬の対象になる。これがどれほど素晴らしいことなのかは、十分に考え尽くされていない点である。

投票自体の質も向上するだろう。男性は多くの場合、いっそう公平公正な性格の人が自分と同じ旗印の下で自分と一緒に頑張ろうという気になってくれるような、そうした誠実な投票理由を探さざるをえなくなるだろう。妻の影響のおかげで、夫が自分自身の真面目な意見に忠実であり続けることも多くなるだろう。たしかに、妻の影響力は、公的原則の側ばかりでなく、家族の私的利益や卑俗な虚栄心の側で利用されることも多いだろう。しかし、すでに現在でも、妻の影響がこの悪い方向になる場合はつねに、その影響が十分にその方向で、しかもいっそう確実に働いているのである。なぜなら、現在の法律と慣習の下では、妻は一般に原理原則が絡んでいる意味での政治にまったく疎遠であるため、政治には名誉の問題があることを理解できないからである。さらに、大半の人々は、自分たちとは異なる宗教を持つ人々の宗教感情に対して共感を持たないのと同様に、同一の物事に関して自分の名誉の問題がかかわっていない場合には、他人の名誉の問題にはほとんど共感を持たないからである。女性に選挙人資格を与えれば、女性も政治における名誉の問題の影響を受けるようになる。女性も、政治について意見を持つことが自分にも許されていること、また、政治の場合には意見を持つのであればその意見に即して行動すべきであることを学ぶ。政治の問題に関して個人としての責任感を持つようになり、自分の及ぼす悪影響の度合が何であれ夫が納得していれば何も問題はなく責任はすべて夫にあると現在感じていても、今後はそう感じなくなるだろう。女性が夫の政治的良心を攪乱する力として振る舞うことを金輪際不可能にしてくれるのは、ただ一つだけである。つまり、女性自身が意見を持つよう励まされ、個人や家族の利益という誘惑を良心によって克服してくれるはずの諸々の理由に関して知的理解を得るよう促されることである。女性の間接的な力が政治的に有害になるのを防止できるのは、力を直接的なものに代えることによってだけである。

選挙人資格の権利[8]が身体上の条件〔性別〕で左右されていて、他の点で問題がなくてもこのことは変わらないだろう、という前提でこれまで話を進めてきた。イギリスや他の大半の国々のように、財産という条件にもとづいている場合は、矛盾はもっとひどいものになる。自立した生計状況、世帯主で

〔8〕　選挙人資格の法律上の公平な配分という文脈であるため「権利」という表現が用いられている。

あり家長であるという立場、納税していること、あるいは他に条件として課されているものが何であれ、男性の選挙人に資格要件として求められている全部を満たせる女性がいるとしよう。その場合には、財産にもとづく代表の仕組や原則それ自体が棚上げにされてしまい、このような女性を排除するという目的だけのために、身体的なものを理由とする例外的な不適格条件が作られているのが現実である。ここには、ありきたりの不条理を超えた何かがある。こんなことをしている国で、現在、女性[9]が君臨しているのであり、これまでで最も栄光ある支配者が女性[10]だったことを付け加えれば、不条理とほとんどむき出しの不正の構図は完璧となる。独占と暴政の構造物は崩壊しつつあり、その残存部分を次々に取り壊していく作業が進んでいるが、その中でこれが最後まで残るものでないことを願いたい。ベンサム、サミュエル・ベイリー氏[11]、ヘア氏、その他多くの現代イギリスで最も有力な政治思想家たち(それ以外の思想家たちにまで言及しないとしても)の意見が、利己的な偏見や根深い偏見で凝り固まっていないすべての人々に承認されることを期待しよう。そして、あと一世代が経過してしまう前に、肌の色の偶然と同様に性別の偶然が、市民としての平等な保護と正当な特権を剝奪する十分な正当化理由だとは考えられなくなっていることにも期待したい。

---

〔9〕 ヴィクトリア女王のこと。
〔10〕 エリザベス一世のこと。
〔11〕 ベイリー(一七九一―一八七〇)は、政治や経済などのテーマに取り組んだ著述家で、ベンサムの影響を強く受けていた。

第九章　二段階選挙は必要か

代議制の国制で、代表機関の議員を二段階の手順で選出する方式を採用している例がいくつかある。第一段階の選挙人は別の選挙人を選ぶだけで、後者が議員を選出するのである。これはおそらく、民衆感情の全面的発露を多少なりとも抑えるための障害物として意図された仕組である。多数者に選挙人資格を与え、さらに最高権力の全体までも与えはするものの、それを少人数の代理人を介して行使させるのである。この少数者の方は、デモスに比べて大衆的情念の噴出で動かされることは少ないだろう、という想定である。また、選挙人は、選抜された人々の集団であるので、知性と性格の点で選出母体の平均水準を上回るだろうし、これらの人々による選挙は、大衆そのものによる選挙よりも慎重で賢明である可能性が高く、どんな場合でもいっそう強い責任感の下で行なわれるだろうと考えられている。中間的組織で民衆全般による選挙をいわば濾過《ろか》するこの仕組については、かなり説得力のある擁護論が可能である。なぜなら、議員に最適な候補を自分自身で選ぶよりも、議員の選出を任せても安心できる一番の人を隣人の間から選ぶことの方が知性も教育もさほど必要としないという議論は、見た目ではかなり道理にかなっているように見えるからである。

しかし、第一に言えるのは、この間接方式で、民衆全般の力に生じがちな危険が多少は軽減されると考えられるとしても、この力の利点も減少してしまう、ということである。しかも、利点を減少させる効果は、危険を軽減する効果よりもはるかに確実である。この仕組の期待通りの動作を可能にするためには、設計時の精神が実効的になっていなければならない。選挙人たちは、理論上想定されている仕方で選挙資格を活用しなければならない。つまり、各選挙人は誰が議員になるべきかを考えてはならないのであって、自分のために議員を選んでくれる人として誰が望ましいかだけを考えなければならないのである。明らかなことだが、間接選挙が直接選挙にまさる点と考えられているものは、こうした心構えが投票者に備わっていることを必要としており、また、その長所が実現するのは、投票者の唯一の役割は議員そのものではなくその選出者を選出することだという原則を、投票者が本気で受け止めている場合に限られる。この想定では、投票者は政治的意見や政策や政治家のことを考えるのではなく、私人の誰かに対する個人的な尊敬心に導かれて、自分に代わって行動してくれる代理人の権限全般をその人物に与える、というようになっていなければならない。ところで、第一段階の選挙人が自分の立場をこのように見ているのであれば、この選挙人たちに投票を認めることの主要な効用の一つが失われてしまう。自分たちに求められる政治的役割によって公共精神と政治的知性を発展させることができないし、公的な問題に関心を向けさせ能力を訓練することもできない。しかも、この想定は相反する条件を含んでいる。つまり、投票者が最終的結果に興味を覚えなければ、そこに行き着くまでの手順に興味をなぜ、またどのように持つのか、ということである。特定の人物を議会での自分の代表者にしたいと願うことは、ごく普通の徳や知性をそなえた人にでもできることである。また、その人物を選んでくれる選挙人を選びたいと願うことも、当然の結果である。誰が選ばれるかには関心を持たない人や、誰を選ぶかあれこれ考えるのはやめなければならないと感じている人が、その点での判断に最適の人物を指名することに限って多少の関心を持つとすれば、それは、抽象的な正しさへの熱意を持ち、義務のための義務という原則が習慣にまでなっていることを意味している。これはかなり高いレベルの教養を持つ人にしか可能でないし、その人は、そうした教養があるというまさにそのことのために、もっと直接的な形で政治権力を信託してよいし、それに値する人なのである。貧しい社会階層の人々に付与できるあらゆる政治的役割のうちで、選挙人を選ぶという役割は、果たすべきどんな責務でも良心的に果たそうとする有徳な決意をもたらすとしても、それ以外の点で彼らの感情に火をともすことはないだろうし、この役割へと関心が自然に向かうようにさせる誘因になることもほとんど期待できない。もし、大半の選挙人たちが、これほど限定された政治参加を重視できるぐらいに政治に関心を持っているのであれば、それよりもはるかに幅広い政治参加なしで満足するはずがないだろう。

次に第二の点である。教養の幅の狭さのために議員候補者の資質を適切に判断できない人でも、議員の選出を委ねる人物の誠実さや一般的能力は十分に判断できるということがありえるとしよう。しかし、投票者が自分の能力に関するこの評価を受け容れていて、自分の信頼する人が自分に代わって選んでくれることを真に望んでいるとしても、この目的のために憲法に規定を設ける必要はないと言ってよいだろう。どの候補者に投票したらよいかを、信頼しているこの人物に私的に相談すれば、それだけで済むことである。その場合、二つの選挙方式の結果は一致するし、間接方式の利点はすべて、直接方式でも得られる。両者の仕組の働き方が異なってくるのは、代表者の選択を投票者が自分自身で判断したいと望んではいるが、直接的な行動方式は法律で認められていないために、代わりに別の人に選んでもらっていると想定した場合に限ってである。ただし、これがこの人の考えであり、法律が課している制限は不本意であって、直接に選挙をしたいと思っているのであれば、法律とは関係なくそうできる。自分がよいと思っている候補者の支持者や、その候補者に投票することを誓約している誰かを、選挙人に選ぶだけでよいのである。しかも、これは二段階選挙のごく自然な動き方なので、完全な政治的無関心の状態を別とすれば、他の動き方はほとんど考えられない。アメリカ大統領選挙の実際の進み方は、まさにこれである。名目上は間接選挙で、国民全般は大統領候補者に投票するのではなく、大統領の選挙人の候補者に投票する。しかし、この選挙人が選ばれる前提はいつでも、特定の大統領候補への投票を明示的に約束していることである。市民は、選挙人を気に入っているから投票するのではない。リンカーン派の選挙人候補者名簿か、ブレッキンリッジ派[1]の選挙人候補者名簿のどちらかに投票しているのである。選挙人は、国中を探して大統領や議員にふさわしい人物を見つけ出すために選ばれているのではないことを想起すべきである。仮にそうだったら、そうしたやり方に賛同して言うべきこともあるだろう。しかし、実際にはそうではないし、権力を信託するのにふさわしい人物とは権力を引き受けることに最も消極的な人物である、という意見を人類全般がプラトン[2]同様に持つようになるまでは、そうならないだろう。選挙人は、自ら大統領候補者として打って出ている人々のうちの誰かを選ぶことになる。また、その選挙人を選ぶ人々も、誰が大統領候補者かをすでに知っている。政治活動が国中で行なわれていれば、投票意欲を持っている投票者は誰でも、どの大統領候補者を当選させたいかをすでに決めており、それを選挙人候補者に投票するときの唯一の考慮事項にする。各大統領候補の支持派はそれぞれの選挙人候補者名簿を準備する。選挙人候補者は、全員、特定人物への投票を誓約している。第一段階の投票者に実際上問われているのは、どちらの選挙人候補者リストを支持するかだけである。

実際に二段階選挙が期待にうまく応えるのは、選挙人が選挙人として選ばれるのではなく、果たすべき別の重要な役割を持っており、したがって、特定の投票をするだけの代理人としては選ばれていない場合である。諸事情がこのように組み合わさった例は、合衆国上院という、もう一つのアメリカの制度に示されている。連邦議会のうちのいわば上側にあるこの会議体は、国民を直接に代表するのではなく州を代表し、州が譲渡していない部分の主権の擁護者と考えられている。各州の州内での主権は、対等な連邦制という性質のため、その州の大きさや重要性とはかかわりなく等しく不可侵とされているので、小さなデラウェア州であれ「帝国州」とも呼ばれるニューヨーク州であれ、上院に送る議員の数は同一(二名)である。上院議員は州民が選出するのでなく、州民によって選出されている州議会が選出する。[3] ただし、州内の立法と執行部の統制といった議会の通常の業務総体は州議会に帰属しているので、州議会は何よりもまずこうした仕事のために選ばれている。その上さらに州議会は、連邦上院で州を代表する二名については、主に州議会自身の判断で指名するわけである。世論への配

〔1〕 リンカーンの対立候補。
〔2〕 プラトン『国家』の中に出てくる考え方。本書第一〇章(二一〇三頁)にも同様の言及がある。
〔3〕 この選出方式は、一九一三年にアメリカ合衆国憲法が修正され州民による直接選挙に変わるまで続いた。

慮は、民主政の統治体制のどんな行為にも必要不可欠な一般的配慮に限られている。このようにして行なわれる選挙は大いに成功していて、アメリカのあらゆる選挙の中で抜きん出て良好であることが明らかになっている。上院はいつでも、公的生活で十分に著名な人々の中で最も傑出した人々で構成されている。

こうした例を目にすると、間接的な形の民主的選挙に利点がないとは言い切れなくなる。一定条件の下では、採用可能な最善の仕組なのである。しかし、この条件がそろうことは、アメリカの場合のような連邦制の統治体制を除けば、つまり、全国的な最重要問題にかかわる役割も別途担っている地方機関に選挙を委ねることができる場合を除けば、実際にはほとんどない。類似した境遇にある地方機関で、イギリスに存在しているか存在しそうなものは、地方自治体か、同様の地方的目的のために作られているか作られる可能性のある機関だけである。しかし仮に、ロンドン市を代表する議員が市参事会員や市議会議員によって選出され、都市選挙区のメリルボーンを代表する議員が、実質的にはすでにそうなっているが今後は正々堂々と、地区を構成する各教区の教区会によって選出されるようになったとしても、イギリスの議会制における改善だとはほとんど誰も思わないだろう。仮に、これらの機関が、地方機関としてだけ考えれば現状に比べて問題がさほど多くなかったとしても、市町村の監督業務という限定的で特殊な職務にはふさわしい資質が、国レベルの議員候補者のそれぞれの資質を判断するのにとりわけ適しているという保証にはならない。この責務を、直接投票の場合の住民以上に適切に果たすことはおそらくないだろう。他方、国レベルの議員選出に関する適格性を、教区委員職や町会議員職の選出に際して考慮に入れなければならなくなると、地元のもっと限定的な職責に最適である人の多くが不可避的に排除されてしまうだろう。政治全般に関する意見という点で、選出される人は、選挙で投票する人々の意見と合致する意見を持つ人物とならざるをえないから、これだけでもそうした排除が起きるだろう。町議会選挙を党派政治の問題にしてしまうことによって、町議会への間接的な政治的影響だけでも、すでに選挙を本来の目的からそれた堕落状態に導いている。自分の雇っている帳簿係や執事の職責の一つが、自分を診察してくれる医者の選定だったとしても、自分自身で選ぶ以上によい医者が選ばれる見込みはないだろうし、また、医者の選定を任せても自分の健康に大きな危険を招かない執事や帳簿係を選びたいと思っても、選択の幅は限られるだろう。

というわけで、間接選挙で獲得可能な利点はすべて、直接選挙でも獲得できそうである。直接選挙では得られないだろうとして間接選挙に期待されている利点は、間接選挙でもやはり得られないだろう。しかも、間接選挙特有のかなり重大な問題点もある。仕組の中に付け足しの余計な歯車があるという事実はそれだけで、軽視できない反対理由になる。公共精神や政治的知性を涵養する手段として決定的に劣っていることは、すでに詳しく論じた。仮に、何とか有効に機能したとしても、つまり、第一段階の投票者が、自分たちが指名した人物に議会の代表の選択をある程度は任せたとしても、投票者は自分を代表する議員を自分と一体視できないだろうし、選挙区民に対する議員の積極的な責任感も大幅に低下するだろう。以上すべてに加えて、議員の選択が最終的には比較的少数の人々の手に集中することによって、陰謀や、選挙人の立場に相応したあらゆる形態の腐敗がいっそう容易になるばかりだろう。贈収賄のやりやすさという点では、どの選挙区も総じて、現在の小さな都市選挙区の状態にまで成り下がるだろう。当選を確実にするには少人数を確保すれば十分となる。選挙人は、その選挙人を選んだ人々に対して責任を負っているという議論に対しては、答ははっきりしている。つまり、選挙人は常任の職務ではないし、公的な監視の下に置かれるわけでもないので、選挙人に再任されないという、どうでもよいと思っているリスク以外に、堕落した投票をしても自分の身を危うくすることはない、ということである。だから依然として、贈収賄に対する刑罰を主に頼りにせざるをえないのだが、小さな選挙区ではこれが十分に頼りにならないことは、経験を通じて世間中に知れわたっている。この悪弊は、選挙で選ばれた選挙人に委ねられた裁量の大きさに正確に比例するだろう。選挙人がたぶん自分の個人的利益増進のために投票することなど恐ろしくてできなくなるのは、一つの場合に限られるだろう。それは、選挙人が明示的な誓約をして、いわば選挙民の票を投票所に運搬するだけのたんなる代理人として選ばれる場合である。二段階間接選挙に何らかの効果が出始めるときには、悪い効果が出始める。このことは、アメリカの上院選挙をとりまく事情と類似した場合を除いて、運用の仕方がどうであれ間接選挙の原則について間違いなくあてはまるだろう。

この政治的仕組の長所について言えることは限られている。つまり、せいぜいよくても、ある一定の意見の状態では、たんなる数の上での多数を議会で支配的にさせずにすべての社会成員に何らかの形の投票資格を与えるという点で、複数投票制よりも実行可能性のある便法になるかもしれない、という程度のことである。たとえば、イギリスの現在の選挙人層を拡大するにあたって、労働者階級のうち、多人数ではあるが選抜された部分を加えるという形で拡大させ、この部分の選抜を残り部分の労働者階級に委ねる場合である。事情によっては、こうしたやり方を一時的妥協の便法とする場合もあるだろうが、しかしこれは、どんな立場の思想家にとっても恒久的な仕組として望ましいと思える

程度までに、何らかの原理を十分徹底的に実現するものではない。〔4〕

〔4〕　この訳文の段落全体は第三版で差し替えられたもので、第二版までは以下のようになっていた。「イギリスに関する限り、国民的伝統のどの部分にも根ざしていない構想に反対してこれ以上議論する必要はないだろう。イギリスでは支持者を一人たりとも得られそうにもない便宜的方策について、ここまで論じてきたことにすら、弁明が求められるかもしれない。しかし、一見したところではかなり説得力がありそうだし、歴史上の先例も数多くあるので、政治的意見が全般的に混乱している状況では、一部の人々に魅力的になる場合には、時折、表面に浮上して提唱されることもあるだろう。したがって、イギリスの読者だけを念頭に置いても、黙って通り過ぎるわけにはいかないのである。」

第一〇章　投票方式について

投票方式に関する最も重要な問題は、秘密投票にするか公開投票にするかである。これに直ちに取り組むことにしよう。

こそこそしているとか臆病だといった感情論で議論を進めるのは大きな間違いだろう。秘密投票が正当な場合も多く、必要不可欠な場合もある。それに、嘘をつかないと避けられないような害悪からの保護を求めるのは臆病ではない。秘密投票が公開投票よりも望ましい事例など考えられないと言い張るのは、道理にかなっていない。とはいえ、やはりそうした事例は政治的な性質の問題では通例ではなく例外だ、と私は主張せねばならない。

ここで取り上げているのは、すでに論究する機会があったところだが、[1] 制度の精神、つまり制度が市民の心に与える印象が、制度の働きの中で最も重要な部分を占める事例の一つである。秘密投票の精神、つまり、選挙人の心の中でなされがちな理解は、選挙資格が与えられるのは公共のための信託としてではなく、本人自身のためであり本人だけの都合や利益のためだ、ということである。なぜなら、選挙資格が信託に他ならず、したがって、社会全般が投票者に対して求めて当然のことが何かあるとすれば、それは投票者が誰に投票したかを社会全般に周知させることだからである。今述べた誤った有害な印象を、大多数の人々が持っているのも不思議はない。それは、秘密投票を近年声高に主張している人々の大半の印象でもあるからである。この主張を以前に提唱していた人たちはそのように理解してはいなかった。しかし、ある主張の精神的影響が最もよく示されるのは、主張を練り上げた人の考え方にではなく、主張を聞いて育った人の考え方においてである。ブライト氏[2]やその仲間の民主政論者は、選挙資格は信託ではなく、彼らが権利と呼んでいるものだ、と大いに主張したがっている。今では、この考え方は人々全般の心に根づくことで、秘密投票について可能な限り高く評価したとしても、もたらしうるすべての長所を上回る道徳的悪影響をもたらしている。

権利の観念をどう定義し理解するとしても、人は誰も、他者に対して権力を行使する権利を（純粋に法律的な意味を別とすれば）持つことはできない。そうした権力はすべて、持つことが許されるとすれば、道徳的には、最も完全な意味で信託である。ところが、選挙人としてであれ代表としてであれ、政治的な役割を果たすということは、他者に対する権力行使なのである。

選挙資格は信託ではなく権利だと論じる人でも、その議論が行き着く先の結論まで受け容れることは、まずないだろう。権利であって投票者本人の利益のためにあるというのであれば、本人が票を売り渡したり、喜ばせると自分の利益になる相手におもねるために用いたりすることを、いったいどんな根拠で非難できるのか。自分の家屋や三パーセントの利子付き債券等々、実際に権利を持っている

〔1〕　本書第八章一六八頁。
〔2〕　ジョン・ブライト（一八一一―一八八九）は急進的政治家で、自由貿易やクリミア戦争反対の運動を主導するとともに、選挙法の大幅改正を提唱していた。

ものを本人が利用する場合、その人がひたすら公共の利益だけを顧慮しているとは誰も思わない。

選挙資格が本人のためになる理由は他にもあるにせよ、自分自身を保護する手段であることもたしかである。ただし、何からの保護かといえば、本人が自分の投票によってできる限りで、自分以外の市民全員にも及ばないようにすべき処遇からの保護である。投票は自分の好き勝手でしてよいものではない。それは、陪審員の裁決と同じように、本人の個人的願望とは何ら関わりを持たない。まったくもって責務の問題なのである。投票は、公共善に関する自分の最善にして最も良心的な見解に即して行なわなければならない。これと異なる考えの人は誰であれ、選挙資格を持つのにふさわしくない。それはその人の精神を高めるのではなく歪めることになる。気高い愛国心と公的任務の義務へと心を開かせるのではなく、自分自身の利益や快楽や気まぐれのために公的役割を利用しようとする気持ちを目覚めさせ助長することになる。スケールこそ小さいが、専制的支配者や抑圧者を動かしている感情や意志と同じである。ふつうの市民は、公的な地位にあったり社会的役割を与えられたりしている場合、自分に課されている義務に関して、社会が役割や地位を与える際に考え感じているように見えることを、そっくりそのまま考え感じるものである。社会がその人に期待しているように思えるものが基準となり、その人はそれを下回ることがあっても上回ることはまずない。とすれば、秘密投票に関するこの人の理解は、ほぼ間違いなく、どうしてそう投票したか知ることを許されていない人々を念頭に置いて投票する義務は自分にはなく、ただ自分が思うように投票してよいのだ、ということになる。

これが、クラブや私的結社では秘密投票が用いられていても、それを議会の選挙にあてはめて議論できない決定的理由である。選挙人の場合は間違った考えだが、クラブのメンバーならば、実際のところ、他の人の願望や利益を顧慮する義務はない。投票でその人が宣言しているのは、特定の人物を多少なりとも親密な間柄の仲間に加えたいか、加えたくないか、ということでしかない。これは誰もが認めるように、自分の好みや意向で決めてよい問題である。もめ事になるおそれなしにそうした決め方ができるということが、断わられる人も含めて誰にとっても最善なのである。〔3〕こうした事例で秘密投票に反対できないもう一つの理由は、どうしても嘘をつかざるをえないとか、嘘をつくのが当然だ、とはならないことである。当事者たちは同じ階級や地位にあるし、また、その中の一人が他の人に向けて、どう投票したかを押しつけがましく問いただすのは無礼とみなされるだろう。議会の選挙では話はまったく違う。この点は、秘密投票が必要となる社会関係が存続する限り、つまり、自分は相手にどう投票するか命じてよいのだと思うほど誰かが誰かに対して優位に立っている限り、変わりそうにもない。この場合、沈黙や曖昧な返答は、望みどおりの投票をしていない証拠と受けとめられるのは確実である。

政治の選挙では、普通選挙でも（制限選挙ならば、いっそう明らかに）、投票者は、自分の私的利益ではなく、公共の利益を顧慮する絶対的な道徳的義務を負っている。また、仮に自分一人だけが投票者で自分一人だけで選挙を左右できるならばすべきであるのとまさに同じ仕方で、自分の最善の判断に従って投票する絶対的な道徳的義務を負っている。これを認めるならば、投票という責務は他の公

〔3〕　これがクラブの場合に秘密投票にする理由となる。

的責務と同様に、社会の監視と批評を受けつつ行なわれるべきだ、という結論にひとまずなる。社会の中の一人一人は誰でも、その責務遂行に利害関係があるばかりでなく、誠実かつ慎重な責務遂行でなければ自分に対して不正が行なわれたと考えてもよい。政治道徳のこの原則は、他の政治道徳の原則と同様、もちろん絶対不可侵というわけではない。妥当性がさらに高い考慮事項によって覆されることもありうる。しかし、これはきわめて重大な原則であって、ここからの逸脱が許されるのは、著しく例外的な性格の事例でなければならない。

公開投票制によって投票に関する社会全般への責任を投票者に負わせようとすると、実際のところは、社会全般の利益に反する利益を持った有力者に対する責任を、投票者に負わせてしまう場合もたしかにありえる。そうなると、社会全般の利益に反する度合は、秘密投票制という防護壁で責任解除された場合よりも大きくなってしまう。投票者の大半が、かなりの程度こうした状態にあるならば、秘密投票制はより小さな害悪ということになる。投票者が奴隷状態にあるのだったら、投票者を拘束から解き放つどんなことでも許されてよいだろう。秘密投票制が最強の説得力を持つのは、多数者に対する少数者の有害な権力が増大している場合である。ローマ共和政の衰退期には、秘密投票制を肯定する理由は否定しがたいものだった。寡頭政は年々、富裕化し専制的になっていき、民衆はますます貧しく従属的になった。そこで、無節操な有力者のたんなる道具になっていく選挙資格の悪用に対して、いっそう強力な障壁を打ち立てることが必要になったのである。アテネの国制で秘密投票制にそれなりの有益な効果があったことは、ほぼ疑いない。ギリシャ諸国の中で不安定になることが最も少なかったにせよ、不正な人民投票がひとたび行なわれれば、自由は直ちに損なわれかねなかった。

アテネの投票者は、常時強制されるほどまでには従属的でなかったが、買収されることはあったし、徒党を組んだ連中の無法な暴力で脅されることもあった。そうした徒党は身分や財産のある若者層に見られ、アテネでも珍しくなかったのである。これらの場合には、秘密投票制は秩序維持の貴重な手段だったし、古代諸国の中でアテネを傑出させることになったエウノミア〔4〕にも役立ったのである。

しかし、現代ヨーロッパの進歩した状態では、とりわけイギリスでは、投票者を強制する力は衰えたし衰えつつある。現在では、不当な投票の発生源として憂慮すべきなのは、投票者を従属させる他者の影響よりも、個人あるいは階級の一員としての投票者本人が持つ邪悪な利益や浅ましい感情である。後者へのあらゆる抑制を取り除くという犠牲を払って前者を防止することは、より小さな縮小しつつある害悪の代わりに、より大きな増大しつつある害悪をとることになるだろう。この論点、およびこの問題全般については、現在のイギリスに適用可能な議論として、議会改革に関するパンフレットの中で論じたことがある〔5〕。これ以上は改良の余地のない論じ方をしていると思うので、ここであえて引用することにしよう。

三〇年前は、議会選挙に際して防止すべき主な悪弊は、秘密投票制で排除されるもの、つまり、地主や雇用主や得意先による強制だった。現在では、悪弊のはるかに大きな原因は、投票者本人

〔4〕よき秩序。
〔5〕『議会改革論考』(一八五九年刊)。

の利己心や利己的偏向だと思う。私の確信するところでは、低劣で有害な投票が行なわれるのは、他者の仕返しを受ける恐れからよりも、投票者の個人的利益や階級利益、本人の心の中にある劣悪な感情からの方がはるかに多い。秘密投票制は、投票者が恥や責任の感覚をまったく持たずに、こうした影響に完全に屈服することを可能にしてしまう。

さほど遠くない過去には、身分の高い富裕な階級が統治体制を全面的に掌握していた。彼らの権力は、国中の悲憤の的であった。雇用主や地主の言うままに投票する習慣が強固に定着していて、正当な大義でなければほとんどありえないような強力な国民的熱情による以外に、それを揺るがすことはできなかった。したがって、そうした影響力に反対して投じられた票は、たいていは誠実で公共精神があった。それに、そうであってもなくても、また、どんな動機に動かされたにせよ、ほぼ間違いなく妥当性のある投票だった。寡頭政の圧倒的影響力という巨悪に反対する投票だったからである。しかし、たとえ投票者による特権の行使が誠実あるいは賢明なものでなかったとしても、当時としては、投票者が安心して自由に行使できるのであれば、改革にとっては大きな前進であった。なぜなら、それは、当時のイギリスの支配権力、国の諸制度や行政におけるあらゆる悪弊を作り出し維持していた権力、つまり地主権力や、選挙を食い物にしていた連中の権力の束縛を打ち壊すものだったからである。

秘密投票制は取り入れられなかった。しかし、状況の進展が秘密投票制と同じ役割を果たしてきたし、ますます果たしつつある。この問題に影響を及ぼすイギリスの政治状態と社会状態は、いずれも大きく変化したし、日々変化しつつある。上流階級は、今では、イギリスの主人ではない。四半世紀前と同じように中流階級は上流階級に従属し、労働者階級は上流階級や中流階級に依存しているなどと考えることができる人は、時代のあらゆる徴候が見えていないにちがいない。この四半世紀の諸々の出来事によって、それぞれの階級は自分たちの集団的な力を思い知るようになったばかりでなく、労働者階級の一人一人が上の階級に対してはるかに大胆な態度を示すようになっている。今では多くの場合、選挙人の投票は、自分の上位にある人の意向と対立するにしても一致するにしても、強制の結果ではない。以前と同じ強制の手段はもうなくなっている。むしろ、本人の個人的あるいは政治的な好みの反映なのである。現行の選挙制度の悪弊そのものが、このことを証明している。問題だという声があれほど強い買収の増加や、以前にはなかった場所にまで及んでいる悪弊の広がりは、地元の有力者の力が最強ではなくなっていて、選挙人は今では他人ではなく自分を満足させるために投票していることの証拠である。たしかに、県選挙区や小都市選挙区ではかなり多くの隷従的依存が残っている。しかし、時代の雰囲気は反対方向にあるし、物事の大勢は絶えず減少傾向を促進している。堅実な借地人であれば、今では、自分にとって地主が大切であるのと同じように自分も地主にとって大切なのだと感じることができるし、繁盛している商人であれば、どの顧客からも自分は独立していると感じることができる。選挙が行なわれるたびに、投票はますます投票者自身のものになっている。今では、投票者の周辺事情よりも投票者本人の精神の方が、束縛からの解放をはるかに必要としている。投票者はもはや、他人の意のままになる受動的な手段ではないし、支配的な寡頭政に権力を持たせるための道具ではない。選挙人たち自身が寡頭政の主体になりつつあるのである。

選挙人の投票を決めるのが、主人である誰かの意志ではなく自分自身の意志となるのに正確に比例して、その立場は議会の議員の立場と同じになり、公開投票制が必要不可欠となる。社会のいずれかの部分が代表されていない限りでは、選挙資格制限と抱き合わせになった秘密投票制に対するチャーティストの反対論には、論駁の余地がない。現在の選挙人や今後の選挙法改正で選挙人に加わってきそうな人々の大半は中流階級だが、彼らも、地主や大工場主と同様に、労働者階級とは異なった階級利益を持っている。仮に、選挙資格がすべての熟練労働者にまで拡大されたら、彼らもまた、非熟練労働者とは異なった階級利益を持つだろう。選挙資格がすべての男性にまで拡大されたら、つまり、以前は普通選挙資格という誤った名称で呼ばれ、現在では男子選挙資格という愚劣な名称で呼ばれているものが法制化されたら、投票者はやはり、女性とは異なった集団的利益を持つだろう。女性にとりわけ影響するような問題が立法府で提起されたと仮定してみよう。女性の大学卒業を認めるとか、妻に対して日常的に死にかけるまでの暴力をふるう乱暴者に科せられる軽い刑罰を、もっと効果のあるものに代えるといった問題である。あるいは、既婚女性に固有の財産権を認める措置が、アメリカの州では次々に、たんなる法律によるのではなく州憲法の修正条項によるものとして行なわれているが、これがイギリス議会で提案されたと仮定してみよう。ある男性がこれらの取組を支持する候補に投票しているのかいないのかについて、その妻や娘は当然ながら知ってよいのではないか。

もちろん、次のような反論はあるだろう。「この議論が説得力を持つのは、選挙資格が不公正な状態にあるからだ。選挙人が自分の意見で投票する場合よりも、選挙資格のない人の意見があった方が誠実で有益な投票になる可能性が高いのであれば、その選挙人よりも選挙資格のない人の方が、選挙人にふさわしいのであり、選挙資格を持つべきだということになる。選挙人に影響を与えるのがふさわしい人は誰でも、選挙人であることにもふさわしい。投票者が責任を持つべきなのは投票者自身に対してであり、そうだとすれば、責任を負う相手となるべきでない有力な個人や階級の不当な影響から投票者を守るために、秘密投票制という防護策があるべきだ。」

この主張にはもっともらしいところがあり、私も以前は決定的だと思っていたが、今では誤りだと見ている。選挙人に影響を与えるのがふさわしい人すべてが、だからといって、選挙人としてもふさわしいわけではない。選挙人の方が、影響を与える人よりもはるかに大きな権力である。また、高度な政治的役割を安心して委ねられない人々でも、小さな役割にはふさわしいまでに成熟していることもあるだろう。労働者の中で最も貧しく荒々しい階層の意見や願望でも、立法部の考え方ばかりでなく投票者の考え方に対する諸々の影響力の一つとしては、大いに有益なこともあるだろう。とはいえ、彼らの知的道徳的現状で選挙資格の完全行使を認めて支配的な影響力を彼らに与えるのは、きわめて有害だろう。選挙資格を持つ人々に対する選挙資格を持たない人々のこうした間接的な影響こそが、その影響の増大が徐々に進むことによって、選挙資格の新たな拡大があるたびに拡大への移行過程を穏健化するのであり、機が熟したときに選挙資格拡大

〔6〕一九世紀前半に、労働者階級への選挙権拡大などの要求を盛り込んだ人民憲章（ピープルズ・チャーター）を掲げて運動した人々。

を平和裡に実現する手段となる。

ただし、別のはるかに難しい考慮事項があり、政治的考察ではこれを度外視してはならない。社会全般の側が健全な判断を行なえなければ公開投票制は無益であり、社会全般に対する説明可能性を意識することも無益だという考えは、それ自体に根拠がない。世論が役に立つのは世論に対する隷属的順応を強制できる場合だけだと考えるのは、世論の効用の見方として非常に浅薄である。他者の視線を受けながら他者に向けて自分を弁護しなければならないという事態は、他者の意見に逆らって行為する人々との関連で非常に重要なのである。なぜなら、彼らは自分自身の根拠をしっかり固めなければならなくなるからである。圧力への対抗ほど、人を確固とさせる力を持つものはない。感情的な興奮状態が一時的に支配している場合でもなければ、ごうごうたる非難が予想されることを誰もやろうとはしない。それでもやるとすれば、自分自身の熟慮を経たしっかりとした目的からである。それはつねに思慮深い慎重な性格の証拠であり、根っからの悪人を別とすれば、たいていは真摯で力強い個人的確信から行なわれる。自分の行動を説明しなければならないという事実だけでも、少なくとも恥ずかしくない説明ができる行動に徹するよう誘導する強力な動機である。体面を保つという義務だけでは権力濫用に対する大した歯止めにはならないと考える人は、そうした抑制に従う必要を感じていない人の振る舞いに注目したことがないのである。公開投票制は、もっともらしく弁護できない物事の防止にしか役に立たないとしても、また、あらゆる人に熟慮を強いて行動に先だって自分の行動に説明が求められたら何と言うか覚悟を決めさせることにしか役立たないとしても、取るに足らぬものではない。

しかし、今はともかく(という、以下に続く議論もあるだろう)、少なくとも今後は、すべての人が投票適格者となり、その適格性のためにすべての男女に投票が認められるようになれば、その場合には、階級立法の危険はもはやありえないし、選挙人は国民全員となるので、一般的利益以外の利益を持つことはありえなくなる。たとえ、個人として私的ないし階級的な動機で投票することは依然あるとしても、多くの人々はそうした動機を持たないだろう。しかも、選挙資格を持たない人に責任を負うことがなくなるので、秘密投票制の効果は、邪悪な影響を排除するだけとなり、総じて有益なものとなるだろう。

これですら私は賛同しない。国民が普通選挙資格にふさわしくなって選挙資格を得たとしても、秘密投票制が望ましいとは私には思えない。なぜなら、まず第一に、こうした状況では秘密投票制が必要だとは考えられないからである。国民全員が教育を受けていて成人すべてが投票資格を持っている、という仮説が意味している状態を考えてみるだけでよい。ほんの一部分だけが選挙人で大多数の人々が教育を受けていなくても、今や誰もが目にしているように、すでに世論は究極的には支配的権力である。だとすれば、すべての人に識字力がありすべての人が投票資格を持っている社会でありながら、すべての人にとって捨て去りがたいものとなっている意向に逆らってまで、地主や富裕な人々が権力行使できるなどと考えるのは幻想である。秘密投票制という保護は無用であり、むしろ、公開投票制という抑制策がかつてないほど必要なのである。社会の一員であって公共全般の利益に反する立場にないという事実だけで、自分と同じような人々の意見から生じる刺激や抑制なしでも、十分に公的責務を果たせるというのであれば、人間に普遍的に見られてきたものはまったく誤りだったことになる。一般的に言って、一人の人間が公共の利益を共有しているというだけで、他の外的誘因がなければ、たとえ反対方向に向かわせる私的利益を持っていなくても、その人間に公的責務を果たさせるのには不十分である。たとえすべての人が投票資格を持ったとしても、公開投票制の場合と同様に秘密投票制でも、投票が誠実に行なわれる、と考えることはできない。

　社会の全員が選挙人であれば、選挙人は社会の利益に反する投票に利益を持たない、という命題に内実がないことは、吟味してみればわかる。社会全体は（社会という言葉の意味からして）自らの集団的利益以外の利益を持つことはありえないけれども、しかし、社会の中の個人にはありうるし、すべての個人がそうなることもありうる。人が自分の利益だと思えば、そのすべてがその人の利益である。人は誰でも、利己的なものであれ、もっと高尚なものであれ、感情や好き嫌いと同じように多くのさまざまな利益を持っている。どの利益であっても「その人の利益」だと自動的に言えるわけではない。自分の利益のうちである種類のものを選ぶか、それとも別の種類を選ぶかに応じて、その人は善人にもなり悪人にもなる。家庭で暴君である人は、（自分にまで及ばなければ）暴政に共鳴する傾向があるし、暴政への抵抗にはほぼ間違いなく共鳴しないだろう。ねたみ深い人は、アリスティデス[7]に対して、正義の人と呼ばれているという理由で反対票を投じるだろう。利己的な人は、祖国がよい法律によって得る利益のうちの自分に返ってくるものを選ばず、わずかでも自分の個人的利益になるものを選ぶだろう。なぜなら、自分だけの利益が、この人の精神的習慣がこだわろうとし最もよく価値を理解できる利益だからである。

選挙人の大多数は、私的根拠にもとづく選好と公的根拠にもとづく選好という、二種類の選好を持つ。後者だけが、この選挙人が人前で認めたい選好である。自分の性格のうちいちばんまともな側面こそが、さほど立派でもない人物に対してさえ見せたいと人々が願う性格の側面である。公共の場よりも秘密にされた場では、欲得や悪意、怒りや個人的競争心、階級や宗派の利害とか先入見に駆られて、人々はいっそう容易に不誠実な投票をするものである。悪党の大集団に対する唯一の歯止めが、誠実な少数者の意見に対する不承不承の尊敬であるといった事態は存在するし、ますます多くなるだろう。アメリカ北部諸州の国債償還拒否のような事例〔8〕では、誠実な人物を面前にした恥じらいの感情が、無節操な投票者に対する多少の抑制にならないだろうか。こうした長所がすべて、秘密投票制によって、秘密投票制が最適の状況であっても犠牲にされるのだから、この仕組を取り入れるべきだと言いたいのであれば(しかも、この主張はますます根拠薄弱になり続けているのだから)、現時点で可能な主張よりももっと強力な主張が必要である。

投票方式に関連するもう一つの問題点については、多くの言葉を費やす必要はない。ヘア氏が体系化した個人代表制度では、投票用紙の使用が必要になる。しかし、公共の投票所や、たやすく行ける

〔7〕　アリスティデス(前五三〇—前四六八)は、賄賂に屈しないことで知られており、陶片追放されたこともあった。

〔8〕　一八四〇年代にペンシルヴァニア州やメリーランド州などで実施された政策。

ところに投票所がない場合には誰もが立ち入れる役所のような場所で、しかも、責任を持った役人の前で、投票者が投票用紙に署名することは必要不可欠と思われる。投票者が自宅で投票用紙に記入し、郵送したり役人が回収したりするのを許してはという提案があるが、これは非常に問題だと私は思う。投票は、健全な影響がなくて有害な影響はあるという状況で行なわれるだろう。人目に触れない場所に隠れて、買収者は取引が完了するのを自分の目で見守るだろうし、脅迫者は強要した通りの服従が取り消しできない形で行なわれたかをその場で確認できるだろう。その一方で、投票者の本音を知っている人々がその場にいるという有益な歯止めの力や、支持政党や意見を自分と同じくする人々の共鳴の声といった士気向上効果は排除されてしまう。*

*〔原注〕「この方策〔投票用紙の郵送や回収〕が推奨されてきた際の論拠は二つある、一つは経費節減という点である。もう一つは、他の方法では投票しそうもなく、また、この方式の提唱者たちが見るところでは特に望ましい種類の投票者でもある多くの選挙人の投票を確保できる、という論拠である。この構想は救貧法委員の選挙で実行に移されてきており、この実例での成功が立法部の議員選挙というい っそう重要な事例で採用する方向へと有利に働いている。しかし、これら二つの事例は、この便法が有益かどうかを左右している点で異なっているように思われる。特定の種類の執行業務に関する地方選挙の場合は、公的資金の処理が中心点となっており、これに強い利害関係を持つ人々だけが選出されるのを防止することが目的となる。なぜなら、この選挙にかかわっている公的利益は限定的な種類のものであり、大半の場合は非常に重大なものというわけでもないので、この仕事に従事しようという意欲を持つのは、かなりの程度、自分の活動から自分の私的利益を得たいと思っている人々に限られる傾向があるからである。であれば、こうした私的な利害関心を抑え込むという目的だけのためにも、できるだけ煩わしさを少なくして他の人々の介入を促進することは非常に望ましいだろう。しかし、問題が国全体の統治という大事業の場合に

は、何事にも私心を離れて考える人や自分自身のためにではあっても賢明に考える人であれば、誰もが間違いなく関心を持つのであるから、関心のない人のまどろんだ精神を覚醒させること以外の手段で彼らの投票を促すことよりも、むしろ彼らの投票を防止することが目的となる。投票所に足を運ぶほどには選挙のことを気にかけていない投票者は、そうしたわずかな手間なしで投票できるのであれば、最初に投票を依頼した人物に投票したり、この上なく些細で取るに足らない誘いに乗って投票したりしてしまう人間に他ならない。投票するかしないかを気にかけない人は、どう投票するかに大いに配慮する可能性もない。このような心がけの人間は、投票に対する道徳的正当性をまったく持っていない。なぜなら、こういう人が投票すると、人生に関する思想や目的意識を表現している投票と同等に、信念の表現ではない投票が数えられ投票結果に影響することになるからである。」〔『議会改革論考』からの引用〕

投票所は多数設置して、すべての投票者が容易に行ける範囲内にあるようにすべきである。移動費用の候補者負担は、どんな理由があっても許容してはならない。虚弱な人に限って、医師の証明書があれば、国か地方が費用負担する適切な乗り物を要求する権利を与えればよいだろう。投票所、投票所要員、および必要な全設備は公費負担とする。限定された少額の選挙経費を除いて、候補者に金銭的負担を要求すべきではないし、また、認めるべきでもない。ヘア氏の考えでは、候補者名簿に自分の名前を登録する人から五〇ポンドを徴収するのが望ましいとしている。これは、当選の見込みのない者や当選する気のない者が、気まぐれやたんなる売名のために立候補するのを防止するためであり、またおそらくは、わずかな票でも、それを必要としているもっと真面目な候補者に回してやるためである。立候補者かその支持者が負担せざるをえず、請求者全員に対して公費負担すべきだとは考えられない費用が一つある。それは、看板やポスターやチラシによって自分の主張を選挙人に知らせるための費用である。この種の必要経費の総額としては、ヘア氏の提案では五〇ポンドをこうした目的のための支出として認めれば（必要であれば一〇〇ポンドでもよい）、十分なはずだとされている。候補者の友人が会合や投票依頼の経費を肩代わりする場合は防止手段はないけれども、しかし、候補者本人が負担するその種の出費や、五〇ポンド（あるいは一〇〇ポンド）の供託額を超えるどんな出費も、違法とし処罰の対象にすればよいだろう。世論が虚偽を黙認しない気風にあると見られるのであれば、すべての議員に対して就任時に、自分の選挙のために直接的にせよ間接的にせよ、五〇ポンドを超える金銭あるいはそれに相当する価値のものを使っていない、あるいは、使うつもりはないと宣誓するか名誉をかけた宣言をするよう求めるとよいだろう。この宣言が虚偽と判明したり誓約が破られたりした場合は、偽証罪で処罰することとする。そうすればおそらく、立法部は本気だと示すことで、こうした刑罰は世論の方向を一つにまとめ、社会に対するこの最も重大な犯罪を従来のように微罪とみなせないようにするだろう。いったんこうした効果が生じれば、宣誓や名誉をかけた宣言に拘束力があることを疑問視する必要はなくなる。*

*（原注）一八六〇年に、腐敗行為防止法（一八五四年施行）の効果に関する庶民院委員会で証言が行なわれた。証言者には、選挙関連で相当の実務経験を持つ人物も何人か含まれていた。証言者のうちの何人かは、議員に宣誓を求めるという原則に賛成し（無条件的に賛成か、あるいは最終的手段として賛成）、刑罰という支えがあれば、相当程度の実効性があるという意見だった（『証言』〔「腐敗行為防止法に関する特別委員会報告書」、『議会資料』一八六〇年、第一〇巻所収〕、四六頁、五四―五七頁、六七頁、一二三頁、一九八―二〇二頁、二〇八頁）。ウェイクフィールド選挙区調査委員会の委員長は（ただし、別の提案に関してであることはたしかだが）次のように述べている。「立法部がこの問題に関して真剣だと人々に伝われば、こ

の仕組は機能するでしょう。……買収の罪を犯すことが個人として何らかの汚名となるのであれば、世論の流れを変えることになるだろうと私は確信しております」（三二頁および二六頁）。委員の一人である著名な人物（現内閣の閣僚でもある）[9]は、確言的な宣誓（過去の事柄を事実であると保証すること）とは異なるたんなる約束的な宣誓（将来の行為を誓って約束すること）に偽証罪の刑罰を科すことには強く反対する考えを持っていたようだが、次の点を想起すべきだ、という指摘を受けている。[10]——法廷で行なわれる宣誓も約束的な宣誓である。反論（証人の約束は同時的に行なわれる行為に関連しているのに対して、議員の約束は将来全般に関する約束である）が有効性を持つのは、（宣誓によって）自分が負うようになった義務を忘れるかもしれない場合や、もしかするとうっかり義務に反することがありうると考えられる場合に限られる。そのようなことが起こる可能性は、今議論となっているケースでは問題にならない。——

もっと実質的な難問は、選挙費用形態として最も多いものの一つが、地元の慈善やその他の地元関連の目的で行なわれる寄付金の形態になっていることである。議員は自分を選出した地域で慈善のための金銭供与を行なってはならないという法律が作られれば、強力な対策になるだろう。そうした寄付が善意で行なわれる場合は、それで人望が高まることが、大金持ちにおそらく否が応でも与えられる利点となる。しかし、悪弊の大部分は、そのようにして寄付された金銭が議員の利益維持のために、当たり障りのない名目をつけた賄賂に使われているという事実にある。これを防止するためには、次の点を議員の約束的宣誓に含める必要がある。つまり、立候補地で本人が支出する金銭や、あるいは立候補地やその住民のうちの

〔9〕コーンウォール・ルウィス（一八〇六—一八六三）。ルウィスは自由党の政治家で、グラッドストーン内閣の大蔵大臣を務めた。

〔10〕ジョン・アーサー・ローバックの指摘。ローバック（一八〇二—一八七九）は急進派の政治家で、ミルの旧友。

誰かに関連した目的で使用される金銭は〔自分自身の滞在費用の支払いはおそらく例外として〕、すべて、選挙監視人を経由させて、明示された使途に対して選挙監視人が〔議員本人やその友人ではなく〕支払うようにする、ということも宣誓させるのである。

選挙費用のすべてを、候補者ではなく地元選挙区の負担とするという原則には、二人の最もすぐれた証言者の賛同があった〔二〇頁、六五―七〇頁、二七七頁〕。

「ある物事を世論がすでに容認している場合にのみ、世論は、その物事をしませんと嘘をつく者を容認する」のである〔『議会改革論考』からの引用〕。これが選挙の不正にあてはまることは、周知のことである。政治家たちの間でこれまで買収防止に向けた実際の真剣な取組が全然なかったのは、金のかかる選挙をなくそうと本気で望んでいなかったからである。金のかかる選挙は、多くの競争相手を振り落とすので、出費をまかなえる人物にとって有利になる。議会への道を金持ちに限定するものであれば何であれ、どれほど不健全でも、保守的傾向を持つものとして温存されるのである。これは二大政党のいずれの立法担当者においても根深い感情となっており、彼らに本当に悪意があると私が思っているほぼ唯一の点である。彼らは、自分の階級しか投票できないことが確実だと感じている限り、誰が投票するかはさして気にしない。同じ階級の仲間意識をあてにできることがわかっているし、この階級に入りたがっている新興成金が言うなりになることは、それにもましてはるかに確実だともわかっている。また、民衆寄りの人物が議員に当選できないようになっている限り、最も民主政的な選挙資格であっても、金持階級の利益や感情に大きく対立するものを心配する必要がないこともわかっている。しかし、長所と長所を結合する代わりに、このように害悪と害悪とを均衡させることは、彼ら自身の観点からしても見苦しい方策である。多数者の階級感情が各選挙区で完全な優位に立つことや、少数者の階級感情に染まった人物を介して行動するしかないという障害を許容するのではなく、めざすべきはむしろ、両方の階級内の最良の人物が、自分たちの階級的選好を放棄して共通の利益が指し示している道を共同で歩む気になれるような、そうした役割へと結集させることである。

政治的役職とは授与される特典であり、役職の受託者が自分自身のために望んでいるのでやらせてくださいとお願いし、自分の金銭的利益になる仕掛けであるかのように金銭まで費やすべきものだと思わせてしまうことほど、道徳的に有害で制度の精神によって大きな害悪をもたらす政治制度の作用の仕方は、他にはまずない。苦労の多い職務をさせてもらうために、すき好んで大金を払う人はいない。プラトンによれば、政治権力を委ねるために探し出すべき人物とは、個人としては政治権力を最も嫌っている人物であり、この最適人物に統治の労苦を引き受けるよう仕向ける動機として唯一あてにできるのは、悪い人間に統治されることへのおそれである。こう主張したときプラトンは、よい統治について、大いに正しい見方をしていたのである。私心のない慈善事業に自分の大金を費やしたこともない三人か四人のジェントルマンが、自分の名前に議員の肩書を付け加えるために出費競争をしているのを目にして、いったい選挙人は何を考慮しなければならないのか。選挙人は候補者たちがこうした費用をすべて負担するのが、選挙人の利益になると考える、というのはありえそうなことだろうか。政治家の役割について選挙人が軽蔑的な見方をしていたら、選挙人はどんな道徳的義務を自分自身のものとして実感するだろうか。選挙人集団がずっと腐敗しないでいるなどというのは熱狂家の夢想だ、とあしらうのが政治家たちは好きである。政治家本人がそう望むようになるまでは、まさにその通りである。選挙人の道徳的基調は、たしかに、候補者から受け取るものだからである。選出された議員が何らかの形や仕方で議席のために金銭を使う限り、選挙という事業を当事者全員にとって利己的取引以外のものにしようとする努力は、すべて失敗する。「候補者本人と世間の慣習が、議員の役割を果たすべき責務というよりも、お願いして手に入れる特典とみなしているようであれば、議員の選挙とは義務の問題でもあって人物としての適性以外のことを考慮して投票する自由はないのだという感情を、ふつうの投票者に植えつける努力は成功しないだろう。〔11〕」

選挙目的の金銭支出を候補者に求めるべきでも許容すべきでもないという同じ原則から、方向性が逆のように見えるが実際には同じ目的をめざす、もう一つの結論が出てくる。つまり、あらゆる地位のあらゆる境遇の人が議員になれるようにする手段としてしばしば提案されている議員報酬の支給を、否定するという結論である。イギリスの一部の植民地のように、無報酬の仕事のために出かける余裕のある適任者がいない場合には、支給は給与としてではなく、時間や金銭の損失補償として必要だろう。報酬を支給すれば選択の幅が広がるというのは、幻想上の利点である。議員の地位に付帯すると考えられる報酬は、成功の見通しを持って他の営利事業に本腰で従事している人を、この地位に引き寄せはしないだろう。その結果として、議員の仕事は専業となり、他の職業と同じように主に金銭的見返りを目的として、また、本質的に不安定な職業が持つ堕落的な影響の下で行なわれることになる。議員職は、下層階級の冒険家たちの欲望が向かう対象になるだろう。また、六五八名の議席保持者は、その一〇倍二〇倍の志望者たちとともに、誠実であれ不誠実であれ、可能事であれ不可能事であれ、ありとあらゆることを約束することで、選挙人の票をかき集め確保するために絶えず競り合い、群衆の最も卑俗な部分の最も浅ましい感情や最も無知な偏見に媚びへつらう競争をすることになるだろう。アリストパネスの話に出てくるクレオンとソーセージ売りの競り合い〔12〕は、いつでも起こっていることの見事な戯画である。こうした制度は、人間本性の中で一番病気になりやすい部分に絶えずできてくる水疱のようなものである。同国人の中で最も上手なおべっか使いや、最も巧妙に人々を誤導する人物に、六五八個の賞品を与えることに等しい。有害なへつらいという収穫をたっぷりもたらすこれほどまでに整った耕作方法は、どの専制支配にもなかった。*

*〔原注〕ロリマー氏〔エディンバラ大学の法学者（一八一八—一八九〇）〕が述べているように、公的な仕事に最下層階級の人々が従事するよう促すために金銭的誘因を作り出すと、デマゴーグが正式開業となる。自然に歪んでいく方向へと統治形態を動かすことが数多くの活動的な人々の私的利益になる、という事態を作り出すことほど非難すべきことはない。群衆や個人が自分自身の弱点を持ったままだとどうなるかを見ても、千人もの人々によって媚びへつらわれたときにその弱点がどうなるかは、なかなか明確には思い浮かばないものである。無知は知見があるのと同等だ、いやそれ以上だ、と大衆に説得することで、六五八の議席という、些少ではあれ着実な報酬が得られるのであれば、大衆がこの教訓を学んで行動原則にすることは、恐ろしいほど確実である（『フレーザーズ・マガジン』一八五九年四月号掲載の論文「近年の議会改革論」〔ミル本人の論文〕）。

〔11〕『議会改革論考』からの引用。
〔12〕アリストパネスの喜劇『騎士』で、民衆を擬人化した人物デモスの御機嫌とりのために、クレオンとソーセージ売りが競り合う場面を指している。

財産や商売や専門職といった自立した生計を営む手段を持たないながらも、卓抜した資質があるという理由で、他の人では議員になっても十分にはできない仕事をしてもらうために、ある人を議員にするのが望ましい場合は（どんなときでもありうることだが）、公的募金という財源がある。こういう人は、アンドリュー・マーヴェル[13]と同じように、選挙区民の寄付で生活を支えてもらえばよい。この方式には反対の余地がない。こうした名誉が卑屈な追従に与えられることはないからである。人々は、特定の人からへつらわれるためにその人の生活費を負担してやるほどまでに、あれこれのおべっか使いの違いにこだわりはしない。このような支援は、顕著で印象的な人格的資質を考慮したときにだけ与えられるものである。その資質は、国民の代表としての適格性を絶対的に証明するものではないとしても、何らかの推定根拠ではあるし、またいずれにしても、独立した意見と意志を持っていることのある程度の保証でもある。

〔13〕マーヴェル（一六二一—一六七八）はイギリスの詩人、議員に選ばれ地元選挙区の寄付で日給を支給されていた。

第一一章　議員の任期について

議員はどれぐらいの間隔で改選したらよいだろうか。これに関する原則ははっきりしているが、難しいのはその適用である。一方で、在任期間が長くなって議員が自分の責任を忘れる、職務を軽んじる、自分の個人的利益のために仕事をする、選挙区民に同調するにしてもしないにしても代議制統治の利点の一つとなっている選挙区民との自由な公開協議を怠るようになってしまう、といったことがあってはならない。他方で、在任期間は、一つの行動だけで評価されるのではなく行動方針で評価してもらえる、と議員が期待できるぐらいの長さが必要である。自由な統治に不可欠な民主的統制と両立する限りで、議員の個人的な意見や裁量の幅が最大限確保されることが重要なわけである。以上の目的にかなう統制の仕方が必要となる。つまり、どんな場合でも最善の統制の仕方なのだが、議員が自分の持つ全資質を発揮するために、また、たんに議会で選挙区民の言いなりに投票し、選挙区民の意見を主張するのではなく、選挙区民から見て望ましく信頼できる代表だと見てもらえる何か別のやり方があることを示すために、議員に十分な時間を与えた上で統制する、ということである。

これらの原則の境界線を普遍的ルールで定めることは不可能である。民衆全般の力が国制の中で弱い場合や受動的すぎて刺激が必要な場合、さらに、議員が選挙区民から離れるとすぐに宮廷や貴族の雰囲気に染まり、それらの影響すべてによって民衆的方向とは別方向にそれて、身につけていた民衆寄りの感情が弱まり、投票してくれた人々の要望を忘れて彼らの利益に冷淡になってしまう場合には、任命を更新してもらうために選挙区民の元に頻繁に戻ってくるよう義務づけておくことは、議員の気分や性格が正しい方向からそれないようにするために必要不可欠である。こうした場合には、任期は三年でもたいていは長すぎるぐらいであり、それ以上長い任期は絶対に不可である。逆に、民衆全般が優越した力であっていっそう強大化しつつあり、異例の動きを助長せずにむしろ作用を穏和化する必要がある場合や、無制約の公開性や常時目を光らせている新聞のために、代表者は自分の行動が選挙区民に即座に知られ議論され評価され、上下する評価に絶えずさらされていると確信していて、また、同じ事情から議員が選挙区民の感情の影響や他のあらゆる民衆的影響をいつも強くありありと意識させられている場合は、五年未満の任期では及び腰の屈従を防止するのにはほとんど不十分だろう。これらすべての特徴に関してイギリス政治に生じた変化を見れば、四〇年前には先進的改革者の綱領の最前面で際立っていた議会の毎年改選という主張がなぜ現在では少しも見向かれず耳にすることもほとんどなくなったのかがわかる。任期の長短にかかわらず任期最終年は、任期一年ならばいつもそうであるような状態に議員が置かれるから、任期が短いと任期の大半は実質的に毎年改選と同じことになる、という点は考えておいた方がよい。現状の七年という任期は不必要な長さではあるが、しかし、何か利点が生じるのを期待して変更する価値はほとんどない。とりわけ、早期解散の切迫した可能性がつねにあって、選挙区民の好感を得ておこうという動機が議員の目の前でちらつき続けているからである。

委任の継続期間として最適な長さがどんなものであれ、議員ごとに選出時点から数えて任期が満了したら議員でなくなることとし、議院全体としての改選〔総選挙〕はしないのが自然だと思われるかもしれない。この〔部分改選の〕仕組を推奨することに何か現実的な目的があれば、賛成する議論も相当ありえるだろう。しかし、これを否定する理由は、賛成論よりもはるかに強力である。その一つは、国民全体から愛想をつかされている多数派を迅速に取り除く方策がなくなる、ということである。限られた任期の後に、しかも、たいていはすぐに期限切れになるような任期の後に必ず総選挙があり、また、首相が自分の利益のためや国内での自分の人気を高めるために望めば総選挙がいつでもありうることは、議会の感情と選挙区の感情との大きな食い違いを防止するのに役立つ。この食い違いは、どの時点でも大部分の議員の任期がまだ何年も残っているのであれば、際限なく続いていくことになる。たとえ、個別に新顔議員への入れ替わりがあったとしても、彼らの加わった大集団の性質が変わるよりも、彼らがその性質に染まる可能性の方が大きいだろう。傑出した個人が議席を失うことなしにこの上なく不人気な意見を自由に述べられることも重要だが、議院全般の意見が国民の意見と大筋で一致していることも同じように重要である。代表者議会の段階的部分的な改選については、もう一つ別の重要な反対理由がある。国民精神の状態を計測し、種々異なった党派や意見の相対的な強度を疑問の余地なく確認するために、対立する諸勢力を定期的に一堂に集めることは有益である。これを疑問の余地を残さずに行なうことは、部分改選ではできない。たとえ、フランスのいくつかの国制で見られたように、五分の一とか三分の一といった大規模な改選でもできないことである。

解散権を執行部に認める理由は、代議制の統治体制における執行部の役割に関連するので、後の章〔本書第一四章〕で考察することにする。

第一二章　議員に誓約を要求すべきか

立法部の議員は、自分の選挙区の指示に拘束されるべきだろうか。選挙区民の意見の代弁者であるべきなのか、それとも、自分自身の意見を語るべきなのか。議会に派遣される選挙区民の使節であるべきなのか、それとも、選挙区民に代わって行動する権限ばかりでなく、選挙区民のためになすべき事柄を選挙区民に代わって判断する権限も与えられた専門家的代理人であるべきなのか。代議制の統治体制における立法部議員の責務についてのこれら二つの理論には、それぞれに支持者がおり、それぞれがいくつかの代議制統治体制での公認理論となっている。オランダの連邦共和国(1)では、議会の議員はたんなる代理人でしかなかった。理論は徹底していて、選挙区民の指示を受けていない重要問題が生じたときは、自分に信任を与えている政府の大使とまったく同じように、選挙区民に照会しなければならなかった。代議制の国制を持つイギリスや他のほとんどの国々では、議員は法と慣習によって、選挙区民の意見とどれほど異なっていても自分が正しいと思う意見に即して投票できるようになっている。しかし、これとは正反対の考え方も流布していて、実際に多くの人々に相当の影響を与えている。議員たち自身にも影響していて、人気を得たいという願望や再選への配慮とは別に、選挙区民に確固たる意見がある問題に関しては、自分の行動が、自分の意見ではなく選挙区民の意見の表明となるよう良心的に拘束されていると感じることも多い。実定法や特定国民の歴史的伝統はひとまずおくとして、代表者の責務に関するこれらの考え方のどちらが正しいのだろうか。

これまで取り上げてきた問題とは異なり、これは国制にかかわる立法上の問題というよりも、憲法道徳、代議制統治の倫理と呼んだ方がよい事柄の問題である。それは制度よりも、選挙人が自らの役割を果たす際に持つべき心構え、選挙人の道徳的責務に関して流布しているべき考え方にかかわる。なぜなら、代議制の仕組がどうであっても、選挙人が望めばたんなる委任の仕組に変わってしまうからである。投票しない自由や好きなように投票する自由が選挙人にある限り、選挙人が自分でよいと思うあらゆる条件に即した投票を防止することはできない。選挙人は、自分たちの意見に忠実であることを誓約しない人物や、予想外の重要課題に関する投票について自分たちが要望すれば自分たちと協議することを誓約しない人物の選出を拒むことで、代表者をたんなる代弁者にできるし、代表者が代弁者として行動するのをもはや望まなくなった場合には、面目が立つよう自分から辞職せよと強要することもできる。選挙人はそうしたことをする権力を持っているのだから、憲法の理論は、選挙人がそうしたがっていると想定しておかなければならない。なぜなら、立憲制統治の原理自体が、政治権力は、その保持者の特定目的の増進のために濫用されるという想定を必要としているからである。つねに濫用されるからではなく、それが物事の自然的傾向だからであり、それを防止するという点が自由な制度に特有の強みなのである。したがって、選挙人が代表者を委任者に変えてしまうことがどれほど誤っていてどれほど愚かであるとしても、選挙人の特権の拡大解釈は自然なことで、ありえな

〔1〕　一五七九年から一七九五年にかけて存在したネーデルラント連邦共和国を指す。

くはない以上、確実にそうなるかのようにして同様の予防措置を講じなければならない。選挙人が選挙資格の利用法についてこうした考え方によらずに行動することを、期待はしてもよい。しかし、たとえ選挙人がこうした拡大解釈をしても、どの集団の権力にせよすべきでないこと、つまり、自分たちの利益のための階級立法ができないように、代議制の統治体制は作っておく必要がある。

問題は、もっぱら政治道徳の問題であると述べたからといって、重要性が軽減するわけではない。憲法道徳にかかわる諸問題は、憲法それ自体にかかわる問題と同様に、現実的な重要性を持っている。統治体制によってはその存在そのものが、また、別の統治体制ではその持続可能性を担保するすべてのものが、憲法道徳の諸原則を実際に遵守しているかどうかにかかっている。それらの原則は、各構成部分の権力を担う人々が持つ伝統的な考え方であり、この考え方によって各権力の用い方に修正が加わるのである。純粋君主政や純粋貴族政や純粋民主政といった抑制均衡のない統治体制では、憲法道徳の諸原則は、統治体制がその特徴的な方向で極端になりすぎるのを抑える唯一の障壁である。抑制均衡が不完全な統治体制では、最強権力の衝動的な動きに立憲的制限を加える何らかの試みはあるものの、その権力は少なくとも一時的には罰せられることなく制限を踏み越えられるぐらいにまで強力である。この場合、憲法上の抑制や制限の尊重をなんとか持ちこたえさせるのは、憲法道徳の諸原則しかない。抑制均衡が十分に確保されている統治体制では最高権力が分割され、各部分は、他の部分が攻撃のために行使できるのと同程度に強力な武器を防御用に装備していて、そうした唯一可能な保護方法で、他の部分による権力簒奪から守られている。この場合、統治体制が存続可能なのは、他の権力保持部分が極端な行動で挑発しない限りはいずれの側も自分の究極的権力の行使を控えることによってのみである。そして、この場合には間違いなく、憲法道徳の諸原則が尊重されることによってのみ国制が存続すると言ってよい。誓約の問題は、代議制の統治体制の存立に死活的にかかわる問題ではない。とはいえ、その有益な運用にとっては非常に重要である。法律は選挙人に対して、その選択を方向づける原則を規定することはできない。しかし、どんな原則によって選択を方向づけるべきだと選挙人が考えているかは、現実には大きな違いをもたらす。選挙区民がお膳立てしておいた一定の意見に代表者が従うことを選挙人は条件としてよいかどうかについての究明には、この大問題全体がかかわっているのである。

この問題に関して、本書が公言している一般原理からどんな結論が帰結するかは、本書の読者には疑いようがないだろう。統治の二大要件が等しく重要なことは最初から明言してきたし、つねに留意してきた。一つは、政治権力行使の受益者であるべき人々で、かつ、受益者だとつねに公言されている人々に対する責任である。もう一つはそれと並行して、統治を機能させるために、最大可能な限りで、この特別な仕事にふさわしい長期間の思索や実務教育で訓練されたすぐれた知性という利点を確保することである。後者の第二の目的に達成するだけの価値があるとすれば、必要な代価を支払う価値もある。すぐれた精神能力は、研鑽なしの通常の能力が到達する結論とは異なった結論に人を導くことがなければ無価値である。知性の点で平均的な選挙人よりもすぐれている代表者を持つことが目的だとすれば、代表者が選挙区民の多くとは異なる意見を持つことがあり、その際、代表者の意見が正しい場合の方が多い、ということを念頭に置く必要がある。だとすれば、代表者が議席を持ち続ける条件として、自分たちの意見に絶対的に従うことに選挙人が固執するのは賢明ではないだろう。

原理はここまでは、はっきりしている。しかし、本当の困難は原理の適用にある。最初に、その困難を最大限強調して述べてみよう。選挙人が自分たちよりも教育程度の高い代表者を選ぶことが重要であるとしても、後者の賢明な人が選挙人たちに責任を持つことも同じように必要である。言いかえれば、選挙人は代表者がどう信託に応えているかの判定者である。選挙人は、自分たち自身の意見という基準以外でどう判断できるだろうか。そもそも、この同じ基準以外によって、どうやって代表者を選べるのか。たんなる華々しさだけで、派手な才能が際立っているというだけで選んでもうまくいかない。ふつうの人が能力そのものだけについて事前に判断する際に使える判定基準は、非常に不完全である。そのため、たいていは表現の技術だけが注目され、表現されているものの価値は、ほとんどあるいはまったく注目されない。表現されているものの価値は、表現の技術からは推測できないのにである。選挙人が自分の意見を保留すべきだとしたら、すぐれた統治能力を判断する適切な基準として何が残るだろうか。他方で、仮に選挙人がまったく誤りなしに最も有能な人物を選べたとしても、その人物に、自分たちの意見への顧慮をさせないまま、自分たちの判断を丸投げすべきでもない。最も有能な候補がトーリー党員で選挙人は自由党支持者という場合もあるだろうし、最も有能な候補が自由党員で選挙人はトーリー党支持者という場合もあるだろう。その時点の政治問題が教会問題であって、候補者は高教会派[2]や理性論者だが選挙人は非国教徒や福音主義者の場合もあるだろうし、これと正反対の場合もあるだろう。これらの場合、候補者の有能さによって可能になるのは、選挙人の良心が間違っていると信じている方向へと、候補者がどんどん突き進み大いに成果をあげることである。選挙人は平均的能力以上の人物が代表になってくれることよりも、こうした問題点に関しては義務の命ずるところと自分たちが信じるものに忠実であることの方が重要だ、と心から確信せざるをえないだろう。どうやって有能な代表者を立てられるかということばかりでなく、自分たちの特定の道徳的な立場や知的な見方が代表されるのかについても考えなければならないだろう。

多くの人々が共有している思考様式であれば、それらすべての影響が、立法部の中で感じられるべきである。憲法は、他の対立する思考様式も同様に代表されるよう、しかるべき条項を定めていると考えられるから、自分たち自身の思考様式が間違いなく適切に代表されるようにすることは、選挙人が個々具体的な時点で留意しなければならない最重要問題となるだろう。さらに、場合によっては、代表者は、選挙人の利益、いやむしろ選挙人が公共の利益と考えるものに忠実であり続けるために、自分の手を縛る必要も出てくるだろう。これは、誠実で偏見のない候補者という選択肢が十分に確保されている政治体制であれば不要だろう。しかし、現存の体制では、選挙人はいつでも選挙費用や社会の全般的事情のために、自分たちとは大きく異なった境遇にあって別の階級的利益を持つ人物たちの中から代表者を選ばざるをえない。とすれば、代表者の裁量任せにすべきだと誰が言い切れるだろうか。貧しい階級の選挙人が、二人か三人の金持ちからしか選べないのに、金持ちの階級利益からの解放を見きわめる試金石と自分が考える施策について、投票する相手に誓約を要求したからといって、われわれは非難できるだろうか。しかも、選挙人集団の一部の人々に関しては、自分たちの勢力内での多数部分が選んだ代表を受け入れざるをえない、という事態がつねに生じている。とはいえ、自分

〔2〕　イギリス国教会の中で、聖職者や儀式の権威を重視し、ピューリタン的傾向と対立した立場。

自身が選ぶ候補者には見込みがないとしても、自分たちの票が、自分たち向けに選ばれた人の当選に必要なこともあるだろう。この候補者の今後の行動に対して応分の影響力を及ぼす方法は、一定条件についての候補者の誓約を前提に、その候補者を支持するということになるだろう。

以上の考察とそれとは逆方向の考察とは、密接に絡まり合っている。選挙人が自分よりも賢明な代表者を選び、そのすぐれた見識に沿った統治を受けることに同意するのは、非常に重要である。他方、選挙人が意見を持っている場合、誰に見識があるのか、見識がありそうな人物が行動でそれをどこまで証明しているのかに関する判断に、その意見が大きく影響してこないはずはない。というわけで、選挙人向けに何か積極的な義務の規則を定めることはまったく不可能だろう。結果を左右するのは、厳密な規定や政治道徳の権威ある原則よりも、選挙人集団の精神の全般的基調として、精神的にすぐれた人への信従の重要条件をどう見ているかである。すぐれた見識の価値に鋭敏な個人や国民は、すぐれた見識が存在している場合は、たとえ意見が大きく異なっていても、自分たちとまったく同じ考え方をするというのとは別の目印でその見識を感知するだろう。また、感知すると、許容できる代償ならどんな代償を払ってでも、それを確保したいと非常に強く思うので、自分たちよりも賢明だと尊敬する人々に自分の意見を原則だとして押しつけたりしない。他方で、誰も尊敬しないという精神類型もある。こういう人は、他者の意見が自分の意見よりもずっとすぐれているとは思わないし、自分自身と同類の何百、何千の人々の意見とせいぜい同程度ぐらいだと考える。これが選挙人の精神傾向である場合、選挙人自身の意見を反映していない人物や少なくとも反映していると公言していない人物が選ばれることはなく、自分の行為に選挙人の意見を反映している限りでしか支持は続かない。政治的名誉を求める人はすべて、プラトンが『ゴルギアス』で述べているように、デモスというモデルに自分を合わせ、できる限りそれに似せようとする。徹底した民主政には、選挙民の感情をこうした型にはめる強い傾向があることは否定できない。民主政は尊敬の精神に好意的ではない。民主政がたんなる社会的地位への尊敬を破壊するというのは、悪い影響ではなく長所の一つに数えるべきである。とはいえ、こうすることで、社会に存在している尊敬（もっぱら人間的関係にかかわる尊敬）の主要な学校が閉ざされてしまうのである。民主政はまた、その本質そのものからして、ある人を他の人以上に尊重して当然と思わせるような物事よりも、全員が平等に尊重されて当然と思わせる物事をはるかに強く主張するので、一個人としての卓越に対する尊敬も、低いものになりがちである。他にも理由はあるにせよ、まさにこの理由のために、国の制度は、より多くの教育を受けた階級の人々の意見を、教育の少ない階級の意見よりも重視すべきものとして類別することがきわめて重要だと、私は考えるのである。また、私としてはやはり、直接の政治的結果とはかかわりなく、公的感情に格調を与えるだけのことだとしても、高度な教育を受けたときちんと証明できる人には複数投票を割り当てるべきだ、と主張しておきたい。

一人の人物と別の人物とで価値に大きな違いがあるという適切な感覚が選挙人集団に存在するのであれば、自分たちの目的にとって最大の価値を持つのが誰かを見分ける目印には事欠かないだろう。実際に公的業務に従事していることは、当然ながら主要な目印である。重要な役職に就いて重要な仕事をしたということであり、その成果で、見識が本当にあったことが証明される。結果から見て賢明に計画されていたと考えられる施策の立案者だったこともあるだろう。予言の正しさが実際の結末で証明され、間違いだったことはほとんどなかった、あるいはまったくなかったという場合もあるだろうし、助言を受け容れたら好結果になり、拒んだら悪い結果になった、ということもあるだろう。見識のこうした目印にかなりの不確実さがあるのは確かである。しかし、ここで探究しているのは、ふつうの鑑識眼の人が応用できる目印である。このような目印は他のものと合わさっていないと、一つの指標だけに頼ってもあまり役に立たない。また、実際の成果の成功度や功績を評価するに際しては、それぞれの分野に精通した公平な人々の意見全般を大いに重視することも大事である。私が論じてきた識別方法は、実績で確認できる人々にしか適用できないけれども、さらに、実務では確認できないが推測の上で確認できる人、公的な演説や出版物で、公的事柄を本格的に研究していることが証明できるような形で公的事柄を論じている人も含めるべきである。こうした人は、政治を考究するという役柄にすぎないとしても、実際の政治家という立場の人と同様に、かなりの程度、信頼してよいことを示しているだろう。

実地で確認できない人物を選ぶ必要がある場合、最善の判断基準は、本人を直接知っている人々の間でのその人物の能力に対する信望であり、すでにその人物に対する尊敬の念を持っている人々が示している信頼や推奨である。こうした判断基準によって、精神能力を十分に評価し、熱心にそれを探し求めている選挙区は、たいていは、凡庸でない人物を得ることができるだろうし、とらわれのない判断に沿った公的な仕事の遂行を信託できる人物を得ることも多いだろう。この人物に対して、知見において劣る人々の要求通りにその判断を放棄するよう求めるのは侮辱的だろう。

本気で探してもこうした人物が見つからなかったとしたら、選挙人が別の方策を採用しても正当なのはたしかである。なぜなら、自分たちの知見よりもすぐれた知見を持つ人に仕事をしてもらうためでなければ、自分たちの特定の意見を後回しにするよう求めることなどできないからである。もちろんこの場合でも、代表者の側には、いったん選ばれ職責に専心していれば、当初の誤った判断を修正する機会が、選挙区の大半の人々が偶然に持つ機会に比べてかなりある、ということを選挙人は覚えておいた方がよいだろう。この点に配慮すれば、代表者に対して(公平無私という点で全面的には信頼できない人物を選挙区民が必要に迫られて選ばざるをえないのでない限り)自分の所信を変えないという誓約や、変えた場合には辞任するという誓約を選挙区民が強要することは、たいていは防止されるはずである。しかし、未知の人物が初めて選出され、十分に信頼できる何らかの高い権威によって明確な基準で認定を受けたわけでもない場合は、その人物が選挙人に対して、自分の意見を押し通さないことを優先せよと求めることはできない。後に選挙人の意見が変わり、しかも、そのことが率直に言明され、その根拠が隠し立てなしに示される場合は、選挙人が信任を撤回しても、自分の意見の変化をその絶対的理由とまでみなさなければそれで十分である。

能力が実務で確認でき卓越した性格だとも認められる、という申し分のない代表者だとしても、選挙人の個人的意見を全面的に棚上げにすべきだ、ということにはならない。精神的にすぐれた人への信従は、自己否定、個人的意見の放棄にまでなるべきではない。とはいえ、意見の相異が政治の根本にかかわっていないのであれば、選挙人の意見がどれほど確固としたものであっても、選挙人はこう考えるべきである。つまり、有能な人物が自分と意見を異にするときには、自分の側が誤っている可能性が少なくともかなりの程度はあり、また、たとえ誤りではなくても、自分に判断する資格がない多くの物事に関して、自分に代わって有能な人物に行動してもらうことには非常に大きな利点があるから、その利点のために、絶対に本質的というのでもない物事について自分の意見を放棄しても、そうするだけの価値はあるということである。このような場合に多くありがちなのは、選挙人が、相異点に関する有能な人物の側の意見を放棄するよう仕向けて、これらの願望の間での決着をつけようとすることである。しかし、有能な人物にこうした妥協をさせるのは、この人に特有な職務への裏切り、精神的にすぐれている人物に固有の責務の放棄につながる。異論が向けられている大義を見捨てず、意見を述べるという仕事が最も必要な場面でこの仕事を怠らないことは、そうした責務の中でも神聖この上ない責務である。有能だと知られている良心的な人物は、最善と思う自分自身の判断で行動する完全な自由を主張すべきであって、他の条件で仕事をしてはならない。とはいえ、選挙人の側は、この人物がどう行動するつもりなのか、この人物の公的職責にかかわるすべての点でどんな意見で自らの行動を導くつもりなのかを、知ることができて当然である。その意見の一部が選挙人にとって受け容れられないものである場合には、それにもかかわらず自分は代表者に値するのだと選挙人に納得させるのは、この人物の役目である。また、選挙人が賢明であれば、代表者の全般的な価値の方を重視して、代表者の意見と自分たちの意見との多くの重要な相異を大目に見るだろう。

とはいえ、選挙人が大目に見るだろうとは考えられない相異もいくつかある。自由人にふさわしい自国の統治体制に大きな関心を寄せる人であれば誰でも、自分の生き血同然の国民的事柄について何らかの信念を持つ。そうした信念を妥協の対象にすることや、どれほど自分よりすぐれているにしても別人の判断の方を優先させることは、自分の信念の正しさに対する確信や、それにともなう重要だという想いが許さない。一国民あるいはその相当部分の中に、そうした確信が存在する場合には、それが真理に根拠を置いているかもしれないということばかりでなく、それが存在しているということだけでも、影響力を持って当然である。正しさに関する国民の根本的な考え方がたとえ部分的に誤っていたとしても、その考え方と対立したままで国民をうまく統治することはできない。統治者と被治者との間にあるべき関係を正しく判断すれば、被治者の根本的な確信と対立しながら統治しようとする人を代表者にする必要は、選挙人にはない。選挙人と決定的に対立するような争点が議論されていない時点では、選挙人が他の点では有益な仕事をする代表者の能力を活用するとしても、そうした争点に絡む問題が生じた場合は、話が違ってくる。そのような問題が生じているのに、選挙人たちが正しいと思っていることに賛同する側が〔議会内で〕確固たる多数を占めて当の代表者個人の反対を取るに足らないものにしている、という場合でなければ、選挙人たちがその代表者を解任しても正当だと言える。こういうわけで、クリミア戦争の当時、外国の侵略に対する抵抗についての(個人のことをあげつらうつもりはないが、私の言わんとすることを例示するために個人名に言及すると)コブデン氏〔3〕とブライト氏の意見と考えられていたものは、それとは反対方向で圧倒的な国民感情が存在していた時点では無視されたのだろう。また、両人のそうした意見のために、清国との紛争(これ自体はかなり疑問の余地のある問題だったが〔4〕)の当時、選挙人が両人を拒んだ可能性もかなり高い。なぜなら

---

〔3〕　リチャード・コブデン(一八〇四―一八六五)は急進派の政治家で、ブライトとともにクリミア戦争への反対を主張していた。

当時は、この件に関する両人の見解が流布しない方がよいのではないかということが、しばらくの間、議論の的になっていたからである。

これまでの議論の一般的結論として、次のように確言してよいだろう。不都合な社会環境や欠陥のある制度のために選挙人の選択の幅がきわめて狭く、選挙人の利益に対立する影響の下にあると考えられる人物を選ばざるをえない場合でなければ、実質性のある誓約を要求すべきではない。もちろん、選挙人は候補者の政治的な意見や感情について、当然のことながら十分に知らされていなければならない。また、自分たちの政治的信条の基礎となっている若干の要点について自分たちと異なった考えをしている候補者に関しては、拒んでよいばかりでなく拒むべき場合も多い。とはいえ、選挙人が候補者の精神的長所を考慮に入れるのであれば、それに応じて、選挙人は、自分たちの基本的信条に含まれない事柄に関しては、どれぐらいの数でそうした事柄があるにせよ、自分たちの意見とは異なる意見を候補者が表明し行動原則としても我慢すべきである。選挙人は、この人物だったら、その判断にもとづいた指示に自分たちを従わせる十分な権限を信託してよいと思える、そうした力量を持つ代表者を、つねに捜し求めなければならない。選挙人は、この力量をそなえた人物を立法部に送り出すために最善を尽くすことを、同国人に対して自分たちが負っている責務と考えるべきである。選挙人にとっては、このような人物を代表者にすることは、自分たちの意見の多くに賛同を公言する人物を代表者にすることよりも、はるかに重要である。なぜなら、この代表者の能力は確実であるけれども、見解の相異点について代表者が誤っていて選挙人たちが正しいという仮定の方はかなり疑わしいからである。

この問題に関するこれまでの議論は、実際の制度に依存するすべての点で、選挙の仕組が前章までのいくつかの章で提示した諸原則に従っている、という想定にもとづいている。この仮定を前提にしても、代表に関する委任理論は誤っているし、弊害はこのケースでは一定限度内に収まっているとはいえ、実際上の効果の点でも有害だと思われる。ところで、私は諸々の対策で代表制を防護しようとしてきたが、そうした防護対策が憲法で認められていないとしたらどうだろうか。もし、少数者代表の仕組や、投票者が受けた教育の度合に応じて投票の数的価値を加減する仕組が用意されていないとしたらどうだろうか。その場合には、代表者に無制限の自由裁量を与えるという原則の重要性は、どう論じても誇張にはなりえない。なぜなら、それは今の場合、普通選挙制の下で議会内の多数派以外の意見が傾聴される唯一の機会となるからである。実際には労働者階級の排他的支配であるのに民主政と偽称されているものであれば、他のすべての階級の代表を排除しその意見が傾聴される機会を奪うので、まさに文字通りの階級立法、しかも、危険きわまりない政治的無知の形をした階級立法を回避させるものは、教育のない人々が教育のある代表を選びその意見に信従する性向しかないだろう。進んで信従しようとする傾向は、ある程度は期待してもよいし、それを最高度にまで育成することに万事はかかっている。とはいえ、仮に、労働者階級がいったん政治的に全能になった後でも、こうした形あるいは別の形で自分たち自身の利益や意志を相当程度自制すると自発的に同意したとすれば、絶対権力を持ったどの階級よりも賢明だと証明することになるだろう。さもなければ、あえて言うと、

〔4〕　一八五六年のアロー号事件をきっかけに起きた戦争。

いつでもそうなる可能性のある話だが、自分たちが絶対権力の堕落的な影響の下にあるのを示すことになるだろう。

第一三章　第二院について

代議制統治の理論に関連するあらゆるトピックの中で、二院制の問題として知られているものほど議論の的となってきたものはない。とりわけヨーロッパ大陸ではそうである。それは、はるかに重要性の高い多くの問題以上に、思想家たちから大いに注目され、制限的民主政の党派的支持者と無統制の民主政の党派的支持者とを分かつ、一種の試金石とみなされている。私自身はと言えば、他の方法で抑制されていない民主政に第二院が付与できる抑制力には、ほとんど価値がないと思っている。国制上の他のあらゆる問題が正しく解決されていれば、議会の構成が二院か一院かは二次的な重要性しかない問題だ、という考えである。

二つの議院があるとすれば、その構成は、同一か異なっているかだろう。同一だとすれば、同じ影響力に動かされることになり、一方の議院で多数の支持を得る物事は何であれ、もう一方の議院でも多数の支持を得ることになるだろう。法案成立のために両院の同意を得る必要性は、ときには、改善に対する重大な障害になることもたしかである。なぜなら、いずれの議院も代表制で議員数が同数だと仮定すると、代表者全員の四分の一をかろうじて超える数で法案成立を阻止できるが[1]、他方、一院制の場合では、ぎりぎりの過半数で法案は確実に成立するからである。ただし、この仮想事例は実際に起こりそうだというよりも、抽象的な可能性である。同じ構成の二つの議院のうち一方はほぼ満場一致で、他方はほとんど同数で割れているという事態は、頻繁には起こらない。一方の議院での多数派が法案を否決したとすると、もう一方の議院にも法案に反対するかなりの規模の少数派がいるのが一般的である。そのため、このような形で改善が妨げられたとしても、ほとんどすべての場合、議会全体として見れば、大幅ではないにせよ単純過半数を超えた支持が得られている。ここから生じる最悪の結果は、せいぜいのところ、法案成立が若干遅れるか、議会内では僅差での多数だが国の中のかなりの多数が背後にある場合にはそれを確認するためにあらためて選挙人に訴えることでしかない。遅延という不都合な点と、国民に訴えることの利点とは、この場合、ほぼ同程度のところで均衡していると見てよいだろう。

二院制擁護論として、性急さを防ぎ再度の熟慮を強いるということが一番よく言われるが、私は取るに足らないものだと思っている。なぜなら、議事の定着した方式として二回を超える審議回数を求めないというのでは、そもそも構造上大いに問題のある代表者議会に違いないからである。私の評価としては、二院制に賛同する論拠の中で最も説得力があるのは(また、私自身、それなりの重要性があると見ているのは)、意見を求められているのは自分だけだという意識によって、個人であれ会議体であれ、どの権力保持者の精神にも生じうる悪影響である。どんな人間集団でも、重要案件では、たとえ一時的にでも、他者の同意を求めずには自分の意志を通せないようにしておくのが肝要である。一院制議会の多数派が、多数派という性格を持ち続けているとしよう。いつも団結して行動する同じ人物たちで構成され、所属議院での勝利がつねに確実だとしよう。この多数派は、自分たちの行動が国制上の別機関の賛同を得られるかどうかを考慮する必要がなくなってしまえば、容易に専制的になり傲慢になる。ローマ人が二名の執政官を持つようになったのは、たとえ一年という期間であっても不分割の権力の堕落的影響にさらされてはならない、という理由のためだった。同じ理由で二院制も望ましいものとなる。実際の政治運営とりわけ自由な制度の運営において最も必要不可欠なことの一つは、折れ合うことである。妥協を受け容れる姿勢であり、対立相手に何かを進んで譲り、対立意見の持主にとっても可能な限り不快でないような良策を積極的にまとめようとすることである。二つの議院間の相互的なギブ・アンド・テイク(と呼ばれてきたもの)は、こうした健全な習慣を絶えず育てる学校である。それは現在ですら有益であり、立法部がより民主政的な構成になれば、おそらくその効用がいっそう実感されるだろう。

とはいえ、二つの議院は同一の構成である必要はない。相互に牽制し合うことが意図されている場合もあるだろう。一方が民主政的であれば、他方は当然ながら、民主政に対する何らかの抑制を目的に国制内に設立されるだろう。ただし、この点での有効性は、院外で集めることのできる社会的支持に全面的に依存している。国の中の何らかの大きな力を基盤としない議院は、そうした基盤を持つ議院に対して無力である。貴族的議院が強力なのは、貴族政的な社会状態においてだけである。かつては、貴族院はイギリス国制の中の最強権力であり、庶民院は牽制的部分でしかなかった。しかし、これは貴族がほとんど唯一の院外勢力だった時代の話である。民主政的な社会状態が本格化する中で、

〔1〕一方の議院の議決が優越しない場合、いずれの議院の議員数も一〇〇名であるとすると、一方の議院で、両院の合計二〇〇名の四分の一をわずかに超える五一名が反対すると法案が不成立となる。

民主政を穏和化するという点で貴族院が現実的な価値を持つとは、私には思えない。一方の勢力が他方の勢力に比べて脆弱《ぜいじゃく》なときに効力を持たせる方法は、屋外の広々とした場所で両者をそれぞれ整列させ、相互に対峙する形で勢力を結集することではない。そんな戦術では、弱い側は間違いなく完敗だろう。弱い側が有利に動けるようにするには、ひとかたまりに集めて各人に敵か味方か宣言するよう強いるのではなく、群衆と対峙するよりもむしろ群衆の中に陣地を構え、何らかの点で最も同盟可能な分子を引き寄せることである。敵対的集団として姿を現わして総反撃を挑発するのではなく、混成集団の中の一要素として動き、影響力を浸透させ、影響力の増加によって弱い部分を頻繁に強化することである。民主政的国制における穏和化の真の力は、民主政的議院の中で、また、民主政的議院をつうじて作用しなければならない。

どの政体でも国制内の支配的権力に抵抗する中心拠点が必要であり、したがって、民主政的国制では民衆階級に抵抗する中心拠点が必要なことは、すでに論じたところである。[2]私はこのことを、統治の根本原則とみなしている。民主政的な代表制を持つ国民が、歴史的な先行事情のために、他の形よりも第二院や貴族院の形でそうした抵抗の中心拠点を容認することに前向きであるならば、これは、その形をとった中心拠点のかなり強力な存在理由となる。しかし、それ自体として最善の形態ではなさそうであるし、めざすところにとって最も効果的だとはとうてい思えない。議院が二つあって、一方は国民を代表すると考えられ、他方は一つの階級だけを代表しているか何も代表していないと考えられる場合、民衆階級が社会における支配的権力であるならば、第二院が第一院の逸脱行動に対して実際の抵抗能力を持つとは、私には考えられない。第二院の存在が容認されているとしても、習慣や連想に従ってのことであって、効果的な抑制力としてではないだろう。第二院が独立した意志を働かせるとすれば、第一院と同じ一般精神でそうする必要があるだろう。つまり、同様に民主政的であるとともに、いっそう民衆的性格が強い立法部門の偶然的な誤りを是正したり、民衆の支持を集める施策という点でその部門と競い合ったりするだけで満足する、ということである。

こういうわけで、多数者の優越に対する実質的な抑制が実現可能かどうかは、統治機関の中の最も民主政的な部門内で力の配分がどうなっているかに左右される。この部門で定着するのが最も有益な勢力均衡のあり方については、私なりに徹底的に考え抜いたところを示している。[3] また、これも指摘済みの点だが〔本書第七章〕、数の上での多数者が議会内でも応分の多数を得ることで完全な支配力を発揮するのを認めるとしても、少数者も数に比例した代表者を持つことは、厳密な意味での民主政的な原則である。これにもとづく当然の平等な権利が認められれば、この措置によって、国内の第一級の知性を持つ多くの人々が、他の議員と同様に国民に選ばれたという資格で議院内にいつでも確実に存在することになる。国民代表のこの部分は、別個に一集団となったり不快感を刺激するような特権を与えられたりしなくても、自分たちの数の力に比べてはるかに大きな人格的重みを持ち、必要とされる抵抗の精神面での中心拠点を最も効果的な形で提供する。したがって、第二院はこの目的にとっては不要で役にも立たず、むしろ、目的達成の妨げになることすら考えられる。とはいえ、すでに述

〔2〕　本書第七章、一三七頁。
〔3〕　本書第六章、一一八頁。

べた別の理由のためにこうした議院の設置が決定されるのであれば、多数者と対立する階級利益を持っているという非難を招かずに、多数者の階級利益に対抗する傾向や、多数者の誤りや弱点に対して権威ある形で反対の声をあげる能力をこの議院に持たせる、そうした要素を含む議院の構成にするのが望ましい。これらの条件は、イギリスの貴族院の方式で設置された機関には、明らかに見出されない。したがって貴族院は、因襲的な高い身分や個人の豪華さが民衆全般を畏怖させなくなれば、直ちに無意味なものになる。

賢明であればこそ保守的であるような機関を民主政的傾向の支配を穏和化し調整するために構築する際、これにもとづけば構築できるだろうという原則がある。そうした原則すべての中で最善のものは、ローマ元老院という、それ自体が公的な仕事を遂行した機関の中で一貫して最も思慮深く賢明だった機関に例示されているように思われる。国民全般を代表する民主政的議会の欠陥は、特別な訓練や知見の欠如という、国民自体の欠陥である。適切な是正策は、この議会に対して、特別な訓練や知見を特徴とする機関を連携させることである。一方の議院が民衆の感情を代表しているのであれば、もう一つの議院は、実際の公的業務の遂行で実証され実務経験で鍛えられた個人的優秀さを体現すべきである。一方が民衆院ならば、他方は政治家院、つまり、重要な政治的役職を経験してきた存命中のすべての公的人物で構成される評議会がよい。このような議院であれば、たんなる穏和化のための機関をはるかに超えるものにふさわしくなるだろう。それは抑制力であるばかりでなく、推進力にもなる。国民を正しい前進方向に導く点で最も有能であり、その点で一般的に最も意欲的でもある人々に、国民を抑制する力を付与することになるだろう。国民の誤りを正す仕事を委託されたこの評議会は、国民の利益に対立すると考えられている階級を代表するのではなく、進歩の先頭に立って国民そのものを導く自然的指導者たちで構成されている。穏和化の役割に重要性と実効性を与える点で、他のどんな人的構成もこれに及ばない。つねに改善推進の最前列にある機関が、非常に多くの害悪を防止しているからといって、邪魔をするだけの妨害機関だとは非難できないだろう。

このような元老院を置くための余地が仮にイギリスにあるとしたら(これがたんなる仮説でしかないことは言うまでもない)、その人的構成は以下のようになるだろう。以前の章〔本書第五章〕で論じた立法委員会の委員や委員経験者全員。立法委員会は、適切に構成された民主政的な統治体制に不可欠の要素と私はみなしている。高等法院王座部の首席裁判官やその経験者全員と、各種法律や衡平法関係の最上級裁判所の長とその経験者全員。陪席裁判官の職を五年務めた者全員。閣僚を二年間務めたことのある者全員。ただし、これらの者は庶民院議員にも選出可能とし、選出された場合には、本人の貴族の地位や元老院議員の地位は停止するものとする。元老院の議席を与える目的だけのための閣僚任命を防止するためには、就任期間の条件が必要である。二年を提案しておこう。これは、閣僚経験者に年金受給資格を与えるのと同じ期間を、元老院議員の就任資格にするためにである。各軍の最高司令官経験者全員、および、陸海軍の司令官経験者で、軍事的勲功により議会から顕彰された者全員。一〇年間、外交官職の中の最高職を務めた者全員。インドやイギリス領アメリカの総督経験者全員、および、どの植民地総督かを問わずその職に一〇年間在職した者全員。常勤の文官公務員の代表もあってよい。財務省事務次官や各省の事務次官、その他、同程度の地位と責任のある職位など、要職を一〇年間務めた者全員を元老院議員とする。以上のように行政の実務経験で資格を与えられる人々の他に、知識階級の人々も含めるべきであり、それ自体として望ましいことでもある。全国規模の一定機関の教授に関しては、数年間在職したら元老院の議席を与えてよいかどうか検討する価値があるだろう。科学や文学で卓越しているというだけでは、曖昧すぎて議論の余地が残る。先に挙げた諸々の資格要件は一目瞭然だが、この卓越については鑑識眼が必要になる。書物で声望を得ていても政治と無関係ならば、求められている特定の資質の証拠にならない。また、政治的な書物となると、これを利用して各内閣が元老院を党派の道具で次々に埋め尽くしていけることになってしまう。

現存国制の暴力的な転覆というありえそうにない場合は別として、イギリスの歴史的先例から確実に言えるのは、存立していけそうな第二院は貴族院を土台に構築しなければならないだろう、ということである。この議院を実際に廃止しようと考えて、私が素描したような元老院やその他のものに入れ替えることなどは、論外である。とはいえ、今しがた論じた階級や部類の人々を一代貴族の身分で現存の議院に集約する場合には、同様の克服不可能な困難は生じないだろう。将来的には、世襲貴族については一人一人を議員にするのをやめて代表者を議員にするといった措置がとられるだろうし、また、おそらくここでの想定では必要不可欠な措置となるだろう。これは、スコットランド貴族やアイルランド貴族の場合にはすでに実施され定着しているし、貴族身分の人数を増やしていけば、それだけでおそらくいずれは避けられなくなる。代表者となる貴族が貴族内の多数を占めている党派だけを代表することは、ヘア氏の構想の簡単な応用で防止されるだろう。たとえば、貴族一〇人ごとに一人の代表者という割合にし、一〇人が支持すれば一人の代表者が選出され、貴族たちは自分たちがよいと思う目的のために自由にグループを作ってよいとしよう。選挙は次のような仕方で行なわれるものとする。自分たちの身分の代表者候補となる貴族は全員、立候補を自ら宣言し自分の名前を名簿に登録するよう求められる。投票の期日と場所を定めておき、それに合わせて、投票したいと思っている貴族は自分自身で投票するか、あるいは議会の慣行にならって代理人に投票させる。投票は、各貴族が候補者一名だけに投票するものとする。一〇票を得た候補者は全員、当選が宣言される。一〇票を超えて得票した場合は、一〇票を残してそれ以外は得票に含めないか、得票数のうちの一〇票を抽籤で選んで得票とする。この一〇票の投票者がその候補者の選出母体ということになり、それ以外の投票者は、再度、誰か別の候補者に自由に投票する。自分自身か代理人によって投票したすべての貴族が代表されるまで、この手順が(可能な限りで)くり返される。一〇未満の票が余って残った場合は、五票まではは一名の代表者への賛成票としてよいことにする。五票未満は死に票扱いにせざるをえないが、すでに当選している誰かへの支持票として記録に残してもよいだろう。このわずかな例外はあるものの、代表者となった貴族は全員、貴族のうちの一〇人を代表している。この一〇人全員はその代表者に投票したばかりでなく、その代表者を、自分たちに開かれているすべての選択肢の中から、自分たちの代表であってほしいと最も強く思っている人物として選んだことになる。貴族身分の代表として選ばれなかった貴族への代償策としては、庶民院議員にも選出可能としておけばよい。この正当な処遇は、現在のところ、スコットランド貴族には認められていないし、アイルランド貴族の場合も王国内の自分たちの地元地域に関しては認められていない。他方で、貴族内の最大党派以外の部分が貴族院で代表を持つことに関しては、スコットランドとアイルランドのいずれの貴族にも認められていない。

ここで提唱した元老院の構成方法は、それ自体として最善と思われるばかりでなく、歴史的先例と実際の輝かしい成功例によって決定的に擁護できるものでもある。とはいえ、実行可能な構想として提案できそうなのはこれだけ、というわけではない。第二院を作るもう一つの可能な方法は、第一院に選出させることである。ただし、第一院の議員からは選ばないという制限をつけてである。このような議院は、アメリカ上院と同様に、一段階、間接的にはなっているものの、民衆の選択から生まれてくるものだから、民主政的な諸制度と衝突するとは考えられないし、おそらくは民衆の影響をかなり受けるだろう。その指名方式からして、民衆的な議院の警戒心を掻き立てることや敵対的に衝突するということは特に起こりそうにもない。さらに(少数者代表のためにしかるべき措置が講じられれば)、ほぼ間違いなく適切な構成になるだろう。きわめて有能ではあるが、たまたまであるにせよ、派手な性質でないためであるにせよ、民衆勢力の強い選挙区での票の獲得に気乗りがしない、あるいは非力だ、という類いの多くの人が議員になるだろう。

最もよくできた第二院とは、多数者の階級利益と偏見を免れてはいるが、それ自体として民衆全般の感情に抵触するものを何も含んでいない諸々の要素を、最も数多く取り込んでいる議院である。とはいえ、くり返して言えば、どのような第二院にせよ、多数者の優位を和らげるという点で、主役として頼りにできるものではない。代議制の統治体制の特質は、民衆的議院の作られ方で決まる。これに比べれば、統治形態に関連する他のすべての問題は、取るに足らないものである。

第一四章　代議制統治体制の執行部について

統治の執行業務をどの省庁や部署に割り当てるのが最適かという問題は、本書で論じるのは場違いだろう。この点での差し迫った必要は、政府が異なればそれぞれ異なってくる。また、職務の分類について大きな誤りはほとんど生じそうにもない。白紙の状態から新規に始めることに前向きで、イギリス政府の場合のように古い政府の内部に既存の公的業務区分を作り出してきた一連の偶然的事情に縛られない限りは、そうである。職員の区分は職務事項の区分に対応すべきである。自然にひとまとまりとなっているものを分けてそれぞれ独立している部署に所掌させることは、近年までのイギリス軍の運営状況だったし、現在でも多少はそうであるけれども、こうしたことはすべきでないと言っておけば十分だろう。達成目標が(効率的な軍隊を持つという目標のように)単一である場合は、担当機関も同じように単一とすべきである。一つの目的のために用意されている諸々の手段全体は、同一の統制と責任の下に置かれるべきである。統制と責任がそれぞれ独立した省庁に分割されていると、手段はそれぞれの省庁で自己目的化し、本来の目的への配慮は、省庁での経験がおそらくない政府の長を除いて、誰の仕事でもなくなってしまう。何らかの主導理念の下で種々異なった手段が相互に結びつけられ調整される、ということがない。その一方で、いずれの省庁も、自分たちに求められている業務を、他の省庁に求められている業務とは無関係に推し進め、業務それ自体のために業務目的が絶えず犠牲にされてしまう。
一般原則としては、一切の執行業務は上級か下級かを問わず、ある特定個人に指定された職務とすべきである。誰が仕事を全部していて、誰の怠慢で仕事がされずに放置されているかを、世の中全体に明らかになるようにしておくべきである。誰が責任者かが誰にもわからなければ、責任はないに等しい。また、実際に責任を負う者がいても、分散していると軽くなってしまう。責任を最高度に担保するには、上首尾だという賞賛も不出来だという非難も全部引き受ける一人の人間がいなければならない。

責任の分散と言っても、これには二通りある。一方では責任は薄まるだけだが、他方では皆無となってしまう。責任が薄まるのは、同一業務の遂行に複数職員の共働が必要な場合である。それでも依然として、それぞれは実際に責任を負わされてはいる。不正が行なわれれば、どの職員も自分はしていないとは言えない。いずれも不正の当事者であって、犯罪の共犯者の場合と同じである。法律上の犯罪行為があれば、法に即して処罰されるのは当然であり、当事者が一人だけの場合よりも処罰を軽くする必要はない。ところが、世評による処罰の場合は、世評による報賞の場合にもまして、話は違ってくる。責任分散のためにつねに軽くなるのである。汚職や使い込みといった明らかな法律違反がなく、たんなる手違いや注意不足とか、それと同程度とみなされることしかしていないのであれば、どの当事者も、他の者も一緒に関与しているという事実を、自分と世間の両方に対する言い訳にしてしまう。抵抗したり諫めたりする責務のある他の人たちがその責務を果たしていなければ、ましてや公式の同意まで与えていたならば、たいていのことに関して、金銭的不祥事の場合ですら、自分には責任がないと感じるものである。

とはいえ、この場合、責任は薄まりはするがまだ存在している。当事者全員がそれぞれの立場で、当の行為に同意し関与している。行為自体が多人数集団の行為の場合は、事態ははるかに悪い。委員会の場合がそうである。密室で審議が行なわれ、個々の委員が投票で当の行為に賛成したのか反対したのかが誰にも知られていないし、極端な例を除けば知られる可能性もない。こうした場合の責任は、名ばかりのものでしかない。「委員会」は、ベンサムがうまい言い方をしたように、「目隠しの仕切である」〔1〕。「委員会」のしたことは誰の行為でもなく、その行為について誰にも責任をとらせることができない。委員会は、世評という点でも、集団に対する世評を被るだけである。その構成員は、集団への評価を自分への評価と同一視する傾向があるとしても、それ以上には世評を実感しない。そうした実感は、集団が永続的で本人がその集団に良きにつけ悪しきにつけ執着しているのであれば、かなり強いことが多いけれども、近年では職歴が変わりやすいために、そうした集団精神が形成される時間的余裕がない。あったとしても、常勤下級職といった低い地位の場合だけである。というわけで、委員会は行政の仕事に適した手段ではない。行政の仕事の中でそれが唯一許容できるのは、大臣一人に完全な裁量権を与えると、別の理由のために事態がいっそう悪くなる場合だけである。

他方で、これも経験が教えている原則だが、助言者が多ければその中に知恵があるし、いつも自分や誰か一人の助言者だけの知見しか用いないのであれば、自分自身の関心事についても、ましてや公

---

〔1〕　ベンサム『スコットランド改革論』(一八〇八年刊)。

的な関心事でも、人は正しい判断をめったにしない。この原則と先に述べたこととは、必然的に両立不可能というわけではない。一人に実効的な権限を与えて全責任を負わせつつ、その人に対して、必要とあれば、自分が述べる意見にだけ責任を負う助言者たちを提供するのは容易である。

行政府の省庁の長は、たいていは政治家にすぎない。善良な政治家ですぐれた人物であるかもしれない。これが通例でないとすれば、政府は不出来ということになる。しかし、この人物の一般的能力や、社会の全般的利益について持っているはずの知識は、まれな偶然を除いては、長として任命された省庁に関する十分で専門的と言えるような知識をともなってはいない。したがって、専門的な助言者をあてがう必要がある。経験や知識だけで十分であり、精選された一人の人物に専門的助言者に求められる諸々の資質がまとまって存在している場合(たとえば、法務官の場合のように)は、目的全般のためにそのような人物一名と、細目に関する知識を提供する事務職員たちがいれば、必要は十分に満たされる。しかし、大臣が誰か一人の有能な人物に相談し、事柄に通じていないときはその人物の助言に全面的に従って行動する、というのでは不十分な場合の方がずっと多い。多様な意見にときたまではなく恒常的に耳を傾け、助言者集団の論議で自分の判断を研ぎ澄ますことが、しばしば必要になる。これはたとえば、陸海軍の業務にはとりわけ必要である。したがって、陸軍大臣や海軍大臣には、またおそらく他の役職者の場合も、少なくとも両省内で最も有能で経験のある専門家たちを構成員とする諮問会議をあてがうべきである。政権が代わる中でこの目的のために最善の人員を確保する手段として、会議構成員は常任とするのがよい。つまり、海軍大臣と同じように自分を任命した内閣が辞職するときには辞職する、とはしないということである。ただし、通常の昇進経路を通じてではなく選任によって高い職位に抜擢された者は全員、再任命がない限り、一定期間しか地位にとどまれないようにしておくのが適切なルールである。イギリス陸軍の参謀の任命に関する現行ルールのようにである。このルールによって、終身の任命ではないために金銭絡みの地位利用がやりにくくなるし、同時に、職にとどめておくのに値しない人物を誰の感情も害することなく辞めさせ、死亡による空きや任意退職でもなければ入り込む余地がなさそうなところに、高い資質をそなえた若手を取り込む手段が得られることになる。

諮問会議は、最終的決定は大臣本人だけに委ねるという意味で、諮問機関にとどまるべきである。とはいえ、諮問会議は、取るに足らないとか大臣の好き勝手になるとみなされるべきではないし、構成員自身もそう思ってはならない。助言者が相手にするのは精力的でおそらく頑固でもある人物だから、助言者は意見を表明しなければ必ず信用失墜せざるをえないようにしておくべきだし、大臣の側も提言は採否にかかわらず傾聴し顧慮せざるをえないようにしておくべきである。長とこの種の助言者との間にあるべき関係を非常に正確に反映しているのが、インドの総督諮問会議や諸々の長の下に置かれた諮問会議の構成方式である。これらの諮問会議は、インド事情に関する専門的知識を持つ人々から構成されている。そうした知識を総督や長は持っていないし、それをこの人たちに求めるのは望ましいことでもない。通例では、諮問会議の全構成員が意見を述べてよいことになっている。もちろん、十中八九は黙ってうなずいているだけではあるが。とはいえ、意見の相異があれば、構成員全員が自分の意見の理由を記録に残すことが選べるし、それが不変の慣行にもなっている。総督や長の側も同じことをする。通常の場合は多数意見に即して決定が行なわれるので、諮問会議は統治機関の中で実質的役割を担っている。しかし、総督や長が適切と考えれば、その理由を記録に残した上で、全員一致の意見でも退けてよいことになっている。その結果として、長の立場にある人は、統治機関のあらゆる行為に関して個人として実際に責任を負うことになる。諮問会議の構成員は、助言者としての責任だけを負う。ただし、各人が何を助言したか、助言に付した理由は何かは、提出可能な記録資料になっていて議会や世論が要求すればいつでも提出されるので、常時わかるようになっている。他方で、諮問会議の構成員は、威厳のある地位でもあり外見上は統治機関のあらゆる行為に関与しているために、公的業務に献身しそのあらゆる行為について熟慮を経た意見を形成し表明することにも、全責任が自分たちにある場合とほとんど変わらないほど強い意欲を持っている。

行政業務のこうした最高水準の進め方は、目的に対する手段の適合が最も成功した事例の一つである。政治史上、こうした事例は、才知と工夫が尽くされた諸事業の中でもさほど多くは示されたことがなく、むしろこれから示されるべきものである。この進め方は、東インド会社の統治経験によって政治技術が拡充していった中で習得されたものの一つである。それはおそらく滅亡の運命にある。インドがイギリスに残してくれている他の賢明な工夫の大半や、状況や素材を考えれば本当に驚異的な形で達成された相当程度のよい統治と同じようにである。これらはいずれも、世間の無知と政治家の僭越な虚栄に振り回されてインド統治の伝統が全滅する中で、滅亡していくのだろう。すでに、諮問会議は統治機構にとって余計で費用のかかる邪魔者だとして、廃止せよと声高に主張されている。他方で、専門家行政の廃止もかなり前から主張されており、社会の最上層での支持を日々増やしつつある。この専門家行政が諮問会議を構成する人々を育成し、これがあることで諮問会議の価値は唯一保証されていたのにである。

民主政的国制の場合のよい統治に関する非常に重要な原則は、民主的選挙で行政官を選任しないことである。国民自身の投票も代表者による投票もすべきではない。統治の業務はすべて、熟練を要する仕事である。これに従事するには、特殊で専門的な資格要件があり、その要件が満たされているかどうかの適切な判断を下せるのは、自分でも要件の一部を満たしているか何らかの実務経験がある人だけである。公的職務に就くのに最適の人物を探す仕事は、たんに志願者の中から最良の人物を選ぶばかりでなく、絶対的にも最良の人物を見つけ出し、また、必要となったときに探し出せるよう、出会いの機会があった中でめぼしい人物全員に目をつけておくことでもある。これは非常に骨が折れる仕事であり、繊細で非常に念の入った鑑識眼が必要である。しかも、全般的に一番うまくいっていない公的仕事なので、省庁の幹部職員に特別な義務を課して最大限可能な個人的責任を負わせることがこれほど重要な仕事は他にない。何らかの公開競争で任命される以外のすべての下級職員は、勤務先省庁の大臣の直接責任で選任すべきである。首相以外の大臣を選任するのは、当然のことながら首相である。首相本人は、君主政の統治体制の場合、実際上は議会が指名するが、正式に任命するのは国王ということになる。罷免すべき下級職員を罷免する権限は、任命を行なう公職者だけが持つべきである。ただし、そうした罷免は、個人的不祥事の場合を除いて、頻繁であってはならない。なぜなら、大臣が自分の好き勝手に、あるいは自分の政治的利益の増進をめざして別の誰かを任命するために、何の落ち度がなくてもいつでも職員を罷免できるのであれば、公務の細々とした事柄一切の処理担当者であって資格要件の公的重要性が大臣に比べてはるかに高い職員集団について、職務に献身してくれるだろうと期待したり、大臣がしばしば全幅の信頼を置かねばならない知識や技能を身につけているだろうと期待したりしても、それは無理な話だからである。

民主的選挙による行政官の任命を不可とする原則は、共和政の統治体制の場合、行政の長に関しては例外とすべきだろうか。アメリカ憲法は、四年に一度、国民全体で大統領を選挙することを定めているが、これはよい規定だろうか。難問である。アメリカのようにクーデタを心配する必要がない国では、憲法で行政の長を立法部から独立させ、統治体制のこれら二大部門の選出母体と責任を負う相手のいずれも国民全般としながら、実効的な相互牽制をさせることは、たしかに多少の利点はある。この方式は、巨大権力を同一部分に集中させるのを慎重に避けるのに適合しており、その点がアメリカ連邦憲法の顕著な特徴になっている。とはいえ、今の場合、利点のために支払われている代償は、妥当と評価できる程度を超えている。共和国の首長は、立憲君主国の首相の実質的な任命方法と同じように、代表者議会によって明示的に任命される方がはるかによいように思われる。まず第一に、このように任命された人物は、非常に卓越していることが確実である。この場合、議会の多数党が自分たちのリーダーを選ぶのが普通である。選ばれた人は政治の世界ではつねに一流の人物であり、超一流であることも多い。他方、合衆国大統領は、共和国創設者の最後の一人〔2〕が姿を消して以来ほとんどつねに、無名人か、あるいは高い知名度を得ているとしても政治以外の分野で有名だった人物である。これは、すでに論じたように〔3〕偶然ではなく、状況の自然な帰結である。党内で際立っている人物は、全国規模の選挙では最有力候補にならない。際立った人物というのは誰でも個人的な敵を作っているし、特定地域や特定階層にとって不快で得票数に致命的影響を与えるようなことを行なったり、あるいは少なくともそのような意見を公言したりしている。ところが、前歴のない人物であれば、何も知られていないし、党の主張しか公言していないので、容易に党全体の実力に相応した票を獲得する。もう一つの重要な問題点は、絶え間のない選挙活動という大きな弊害である。国家の最高の地位が数年ごとの民主的選挙で与えられる場合、選挙と選挙の間の時間すべてが、実質的には集票活動で費やされる。大統領、閣僚、政党の指導者や支持者たちの誰も彼もが、選挙運動家となる。社会全体の注目は政治家の人柄ばかりに釘付けになって、公的な問題はすべて、それ自体としての重要性よりも、大統領選挙への予想される影響を意識して議論され決定される。仮に、党派精神を公的事柄における支配的な行動原則にしようとする気持ちを起こさせ、また、すべての問題を党派的問題にするばかりでなく党派創設の根拠にまでする目的で問題を提起してやろうという気にさせる仕組が考案されていたとしよう。その場合、この目的にとって、大統領選挙にまさる格好の手段を考え出すことは難しかっただろう。

イギリスの首相は代表者議会の投票にまったく依存していて、それで不都合はないけれども、いついかなる場合でも行政の長には同様の依存が望ましい、とまで断言するつもりはない。こうした依存

〔2〕　第四代大統領ジェイムズ・マディソン（一七五一―一八三六）。一八〇九年から一八一七年まで在職した。

〔3〕　本書第七章、一二五頁。

を避けるのが最善だと考えられる場合には、行政の長は議会によって任命されるにしても、議会の投票に左右されずに一定期間、職にとどまれるようにしてもよい。これは、アメリカの仕組から、民主的選挙とその弊害を差し引いたものになるだろう。他にも、自由な統治の本質と両立する範囲内で、行政の長に立法部からの独立性を与える方法がある。行政の長は、イギリスの首相が実際にそうであるように、議会を解散し国民に訴える権限を持っていれば、議会の投票に不当な形で左右されずに済む。不信任投票で解職されることはなく、辞職か解散かの二者択一に迫られるだけで済む。議会解散権は、私の考えでは、行政の長の在職期間を固定しておく仕組がある場合でも、行政の長に持たせておいた方がよい。大統領と議会との間で生じた争いにおいて、両者のいずれも数年間にわたって相手を取り除く法的手段を持たないために、以後の政治が手詰まり状態になる、という可能性はあってはならない。その期間を通じて、いずれの側あるいは双方がクーデタを企てたりしないためには、[4]ほとんどの国民も示したことがないほどの自由への愛と自己抑制の習慣との結びつきが必要である。しかも、こうした極端な事態が回避されたとしても、これら二つの権力部門が相手の動きを封じ込めたりはしないだろうと期待するのは、激烈きわまりない党派抗争の激情や興奮に動じない双方の忍耐と妥協の精神が、一国の政治生活につねに行き渡っている、と想定することに等しい。そうした精神は存在する場合もあるだろうが、しかしたとえ存在していても、それを試しすぎるのは無謀である。

国家の特定の権力(といっても執行権力だけに可能なことだが)に、いつでも任意に新議会を招集する〔解散総選挙をする〕自由を持たせるのが望ましい理由は他にもある。競い合っている二つの政党のどちらがより強い支持を得ているのか、実際に不明なときには、この点を直ちに確かめ決着をつける憲法上の手段が存在していることが重要である。この点が解決していないと、他の政治課題に適切な注意が払われる可能性はない。その間はほとんど、立法や行政の改善という目的にとって空白期間になってしまう。いずれの政党も、未決着の争いに直接間接の影響を持つ人々の反対を煽り立てそうなことをする力が自分にある、という自信を持てない。

巨大な権力が最高為政者に集中していて、しかも、自由な制度への愛着が国民の大半で不十分なために、最高為政者が憲法を蹂躙して主権を簒奪する企てに成功しそうな場合については、ここまでの議論では考慮に入れていない。こうした危険が存在するのであれば、議会が一回の投票で私人に降格できないような最高為政者を立ててはいけない。このように最高為政者が議会に完全に依存するよう憲法で決まっていても、これですら、あらゆる信託違反の中で大胆不敵で不当きわまりない信託違反が助長されている状況では脆弱な予防手段でしかない。

統治にかかわる全官職の中で、任命に民主的選挙が関与することに最も反対すべきなのは、裁判官である。専門的資質に関する大衆の判断がこれほどまでに適さない官職は他にないし、絶対的な中立性と政治家や政治家の派閥との結びつきを免れていることがこれほど重要な官職も他にない。ベンサム氏をはじめ一部の思想家たちの意見では、裁判官は民主的選挙で任命されない方がよいとする一方で、裁判官の担当地域の人々は、十分な経験を積んだ後であれば、自分たちの信任を撤回する権限を

〔4〕　一八五一年にフランスで、大統領のルイ・ボナパルトがクーデタを起こしたことが、念頭に置かれている。

持つべきだとしている。重大利益を委ねている公職者を解任できないことが、それ自体として害悪であるのは否定できない。刑事法廷に立たせてよいほどの不正がなくても、悪質な判事や無能な判事を解任できないのは望ましくないし、これほど多くを左右する公職者に、世論や本人の良心に対して以外に自分には責任がないと思わせるのも望ましくない。とはいえ、問題は、裁判官という特異な地位の場合、公正な任命を確保するためにあらゆる対策が講じられているのであれば、本人の良心や社会全般の良識に対してだけ責任を感じさせておく方が、政府や民主的投票に対して責任を負わせるのと比べて、不正行為の傾向が少ないのではないか、ということである。政府に対する責任に関しては、その通りであることがかなり以前からはっきりしているし、また、選挙人の投票に対して課せられる責任についても、同じことがまったく同程度にあてはまる。冷静さと不偏不党という、裁判官には義務として求められる資質は、選挙民の望ましい資質には数えられていない。これらは幸いにも、民主的選挙の介入が自由にとって不可欠となる場合でも、求められている資質ではない。正義という資質はすべての人間に必要であるし、したがってすべての選挙人にも必要だとはいえ、これですら民主的選挙の方向を決める誘因ではない。議員選挙で正義と不偏不党が必要な度合は、人間同士のあらゆるやりとりで必要になりうる度合に比べると、かなり低い。選挙人がすべきなのは、候補者のうちの誰かが受け取る権利を持っているものを与えることではないし、競争している候補者たちの一般的な長所を判定することでもなく、候補者のうちの誰に自分たちの個人的信頼を最も寄せているのか、誰が自分たちの政治的信念を最もよく代表しているのかを宣言することである。裁判官は、自分の政治的仲間や最も親しい知人でも、他の人々とまったく同等に扱わなければならないが、選挙人がそれと同じことをしたら理にかなわない行動であるし、責務を果たしたことにもならない。世論の道徳的力が有益な効果を及ぼすという点を根拠にした議論も、他のすべての公務員の場合は成り立つとしても、裁判官に関しては成り立たない。なぜなら、この点ですら、裁判官の職務にふさわしい裁判官の手続の進め方を有益な形で実際に統制しているのは、社会全般の意見ではなく（政治的事案では例外もときにはあるが）、裁判官の行為や資質を唯一正当に評価できる公共的な性質の意見、つまり、裁判官本人の内心の法廷だからである。

司法の仕事への公衆一般の参加が重要でない、と私が論じていると理解されては困る。それはこの上なく重要である。しかし、どんな参加がよいのか。陪審員として裁判の仕事で実際の役割を果たすことによってである。これは、政治では事例が少ないけれども、国民が代表者を介するよりも直接に自分自身で行動した方がよい事例の一つである。また、人が権限の行使で犯すかもしれない誤りについて、責めるよりも我慢で済ませられる、ほとんど唯一の例でもある。〔5〕もし、民主的投票で裁判官を解職できるならば、裁判官を辞めさせたいと思う人は誰でも、その目的のために、裁判官本人が下したあらゆる判決を材料に利用するだろう。実行可能と思える限りで、判決すべてを引っ張り出して世論に不当な形で訴えるだろう。その世論は、問題の事案を知らないために、あるいは、耳にしたことはあっても司法上の審査にあるべき慎重さや不偏不党性を欠いている

〔5〕「我慢で済ませられる」という陪審擁護論は、法文化の異なる日本では違和感があるかもしれないが、ミル独自の主張ではなく当時のイギリスの国民的コンセンサスだったようである。

ために、まったく不適任であるにもかかわらずである。大衆の情念や偏見が存在すればそれにつけこみ、なければ焚《た》きつけるよう努力するだろう。こうしたことは、事案が興味深いもので苦労をいとわずに取り組むのであれば、間違いなく成功する。当の裁判官やそれに味方する人々が反対側から同じように強力な訴えをしない限り、そうなるだろう。結局のところ裁判官は、一般的利益に影響しやすい事案で自分が下すあらゆる判決は自分の職位を危うくするものであって、重要なのはどんな判決が正当かを考慮することよりも、何が大衆から最も賞賛されるのか、あるいは少なくとも悪い印象を受けずに済むかを考慮することなのだ、と感じるだろう。アメリカで新規に制定ないし修正された一部の州の憲法は、裁判官を定期的な民主的選挙の対象にすることを実行に移したが、[6]これは民主政が今までに犯した最も危険な誤りの一つになるのではないかと私は憂慮する。アメリカ合衆国の国民にまったく欠けているわけでもない実務的な良識が、さほどしないうちに、この誤りを撤回する方向での反作用を生み出すだろうと言われているが、もしそうならなかったならば、現代の民主政的統治における最初の大きな退歩とみなしても仕方ないだろう。*

*〔原注〕ただし、聞くところによれば、裁判官選挙制を導入した諸州では、選択は州民自身ではなく政党リーダーによって行なわれていて、選挙人は政党の推す候補者以外を考えることはなく、実際に選出されるのは、仮に大統領や州知事が任命した場合でも同じになるような人物であるのがふつうだとのことである。というわけで、望ましくない一つの慣行が別の望ましくない慣行を是正していることになっている。党派の旗印の下で一団となって投票するという習慣は、選挙人の役割が国民に正しく付与されているどんな場合でも害悪に満ちたものではあるけれども、選挙の対象となる公職が国民によってではなく国民のために選出されるべきものである場合には、より大きな害悪を軽減する傾向を持つ、ということである。

公的業務の恒久的な力となっている重要な大規模集団の構成員は、政治の変化で異動することはなく、経験と慣行によってどの大臣でも補佐し続け、業務上の知識を大臣に伝え、大臣の一般的統制の下で細々とした業務を遂行している。要するに、彼らは職業的な公務員の集団であり、他の職業と同じように、人生を歩んでいく中で徐々に昇進していくことを期待しながら、若いうちに就職する。こうした人々に関しては、明確で立証された重大な不祥事でもない限り、解職したり、以前に行なった仕事に対する報酬全部を没収したりすることは、明らかに許されない。法律に従わせるだけで是正できるような職務不履行は、不祥事にはもちろん含まれない。含まれるのは、故意の職務放棄や、信任された職務の目的という点で信頼の裏切りを意味しているような行為である。だとすれば、個人として罪を問われる行為の場合を除けば、年金は支給するという条件を残して辞職させる以外に方法はないから、まず最初の段階できちんとした任用をしておくことが最も肝心である。そこで、どんな任用方式がこの目的を最もよく達成できるかが、検討課題ということになる。

初任の場合は、選考担当者の側の専門的な技能や知識の不足の心配はほとんどないが、偏りや私的ないし政治的な利害から生じる多くの危険が憂慮される。ふつうは、職業について学習済みではなくこれから学んでもらうために、成人になりたての時期に任命されるので、最善の志願者を見分けるこ

〔6〕 一八三〇年代のジャクソニアン・デモクラシーの時期、ミシシッピー、ジョージア、メリーランドなど大半の州で裁判官の公選制が導入されていた。

とのできる唯一のものは、一般教養の通常科目における習熟度となる。この点の確認は、試験担当者に必要な手間をかける覚悟と求められている公平さがあれば容易にできる。この両方のものを大臣に期待するのは無理である。大臣は、推薦状を全面的に頼りにせざるをえないし、自分自身の選挙に影響力を持つ人物や、自分が所属する内閣を政治的に支持してもらうことが重要な人物の依頼を断われない。こうしたことの考慮から、新規任用の全志願者に対する公開試験の実施が取り入れられたのである。試験の実施担当者は、政治にかかわっている人たちでなく、オックスフォードとケンブリッジの両大学の優等試験〔7〕の担当者と同種同等の人たちである。これはどの制度の下でも、おそらく最善の方式だろう。また、イギリスの議会制統治体制の下では、公正な任用の可能性とまでは言わないものの、人目をはばからない目に余るような不正は控えさせる可能性を担保する唯一の方式である。

試験は競争試験とし最高成績の者を任用することは、絶対不可欠である。たんなる水準認定試験では、結局のところ、完全な成績不良者以外は除去できない。試験担当者の頭の中に二つのうちのどちらにするかという問題があるとしよう。一つは、一個人の将来を閉ざしてしまうこと、もう一つは、具体的な一例だけでは最高度の重要性を持つようには見えない、そうした公的責務の不履行〔8〕である。さらに、前者をすれば間違いなく厳しく非難されるが、後者をしたかどうかは誰にもわからないか誰も気にしないのがふつうだとしよう。重心は、よほどの変わり者でない限り、甘い方向に傾く。一つの例で緩みが生じると、別の例でも緩くしろという要求が定着してくる。これに抵抗することは、甘い扱いをくり返すごとにいっそう難しくなる。一連のこうしたことのそれぞれがその次の先例になり、合格水準は徐々に、情けないほどまでに低落していく。オックスフォードとケンブリッジの二大大学では、普通レベルの学位試験の要求水準は一般的に緩やかであるけれども、それと対照をなすように、優等試験の要求水準は厳しく手強い。一定の最低水準を超えてやろうという気にさせるものがないと、その最低水準が最高水準になってしまうのである。それ以上はめざさないことが全般的な慣行になり、また、自分のめざすところに到達しきれない者が出てくる場合はいつでも、水準をどれほど下げてもその水準に達しない者が何人かは必ず出てくる。逆に、多くの志願者の中で最もすぐれた者が採用され、合格者が成績順に並べられれば、それぞれが最善を尽くすよう刺激されるばかりでなく、教養教育の影響が全国の至る所で感じられるようになる。こうした競争試験で上位を占める生徒を送り出すことが、どの学校教師にとっても目標になるし、国として全国の教育機関の質向上のためにできる方策はこれ以外にほとんどない。

公務員採用のための競争試験という原則は、イギリスでは最近導入されたばかりで、まだ不完全にしか実施されておらず、インド行政が完全実施のほとんど唯一の事例であるけれども、すでに中流階級向けの教育の現場では、目に見える効果が生じ始めている。競争試験原則が直面した諸々の困難にもかかわらずである。それらの困難は、イギリスの教育の不名誉なほど劣悪な現状に由来しており、競争試験そのものによって白日の下にさらされたのである。志願書提出資格を与えてくれる大臣推薦

〔7〕専門的で高度な水準に達していることを認定する試験、水準に達した学生には優等学士学位が与えられ、この水準に達していない学生には普通学士学位が与えられる。

〔8〕採点を不当に甘くすること。

を受けた青年たちは、学業水準があまりに情けない状態であることが判明しているので、こうした志願者を対象に競争試験を実施しても、たんなる水準認定試験以上に、非常に悲惨な結果になってしまう。なぜなら、水準認定試験の場合はさすがに、一人が他の志願者よりも実際にすぐれていると判明すれば十分、というところまで合格条件を下げようとは誰も思わないからである。こういうわけで、伝えられているところでは成績は全般的に毎年低下していて、前年の試験結果が目標達成のためにさほど頑張らなくてもよかったことを示しているために、努力の度合も下がっているそうである。一部には努力のこうした減少のために、また一部には、事前推薦を要件としない試験の場合ですら、故意の情報不提供によって競争者の数をごくわずかに絞り込んでいるために、すぐれた習熟度を示す例はつねに少数はあるものの、合格者名簿の下位部分はきわめて凡庸な学習成果しか示していない、という事態が生じている。また、試験委員たちの言うところによれば、不合格者のほぼ全員の不合格理由は、上級科目ではなく書き取りや算術といったごく初歩的な基本がわかっていないことだそうである。

これらの試験に対しては一部の言論機関から抗議が向けられているが、遺憾ながら言えば、声を張り上げている人々の良識も善意もほとんど賞賛に値しない。抗議に続く議論の一部は、実際のところ、試験不合格を現実にもたらしている知識不足についての不正確な見方である。過去問として示せる中で最高の難問*が強調的に引き合いに出されて、こうした問題すべてにまんべんなく解答することがあたかも合格の必須条件であるかのように見せかけられるのである。しかし、飽き飽きするほどまでくり返し言われているように、こうした問題が出されるのは誰もが解答することを期待してのことではなく、誰であれ解答できる人がその点で知識があることを証明し活用する手段を与えるためにである。

こうした機会が提供されているのは、不合格の理由づけのためにではなく、合格のための追加手段としてなのである。

＊〔原注〕ただし、必ずしもつねに最高の難問というわけでもない。なぜなら、競争試験に対して庶民院で最近行なわれた批判は、代数・歴史・地理のほとんど初歩的な設問を、試験委員たちが乱暴にも要求した高度の学識レベルの法外さを示す証拠として引き合いに出すほど、素人丸出しのものだったからである。

それでは、ということで次に問われるのは、このような試験問題で想定されている類いの知識は、志願者が目的を達成した後でも、本人に役に立つと考えられているのか、ということである。どんな知識が有益かは、人によって意見が大いに異なっている。大使館員や政府職員には英語の綴りがよくできても役に立たないと考える人も実際にいるし、前外務大臣もその一人である。反対論者たちが全員一致しているように思われる一つの点は、こうした職務では、他の知識はどれも有用であるとしても、一般教養は役に立たないということである。しかし、一般教養がもし役に立つのであれば（私はそう思うのであるが）、あるいはどんな教育にせよ一応は役に立つのであれば、その点での教育成果があるかどうかを最もよく示してくれそうな試験で志願者を試験せねばならない。きちんと教育されているかどうかを確かめるために、たとえ任用される仕事に直接関係しなくても、きちんと教育されていれば知っていそうな物事について出題する必要がある。まともに教えられている教科が古典と数学しかない国で、古典や数学の出題に反対している人々は、自分たちだったらどんな出題をすると言うのだろうか。とはいえ、これらの出題に対してばかりでなく、これら以外の出題に対しても、等しく反対の声があるように思われる。試験委員たちは、グラマースクール〔9〕の定番教育を受けてこなかった者や、グラマースクールで何か別の重要な知識を教えられて知識の狭さを補なってもらった者にも門戸を開こうと熱心だが、この試験委員たちが実際に有用な別教科での熟達に得点を認めるとなれば、それに対しても非難の声が上がる。完全な無知を無試験で合格させること以外に、反対論者は満足しないのだろう。

クライヴ〔10〕もウェリントン〔11〕も士官学校の志願者用に作られた試験には合格しなかっただろう、と得意げに議論する人もいる。クライヴやウェリントンは要求されていなかったことはしなかった、ゆえに、それを要求されてもできなかっただろう、と言わんばかりの議論である。こんな知識がなくても偉大な将軍にはなれると言いたいだけなのであれば、偉大な将軍にとって非常に有益な知識は他にもたくさんあるけれども、それらがなくても偉大な将軍にはなれる、と言っておこう。アレクサンダー大王はヴォーバンの法則〔12〕を知らなかったし、ユリウス・カエサルはフランス語を話せなかった。

さて、その次の議論はこうである。本の虫――ごくわずかでも本から得た知識の匂いがついていると誰であれつけられそうなあだ名だが――は身体を動かす訓練が苦手だろうし、ジェントルマンの体質を持っていないだろう。これは、上流階級の中の頭のよくない人たちの常套句である。しかし、頭のよくないこの人たちがどう思っても、ジェントルマン的な体質や身体能力は彼らの独占物ではない。これらのものが必要な場合はいつでも、精神的資質を排除するのではなく精神的資質に追加する形で、その有無を調べ別途に調達すべきである。ところで、信頼できる筋の教えるところによれば、ウリッジの陸軍士官学校では、競争試験で採用した士官候補生は、これらの点でも他の点でも、以前の推薦方式で入学許可した者よりもすぐれていて、軍事教練での習熟もより迅速だという。なぜなら、まったく予想通りのことだが、賢い生徒はそうでない生徒よりも、すべてに関して学習が早いからである。また、品行全般についても以前の生徒よりも良好で、学校当局は、以前の影響が残っている最後の生徒たちが姿を消す日の到来を心待ちにしているそうである。もしこの通りであれば、また、その確認が容易であれば、軍人職にとって、ましてや他の専門職にとって、無知は知識以上に適性のある資質だとか、どんなすぐれた資質でも、外見から見ても教養教育と少しは関係がありそうなものでも、教養教育なしで育成できるだろうといった声は、すぐに途絶えるだろうと期待できる。

政府の仕事への初任の場合は競争試験で決められるとしても、その後の昇進を同じように決めることは、大半の場合、不可能だろう。現時点で通常行なわれているのと同じように、年功制と選抜を混合した方式が適当だと思われる。日常の定型的業務を職務とする者は、この職務だけで到達可能な最

〔9〕中等教育を担う学校、同じ中等教育学校でも、エリート養成に特化したパブリックスクールとは区別される。
〔10〕ロバート・クライヴ（一七二五―一七七四）はイギリスの軍人。インドのプラッシーの戦いでイギリス軍に勝利をもたらした。
〔11〕ウェリントン公（一七六九―一八五二）は、ナポレオンのフランス軍をワーテルローで破ったイギリス軍指揮官。
〔12〕ヴォーバン（一六三三―一七〇七）は一七世紀フランスの軍人で要塞の建設や攻撃術などで知られている。「法則」とは、要塞の弱点に集中砲撃を加えた上で、塹壕を掘って郭壁に迫る戦術をとるべきとするもの。

高職位まで年功で上がっていくのでよいだろう。他方、特殊な信任を受け特別な能力を必要とする業務担当者は、省庁の長の裁量で職員集団の中から選抜するのがよいだろう。この選抜は、新規任用が公開競争によるものであれば、省庁の長によってたいていは誠実に行なわれるだろう。なぜなら、この制度では、省庁の長の下にある人員配置体制は、官職上の結びつきを除けば赤の他人でしかないような諸個人で構成されるのが普通だからである。省庁の長や、その政治的な仲間や支持者たちと利害関係でつながっている人物がいたとしても、それはときたまのことでしかなく、また、こうした結びつきの利点だけによるのではなくて、さらに、新規採用時の試験で確認できる限りでは、本当にすぐれている点で他の採用者と少なくとも同等の場合に限られている。こうした任命で不正をしようとする非常に強い動機がある場合を除けば、最適人物を任命する強い動機がつねに存在する。なぜなら、そうした人物であれば、省庁の長のために最も有益な助力を与え面倒な問題を最も手際よく片付け、公的業務を良好に処理しているという評判を打ち立てるのに最大の助力を与えてくれるからである。直接的に役立っている資質のどれほど多くが自分の部下の資質であるとしても、こうした評判は当然にも、また適切なことでもあるが、長の信用に還流してくるわけである。

第一五章　地方の代表機関について

一国の公的業務のうち、中央の諸機関が適切に遂行できるのは、あるいは遂行しようと企てて問題にならないのは、ごく一部にすぎない。ヨーロッパの中で最も集権化していないイギリスの統治体制ですら、統治機構のうち少なくとも立法部は、地方の諸問題に過剰に関与しており、他のもっと適切な対処手段があるはずなのに、細々とした問題の処理のために国家の最高権力を動かしている。膨大な量の個別案件にかかわる仕事〔1〕が議会の時間と個々の議員の思考を占めてしまい、一国の重要な審議機関が本来専念すべき事柄から議員たちの注意をそらしている。思想家や観察者の誰もがこれを深刻な弊害と感じているが、困ったことに増大しつつある。

政府活動の適切な限界という、代議制統治に特有というわけではないこの重要問題について詳細に論じることは、本書の限定的な意図にはそぐわないだろう。政府活動の範囲を決定すべき原則に関して最も本質的と思われる点については、私は別のところで論じている。*

＊〔原注〕『自由論』〔一八五九年刊〕の最終章を参照。また、より詳細なものとして『経済学原理』〔一八四八年刊〕の最終章を参照。

〔1〕特定の個人・法人・地域に適用が限定される私法律案の審議などを指すものと推測される。

ただし、大半のヨーロッパの政府組織が行なっている業務から、公的機関が担当すべきでない業務を取り去ったとしても、その後には、分業原理という根拠だけからしても中央機関と地方機関による分担が欠かせない大量かつ多様な職務が依然として残る。純粋に地方的な職務を行なう別立ての行政職員(どの統治体制の下でも存在する程度の分業)が必要であるし、さらに、これらの行政職員に対する民主的統制が有益な形になるのは、別立ての機関によって行なわれる場合に限られる。行政職員の新規任用、彼らに対する監視と統制の役割、業務遂行に必要な経費の支出や出費抑制の指示といった任務は、全国レベルの議会や執行部ではなく、地域住民に委ねるべきである。ニューイングランドの一部の州では、今でも、住民集会がこの役割を直接果たしている。予想以上の好結果だと言われており、これらの教育程度の高い社会は、地方統治のこの原始的方式に大いに満足しているので、これを、人々がよく知っている唯一の代表制——あらゆる少数者の選挙資格が無意味になるような代表制——に代えたいとは、誰も思っていない。とはいえ、この直接方式を実際にほどよく機能させるには上記のような特異な環境が必要なので、たいていの場合は、地方業務対応の代表制地方議会という方法に頼らねばならない。こうした制度はイギリスに存在してはいるものの、非常に不完全であり、きわめて変則的で体系性を欠いている。他の国では、民主政的統治の性格ははるかに薄いとしても、仕組としてはずっと合理的になっている場合もある。イギリスでは、いつでも自由は多いが組織の出来が悪い。ところが、他国では、組織の出来はよいが自由が少ないのである。というわけで、全国レベルの代表制に加えて、地方レベルの代表制も必要である。そこで、次に解決しなければならない問題が二つある。地方の代表制議会をどのように構成すべきかという問題と、その役割の範囲はどうあるべきかという問題である。

これらの問題を考察する際には、二つの点について同程度に注意する必要がある。地方の業務それ自体はどのようにしたら最善に処理できるのかという点と、どのようにしたら公共精神の育成と知性の発展に最も役立てるような業務処理ができるかという点である。私は本書の最初の方で、自由な制度の作用には市民の公的教育と呼べる一面があり、これが重要であることを、私の確信の強さを最大限に表わす言い方で力説しておいた〔本書第三章〕。地方行政の諸制度こそ、この作用をもたらす主要な手段なのである。国民の大多数は、陪審員として司法に参加することを除けば、社会全般にかかわる業務の遂行に自分自身で直接に関与する機会をほとんど持たない。国レベルの議会選挙と次の議会選挙との間で個々の市民が政治全般に参加するといっても、せいぜい、新聞を読むか新聞に投稿する場合もあるかもしれないといった程度のことや、公的集会に顔を出したり公的機関に対して種々の陳情をしたりといったことに限られる。これらのさまざまな特権が自由を確保し幅広く陶冶を行なう手段として重要であることは、どう強調しても誇張にならないほどではあるけれども、これらによって与えられる訓練は行動と言うよりも思考に関するもので、しかも、行動の責任がともなわない思考の訓練であり、大半の人々にとっては、他の誰かの思想を受動的に受け取ること以上にはほとんどならない。しかし、地方機関の場合は、選挙をするという役割に加えて、多くの市民は交替で選出される可能性があり、選挙や輪番によって多くの人々があれこれの多くの地方行政職に就くことになる。人々はこうした立場にあれば、公的利益のために、考えたり発言したりというだけではなく行動しなければならないし、考えることをまるごと誰かに代理してもらうわけにもいかない。地方でのこうした役職には、上流階級は積極的でないのがふつうであり、重要な政治教育の手段として社会のもっと下層の部分に回される、という点も付言してよいだろう。このように、国家の全般的業務に比べて地方の仕事では、精神的訓練が重要な特徴となるし、行政の質に左右される死活的に重要な利益といったものもないので、精神的訓練の面をいっそう重視してよいし、国全体の立法の問題や帝国レベルの業務遂行の場合に比べて、行政の質よりも精神的訓練を優先させてよい場合がはるかに多い。

地方の代表機関の適切な構成については、さほどの困難はない。ここで適用される原則は、国全体の代表制に適用可能な原則とどの点でも異なっていない。地方の代表機関を選挙で選ばれたものとする義務があるのは、より重要な役割を持つ国の代表機関の場合と同様である。また、地方の代表機関には、国の代表機関の場合と同様にかなりの程度の民主政的基盤を与える理由が、いっそう強く働いている。国民全般の教育や陶冶という点では、危険はより少なく、利点に関してはより大きなところがあるからである。地方の代表機関の主要な責務は地方税を集め支出することだから、選挙資格は地方税の納税者全員とし、非納税者はすべて除外すべきである。これは、間接税や物品入市税がないか、あったとしても補助的でしかなく、担税者は直接税の税額査定を受ける、という前提での話である。少数者の代表は、国全体の議会と同じ方式で整備しておくべきであり、複数投票制についても同様に強力な理由がある。ただし、(イギリスの一部の地方選挙に見られるような)たんなる金銭的な資格基準にもとづいた複数投票に関しては、国全体の議会の場合に比べて地方議会の場合には、あまり決定的な反対論は存在しない。なぜなら、国全体の議会よりも地方議会では、誠実で倹約的な財政支出が職責の中ではるかに大きな部分を占めるので、金銭面での利害に関して当事者の度合がいっそう高い人々に、それに相応した影響力を許容することは、得策であるとともに公平でもあるからである。

貧民保護委員会はイギリスの地方代表制度の中で最も新しく設立されたものであるが、〔2〕この委員会には、他の選出された委員とともに、全体の三分の一以内という法律上の制限内で、その地域の治安判事が充て職〔3〕で加わっている。イギリス社会の特異な構造では、この措置が有益であることに疑問の余地はない。これによって、他の条件で集められそうな人数以上に多くの教育ある階級の人々がこの機関に確保されている。また、充て職の人数を制限しているためにたんなる数の力で支配的になることが防止されている一方で、こうした人々は他の人々とは異なった利害を持つこともあるために、別の一階級の実質的な代表者として、選挙された貧民保護官の大半を占める農場経営者や小商店主の階級利益への抑制力となっている。

治安判事だけが構成員である四季裁判所〔4〕という、唯一既存の官庁出先機関の構成については、同じようには推奨できない。治安判事の仕事ぶりによって左右されるのは、司法の業務ばかりでなく、国の行政業務における最重要部分の一部も含まれている。この機関の構成様式は非常に変則的で、選挙されるのでもなければ本来の意味で指名されているのでもなく、彼らの祖先の封建領主と同様に、実

〔2〕　一八三四年の新救貧法成立により、貧民救済行政を全国的に所管する「救貧法委員会」とともに地方機関として各地域に設立されたもので、構成員の貧民保護官は地元住民による選挙で選ばれていた。
〔3〕　一定の職位に就くと必ずそれにともなって割りあてられる別の職務。
〔4〕　年四回、各地で定期的に刑事事件や地方行政の問題処理を行なった機関。

質的には自分たちの土地所有権によって、この重要な役職に就いている。任命権は、王権（実務的に言えば、その一翼を担う州知事）に与えられているものの、この機関の信用を失墜させると考えられる人物を排除する手段として、また、ときには政治的に望ましくない側にいる人物を排除する手段として用いられるだけである。これは、イギリスに現在も残存する制度の中で、原理において最も貴族政的な制度である。貴族院よりもはるかにそうであって、なぜなら、民主的議会と連携してではなく単独の形で、公金と重要な公的利益の処理が委ねられているからである。それだけにイギリスの貴族階級はこの制度にかなり固執しているが、しかし、明らかにこれは、代議制統治の基礎となるあらゆる原則と対立している。

州の行政委員会は、充て職委員と選出された委員との混合体ではあるが、その妥当性は貧民保護委員会の場合と同様だとは言えない。なぜなら、州の仕事はスケールが大きく地方地主の関心を引き寄せる魅力的対象であるので、彼らにとっては、州選出議員として国全体の議会に選出される場合と同様に、州の委員に選出されることにも抵抗感がないからである。

地方の共通利益は、唯一絶対の規則として国全体の議会に適用するのは不適切だが、しかし、地方の代表機関に代表される地方をどう適切に線引きするかに関しては、唯一妥当で適用可能な原則である。地方の代表制を置くそもそもの目的は、同国人全体には共有されていないような共通の利益を、それを共有している人々自身で処理していくことである。地方の代表制で代表される範囲の区切り方を、そうした共通利益のまとまり以外の規則に従わせることは、この目的と矛盾する。大小を問わずどの町にも、それぞれ特有の地元利益がある。したがって、どの町も町議会を持つべきである。また、同様に明らかなことだが、どの町も持つべき議会は一つだけである。同じ町の様々な地区には、地元利益という点で重要な違いはめったにないか、まったくない。どの地区も同じことが行なわれるのを求め、同じ財政支出を求めている。教会に関してはもっぱら教区の運営に委ねるのが望ましいだろうが、これを別とすれば、どの地区でも同じ仕事をする共通の仕組を作ってよいだろう。道路舗装、街灯、水道、下水、港湾、市場規制は、同じ町のそれぞれの地区ごとで異なっていては、大きな無駄や不便が避けられない。ロンドンは六ないし七の独立した区にさらに分割され、それぞれが地方業務のための別々の仕組を持っている(いくつかの区では、区の内部でも行政が統一されていない)。そのため、地方の職責遂行に関する統一的な原則がなく、首都ロンドン全体をカバーする権限を持つ地方機関があればそれに委ねるのが最善であるような仕事を、国の政府が担当せざるをえなくなっている。こうした事態は、ロンドン市自治体という、現代の利権絡みの官職付与と古色蒼然たる装いとが合体した奇怪な虚飾を存続させること以外に、何の目的にも貢献していない。

もう一つの同程度に重要な原則は、各地方の管轄領域内では選挙による機関は一つだけとして、これが地方業務のすべてに対処すべきであって、各業務ごとに別々の機関を設けないということである。分業は、ありとあらゆる仕事を細々とした部分に切り刻むことを意味するのではない。それが意味するのは、同一人物が担当するのがふさわしい業務はひとまとめにし、別々の人物が担当した方がよい業務は別々に分ける、ということである。地方の行政職務をいくつかの部局に割り当てることは、国の場合と同じ理由でたしかに必要ではある。職務は多様であって、それぞれに専門的知識が求められており、また、職務を適切に遂行するためには、特別な資格を与えられた職員が他に気をそらすことなく注意を集中させる必要があるからである。しかし、執行部分にあてはまる細分化の理由は、統制部分にはあてはまらない。選挙された機関の仕事は、業務を遂行することではなく、業務が適切に遂行され必要な仕事のやり残しがないよう見張ることである。この役割を果たすことは、すべての部局に関して同一の監督機関で可能であるし、細々とした微視的な見方よりも総合的包括的な見方をした方が、ずっと適切になりうる。すべての業務担当者の一人一人に監督者をつけて管理するというのは、民間業務と同様に公的業務でも合理的ではない。イギリス国王の政府は数多くの省庁で構成されていて、各省庁を所管する数多くの大臣がいるけれども、各大臣にその職責を守らせるために、大臣ごとに議会が設けられているわけではない。国全体の議会と同様に、地方議会も、その地方全体の利益を考慮するという固有の任務を持っている。そうした利益を構成するすべての部分は、相互に調和していなければならないし、また、それぞれが重要性に応じた順序と比率で配慮されなければならない。

地方の業務すべてを一つの機関の下でまとめて統制することについては、もう一つ非常に重要な理由がある。民主的な地方制度において最も不完全な点であり、また、これらの制度できわめて頻繁に生じる欠陥の主要原因にもなっているのは、制度をほぼ常時担っている人材の能力の低さである。たしかに、非常に多様な人材で構成されていることは地方制度の有用性の一部ではあるし、主にそうした事情があることで、地方制度は政治的能力や知性全般の学校になっている。しかし、学校には生徒だけでなく教師もいるのが前提である。地方制度の有用性は、すぐれた精神に、それに劣る精神が接触することに大きく左右される。こうした接触は日常生活ではまったく例外的であり、その不足が、他の何よりもまして、人類の大半を自己満足的な無知のレベルにとどめている原因となっている。しかも、適切な監督を受けず内部に高い水準の人物がいないために、この集団の行動が実際に非常に多くの場合に陥っているように、構成員の無節操で愚劣な自己利益追求に堕落してしまうならば、この学校は無価値であり、善行ではなく悪事のための学校になる。ところで、社会的にあるいは知性の点で上層にある人々を、道路舗装委員会とか下水施設委員会の委員として、地方行政のばらばらになった一部分に参加する気にさせるのは、まったく望み薄である。好みからしても全国的な問題に関心を持ち、知識水準からしてもそれに対処できる人々が、たんなる地方機関の一員になって、自分たちの職務の影に隠れて利権あさりをする劣悪な連中の隠れ蓑以上の存在になるために必要な時間と研鑽をこの仕事に捧げようという気になれる対象としては、自分たちの町の地方的業務全体でもぎりぎりのところである。ロンドンでは建設担当の委員会でしかない機関が首都全体を管轄していて、その構成員は間違いなくロンドン各教区の教区委員と同階級の人物たちである。こうした人物たちが多数を占めないようにしようとするのは、非現実的であるし望ましくもない。とはいえ、地方機関独特の職責の開明的で誠実な遂行という目的であれ、国民の政治的知性の育成という目的であれ、地方機関が寄与するよう意図されているあらゆる目的にとって、どの機関にも地域住民の中で最もすぐれた人々が加わっていることは重要である。これらのすぐれた人々は、このようにして下位レベルの人々と最も有益な形の恒常的接触をするようになり、彼らから必ず得られるような地方的あるいは専門的な知識を受け取り、その代わりに、自分自身の幅広い考え方や高次元の開明された目標によって下位レベルの人々を鼓舞するのである。

たんなる集落は、地方自治体の代表制を要求する資格を欠いている。集落ということで私が言おうとしているのは、住民が職業や社会的関係の点で周辺の農村地域の住民と顕著に異なっておらず、地元の要求も周辺地域向けに作られている仕組で十分満たせるような地域のことである。そうした小さな地域は、地方議会がなんとか成り立つ程度の住民数を持つことがほとんどない。公的業務に役立つような才能や知識を持った人がいるとしても、すべてが誰か一人に集中しがちで、そのため、その人が地域を仕切ってしまうことになる。こうした地域は、もっと大きな地域に統合された方がよい。農村地域の地方代表制は、当然のことながら、地理的事情で決まるが、その際、人々の協力行動を大いに助長する共感的感情をきちんと尊重することも必要である。こうした感情は、州のような歴史的境界に即して生じることもあるし、農業地域、海運業地域、製造業地域、鉱業地域で見られるように、利害や職業の共通性によって生じることもある。

地方業務の違いに応じて、代表の母体となる地域がそれぞれ異なってくることもある。救貧行政を監督する代表制機関の最も適切な基礎は、教区連合と定められている[5]。他方で、公道、刑務所、警察にふさわしい統制の場合は、平均的な州といったもっと大きな規模でも大きすぎるということはない。したがって、これらの広大な管轄領域の場合には、どの地方に作られた代表制機関でもその地方に共通するすべての地方的関心事項に対して権限を持つべしという原則は、いま一つの原則によって変更する必要がある。つまり、地方の業務遂行のために可能な限り最高の資質を確保する重要性という、競合する考慮事項による変更である。たとえば、適切な救貧法政のためには、収税地域が現在の大半の教区連合を超えた広域にならないことが必要だと仮定しよう(私はその必要があると考えている)。これは、各教区連合ごとに貧民保護委員会が必要だとする原則である。ところが、はるかに高度の資質をそなえた人材は、平均的な貧民保護委員会の構成員よりも州の行政委員会の方が得られる可能性が高いので、この理由にもとづいて、高度なレベルの地方業務の一部は行政委員会に回した方が得策な場合もあるだろう。これまではそうせずに、それぞれの教区連合内部で独自にうまく処理していたかもしれないとしてもである。

地方業務の担い手には、統制的な委員会や地方議会の他に、執行部門もある。これに関しては、国の執行機関の場合と同じ問題が生じるが、その大半には同様の答で間に合うだろう。信託されるあらゆる公職に適用可能な原則は、実質的には同一である。第一に、各行政担当者は単独で業務を担当し、遂行を委ねられている全職務について単独で責任を負うべきである。第二に、行政担当者の任用は、選挙ではなく指名によるべきである。検査官や保健担当官や収税官が住民による選挙で指名されるというのは、とんでもない話である。このような大衆的選挙を左右するのは、たいていは、指名の当事者だと見られることがないために指名に責任を負っていない少数の地元有力者の利害だったり、あるいは、一二人の子持ちだとか三〇年も教区で納税してきたといったことに動かされる同情への訴えだったりである。この種の事例での住民による選挙が茶番であるならば、地方の代表機関による任命も望ましいものとは言えない。こうした機関には、そのさまざまな構成員の私的事業を実施するための共同出資団体になろうとする絶えざる傾向がある。任命は機関の長が、呼び名は市長であれ四季裁判

〔5〕一つの教会の構成員が居住する集落規模の地域が教区であり、それらをいくつか合わせたものが教区連合。

所の所長であれ、その他どんな肩書であれ、単独の責任で行なうべきなのである。この長は地方において国の首相に類似した立場を占めており、適切に組織された仕組の下では、地方公務員の任命と監督が、その職責の中で最も重要な部分となる。この長自身は、行政委員会によってその構成員の中から任命され、この機関の投票によって、毎年の選挙で再選されたり解職されたりする。

地方機関の構成から、次に、その適切な権限という、同じく重要でより困難でもある問題に移ることにしよう。この問題は二つに分かれる。一つは、その職責は何かである。もう一つは、地方機関は自らの職責の範囲内で全面的な権限を持つべきなのか、それとも中央政府からの介入に従うべきなのか、また、どんな介入に従うべきなのかである。

まずはっきりしているのは、純粋に地方的な業務のすべて、つまり、一つの地方にしかかかわらないことはすべて、地方機関に委ねるべきだということである。道路舗装や街灯や街路清掃、また、通常の状況では家屋の排水処理も、その地方の住民以外にはほとんど重要性がない。国民全般がこうした事柄に関心を持つとしても、市民全員のそれぞれの幸福に対して国民全般が持つ関心と同じようなものでしかない。しかし、地方的なものと分類されている職責や、地方公務員が遂行している職責の中には、全国的と呼んでもよい多くのものがある。なぜなら、それらは地方の担当にはなっているけれども、実効的に行なわれているかどうかは国民全体にとっても同様の関心対象となる公行政の一部分にもなっているからである。たとえば刑務所である。イギリスではその大半は州の管理下にある。地方警察もそうである。地方での司法もその多くは、とりわけ法人格を持つ自治都市では、地元住民によって選挙された役職者が業務を行ない、地元の財源から給与が支払われている。これらはいずれも、全国的な重要性とは別という意味での、地方的重要性を持った事柄とは言えない。地元警察の不手際のために国の一部が強盗の巣窟になったり頽廃の温床になったりすれば、国の他の部分にとっても個人的に無関心ではいられない問題になる。刑務所の規律がよくないために、収監された犯罪者（別の地方から移ってきた者や、別の地方で犯罪を犯した者の場合もある）に裁判所が科すつもりだった刑罰が二倍に加重されたり、あるいは実質的には無罪同然に軽くなったりする場合も同様である。しかも、こうした事柄を適切に処理するための要点は、どの地方でも同じであって、警察や刑務所や司法が国内のある場所と別の場所で別様に運用されてよい、という理由はない。他方、これほど重要で、国レベルで得られる最も教育ある人材でも適任とはなかなか言えない仕事では、地方機関の業務遂行において頼らざるをえない低水準の能力では、国全般の行政にとって重大な汚点となるような大きな誤りを犯しかねないだろう。

人身と財産の安全および個人間の平等な正義は、社会の第一義的必要であり統治の主要目的である。これらの仕事を下位機関の責任に委ねることができるのであれば、国レベルの政府の必要性は、戦争と条約以外には何もないことになってしまう。これらの主要目的を確実に達成するための最善の仕組は、どのようなものであっても、一律に義務を課すものでなければならないし、そうした仕組が強制力を持って働くためには、中央の監督下に置かれる必要がある。中央政府を代表する役人が地方では少ないという事情のために、中央機関によって命じられた職務の執行を、地方が地方的目的のために任用している公務員に委ねることが好都合な場合は多いし、イギリスの制度事情では必要不可欠ですらある。しかし、少なくとも、地方の公務員が職責を果たしているかどうか見届けるために、中央政府によって任命された監察官を配置することは必要である。これは、国民全般が経験から日々確信せざるをえなくなっている点である。刑務所が地方の管理下にある場合は、議会の定めた規則が遵守されているかどうかを見張り、刑務所の状態からして必要ならば別の規則を提案する刑務所監察官を中央政府が任命する、ということである。工場に関係する議会制定法が守られているかどうかを監視する工場監督官や、学校に対する国庫補助の条件が満たされているかどうかを監査する視学官がいるのと同じことである。

警察や刑務所も含めて司法は国全体の関心事であり、地方の特殊性とは離れた一般論の問題なので、全国で一律に規制し、その規制は純然たる地方機関の人材以上に訓練され熟達した人材による規制でよいし、そうあるべきである。しかし他方、救貧行政や公衆衛生上の規制などのように、国全体の実際の関心事ではあるにしても、地方が管理しないと地方行政のそもそもの目的と整合しなくなる業務も存在する。こうした職務に関しては、国の監督や統制を免れた裁量権限をどこまで地方機関に委ねてよいのか、という問題が生じる。

この問題を解決するためには、業務能力という点と、職務不履行や権限濫用の防止という点で、中央機関と地方機関との比較考察が欠かせない。第一に、地方の代表機関や行政職員は、ほぼ間違いなく、国の議会や行政職員に比べて知性や知識の点で及ばない。第二に、本人たちの資質のレベルが低いばかりでなく、自分たちが責任を負う相手方であり自分たちを監視する側の世論のレベルも低い。議会や行政を監視し批判する側の公衆は、首都にある最上級機関を取り囲んで警告を発している公衆に比べて、視野が限られているし、たいていは正しい知識がはるかに乏しい。他方、関連してくる利益は比較的些細なものであるために、レベルの低い公衆でも問題を考える際の熱心さや関心の度合は低くなる。新聞雑誌や公開討論が及ぼす干渉ははるかに少ないし、干渉があったとしても、国の機関の場合よりも地方機関での業務処理では、やり過ごしても問題になることは非常に少ない。

ここまでは、中央政府による業務運営の方が全面的にすぐれているように思える。しかし、もっと詳しく見てみると、この好意的見方を促している動機は、実質性のある逆の動機で十分に相殺されてしまうことが判明する。地方の機関や公衆は、行政の原則に関する知識という点で中央の機関や公衆に及ばないとしても、それを補なうだけの長所も持っている。つまり、結果に対してははるかに直接的な関心を持っている、ということである。本人よりもその隣人や地主の方がずっと賢明で、その人の幸福にも間接的な関心は持っている、という場合もあるだろう。しかし、それにもかかわらず、本人の利益は、こうした人々が見守るよりも本人が見守る方がよりよく配慮されるものである。中央政府がその配下にある行政官を介して行政を行なう場合でも、行政官の仕事の現場は中央ではなく地方である、ということも頭に入れておくべきである。また、地方の公衆が中央の公衆にどれほど劣るとしても、行政官を監視する機会を持っているのは地方の公衆だけであり、行政官の仕事に直接働きかけ是正の必要がありそうな点について政府の注意を喚起するのは、地方の世論だけである。国全体の世論が地方行政の細目に目を向けるというのは異例の事態であり、ましてや、そうした事態を正しく認識して判断する手段を持つのは、なおさらまれなことである。ところで、地方の世論は必然的に、地方専属の行政官に対してははるかに強力に作用する。これらの行政官は、物事の当然の成り行きからして地元永住者であり、当地での権限行使が終了しても地元を離れる予定はない。その権限自体も、そもそもが地元公衆の意志に依存している。地方の人や事物に関する詳細な知識が中央機関に不足していることや、地方機関が非常に多くあるために、苦情に判断を下したり責任をきちんと負わせたりするのに必要な量と質の地方に関する知識ですら、他の関心事に時間と思考のあまりに多くの部分が奪われてしまって獲得できないでいることについては、詳しく論じる必要はないだろう。こういうわけで、行政の細目では、地方機関は一般的に優位に立っている。とはいえ、地方の管理に限っても、その原則の理解という点では、しかるべく構成されている場合の中央政府は並外れた優位性を持っている。その理由は、中央政府の構成員が個人としておそらく非常にすぐれており、また、多くの思想家や著述家が常時、有益な考えをこれらの構成員の目に留まるよう論じ立てているということにとどまらない。地方機関の知識や経験は、国内の自分たちの地方とそこでの業務方式に限定された地方的な知識や経験でしかないのに対して、中央政府は、国全体のまとめられた経験から学ぶべき一切について知る手段を持っており、加えて、諸外国の経験も容易に利用できるからでもある。

以上の前提から実務的な結論を引き出すのは難しくない。原則に最も精通した機関が原則に関しては最上位に立つべきであり、細目に関して最も有能な機関が細目を任されるようにすべきなのである。中央機関の主要任務は指示を与えることであり、地方機関の主要任務はそれを適用することである。権限は地方に分散させてよいが、知識は最も役に立つようにするために中央に集めなければならない。分散している光線すべてが集まる焦点がどこかになければならない。別の場所の分光して色彩を帯びた光線が、その場所で、不足分を補ない純白色になるのに必要なものを見つけるためにである。社会全般の利益に影響する地方行政のあらゆる部門については、大臣やその配下の特別に任免された人物という、それぞれの部門に対応した中央機関の担当者が必要である。たとえ、この役職者が、あらゆる方面から情報を集め、ある地方で得られた経験を、必要としている別の地方に知らせることしかしないとしてもである。とはいえ、中央機関はこれ以上のこともすべきである。中央機関は、地方と絶え間なく情報をやりとりする経路を開放しておくべきである。地方の経験に精通する一方で、中央の経験を地方に伝え、求められれば助言を与え、必要と見受けられる場合には自分から進んで助言すべきである。業務の過程を公開し記録に残すようにさせ、地方の業務に関して立法部が制定したあらゆる一般法規に従うよう強制すべきである。

このような法律を制定すべきことは、ほとんど誰も否定しないだろう。地方が自分自身の利益に関して処理を誤ることは許すにしても、しかし、他の地方の利益を損ねることや、個人間の正義の諸原則という、厳格に遵守させ続けることが国家の責務となっているものを侵犯することは許されない。地方の多数者が少数者を抑圧しようとする場合や、ある階級が別の階級を抑圧しようとする場合は、国家は介入しなければならない。たとえば、地方税はすべて、もっぱら地方の代表者議会の投票で決められるべきであるが、しかしこの議会は、納税者だけによる選挙で選ばれてはいるにしても、貧者とか富者とか、あるいは住民の中の特定の階級に不当な負担を課すような課税や税額査定をすることで、歳入を増やすかもしれない。その場合は、地方税の税額だけは地方機関に委ねながらも、地方機関が必ず利用しなければならない課税方法や税額査定の規則を上から命じる形で制定することが、立法部の責務となる。

さらに、公的な慈善行政の場合は、労働者全体の勤勉さや道義心は、救済の給付が所定の原則に即しているかどうかに非常に大きく左右される。そうした原則に即して救済の受給資格が誰にあるのかを決定するのは本来的に地方の公務員であるけれども、国の議会が原則そのものを制定する適切な機関である。もし、国の議会が、これほど重要な全国的関心事において重要な規則を制定せず、規則からの逸脱を防ぐ効果的な措置を講じないならば、自らの責務のきわめて重要な部分を怠ったことになる。法律の適正な施行のために地方の行政官に実際に干渉する際に、国の議会はどんな権限を持つ必要があるかは、ここでは立ち入る必要のない細かな問題である。当然のことながら法律そのものが、罰則を定め法律の施行方法を決めるだろう。極端な事例に対応するためには、中央機関の権限は、地方行政官の新規任命や地方制度の一時停止にまで拡大するのは行き過ぎだとしても、地方の代表者議会を解散したり地方行政官を解職したりするところまで拡大する必要が出てくる場合もあるだろう。国の議会が介入していないのであれば、国の執行部のどの部門も上からの干渉をすべきではない。ただし、助言者や批評家、法律の施行者としては、また、非難に値する行為が行なわれたと考えられる場合に国の議会や地方の選挙区に対して告発を行なう点では、国の執行部の役割はきわめて大きな価値を持っている。

中央機関が地方機関に比べて、行政の諸原則の知識に関してどれほどすぐれているとしても、市民の社会的政治的な教育という、こうも強調されている大目的からすれば、どんなに不完全でも自分自身の見識で地方の業務を行なうよう市民に委ねる必要があるのではないか、と考える人もいるだろう。これに対しては、市民の教育は唯一の考慮事項ではなく、それがどれほど重要であるにしても、統治や行政はそのためにだけ存在しているのではない、という反論がありそうである。しかし、こういう反論は、政治教育の手段としての民主政的制度の機能について理解がきわめて不完全なことを示している。教育と言っても、無知と無知を一つの集団にまとめた上で放置し、知識を求めている場合には助力なしに自分たちで暗中模索させ、求めていない場合には知識なしで好き勝手にさせるというのは、粗悪な教育でしかない。求められているのは、無知に無知を自覚させ、知識によって利益を得るようにさせることである。日常の決まり切ったことしか知らない精神を、原則にもとづいて行動することに馴染むようにさせ、原則というものの価値を実感させることである。さまざまな行動様式を比較し、自分の理性を使って最善のものを見分けることを教えることである。すぐれた学校が欲しいときは、教師を抜きにはしないものである。「教師がいてこその学校」という古くからの言葉があるが、これは若者向けの学校教育にあてはまるのと同じように、成人の間接的な教育にもあてはまる。シャルル・ド・レミュザ氏〔6〕は、すべてのことをしようとする政府をうまくたとえて、生徒の課題全部を生徒に代わってしてしまう教師のようなものだ、と言っている。こういう教師は、生徒には大人気かもしれないが、生徒にほとんど何も教えていない。他方で、他の誰かが何とかできそうなことは一切手出ししないというだけでなくて、何かについてどうやったらよいのかを誰にも教えないような政府は、教師不在で、何も習ったことのない生徒が先生役を務める学校のようなものである。

〔6〕　レミュザ（一七九七―一八七五）は、フランスの政治家・哲学者。

第一六章　国民的一体性と代議制統治との関連

人類の一定部分が他の部分との間には存在しないような共感によって一つにまとまっている場合、その集団は一つの国民を構成していると言ってよい。この共感とは、部外者との協力以上に積極的に相互協力し、同一の政府の下にあることを願い、自分たち自身あるいはその一定部分だけで行なう統治であってほしいという気持ちを生じさせる共感のことである。この国民的一体感は、さまざまな原因で生じる。種族や祖先が同一ということの結果の場合もある。言語や宗教の共通性は一体感に大きく役立つ。地理的境界も一因となる。しかし、すべての中で最強の原因は、同じ政治的経験を共有していることである。一国民としての歴史を持ち、その結果、記憶が共通になり、過去の同じ出来事に対する誇りや屈辱感、喜びや悔恨が集団として共有されるのである。

ただし、以上の諸事情は必須というわけではなく、また、それらがあれば必要十分というわけでもない。スイスは、州によって種族や言語や宗教が異なっているけれども、一つの国民だという強い感情を持っている。シチリアは、ナポリと宗教が同じで言語もほぼ同じであり、過去の歴史的経験もかなり共通しているにもかかわらず、歴史的にいつも、まったく別の国民だという感情を持ち続けている。ベルギーのフランドル地方とワロン地方は、種族や言語の違いにもかかわらず、同じ国民だという感情を持っており、それは、フランドル地方がオランダに対して持つ感情や、ワロン地方がフランスに対して持つ感情よりもはるかに強い。とはいえ、一般的には、同じ国民だという感情は、その感情に役立つ原因のいずれかが欠けるのに比例して弱まる。ドイツという地名に含まれる諸地域では、同一政府の下で実際に統一してはいないものの、言語や文学作品が同じであるために、また、種族や記憶が同じであることもある程度は働いて、かなり強力な国民感情が維持されている。それでも、この感情のために各邦が自治を進んで放棄する、というところにまでは至っていない。イタリア人の場合は、言語や文学作品の同一性は完全というには程遠いが、明確な境界線で他国と隔てられているという地理的事情も相まって、また、おそらくは何にもまして、イタリア人という共通名称でくくられる人々の芸術、軍事、政治、ローマを本山とする宗教、科学、文学などの過去の業績がイタリア人すべてに栄誉を与えているおかげで、ある程度の国民感情が人々の間に生じている。種族はかなり混交しているし、その当時知られていた世界の大部分へと統治が広がった時期あるいは広がりつつあった時期[1]を別とすれば、古代史と近代史のいずれにおいても、同一の政府の下にあったことはないけれども、この国民感情は、いまだ不完全ではありながら、われわれの目の前で現在展開中の大事件[2]を引き起こすまでになっている。

同じ国民だという感情がある程度強く存在する場合は、同一の政府、しかも他集団を交えない自分たちだけの政府の下で国民全員が一つにまとまる一応の理由がある。これは、統治の問題は被治者が

〔1〕　古代ローマ時代。
〔2〕　リソルジメント（イタリア統一運動）。

決めるしかない、と言っているにすぎない。どんな人間集団にせよ、さまざまな人的集合体のうちのどれと一緒になるのかを自由に決められないのであれば、いったい何をする自由があると言えるのか、ということである。

しかし、自由な制度にふさわしいまでに成熟した国民の場合は、もっと決定的に重要な問題がある。自由な制度は、異なったいくつかの国民集団からなる国ではほとんど不可能だ、ということである。同胞感情を欠いた国民では、とりわけ別々の言語で読み書きをしている場合は、代議制統治を機能させるのに欠かせない統一された世論が存在しえない。意見を形成し政治行為を決定する影響力が、国内の各部分ごとに異なっている。国内各地で、まったく別の指導者集団が信任されている。同一の書籍や新聞、パンフレットや演説が届いているわけでもない。どの地方も、他のところでどんな意見が流布しどんな主張で白熱しているのかを知らない。同じ事件、同じ行為、同じ統治システムが、異なった形で影響する。おたがいが他の集団から加えられる危害を、国家という共通権威からの危害以上に恐れている。たいていの場合、相互の反感が、政府に対する警戒心よりも大きい。ある集団が共通の支配者による政策のためにしいたげられていると感じていると、別の部分はそれが十分な決め手になって、その政策を支持する。すべての集団がしいたげられている場合ですら、共同で抵抗するためにたがいに信頼できると誰も思わない。いずれの力も独力で抵抗するには不十分なので、他と張り合って政府へのすり寄り競争をした方が自分の利益にいちばんかなう、とそれぞれが思っても当然ということになるだろう。

こういう場合には、とりわけ、政府の専制に対する重要で唯一効果的な究極の防衛手段が欠けることにもなる。つまり、国民に対する軍隊の共感が欠けるということである。軍隊はどの社会でも、その本性からして、同国人と他国人との違いが最も切実で強烈なものとなる立場にある。軍人以外の国民にとっては、外国人は馴染みのない人々でしかないが、軍人にとっては、招集の通知から一週間後には生死をかけて戦う相手になるかもしれない。軍人にとっては味方と敵の違いであって、人間という同胞と他の動物との違い、とすら言えそうである。なぜなら、敵に関して唯一の法は力の法であり、それを和らげるのは、動物に対する場合と同じく、人間としての素朴な情感だけだからである。同一政府の被治者のうち半数ないし四分の三は外国人だと感じている軍人たちであれば、敵と宣言された相手の場合と同様に、それらの人々をためらいなく殺戮するし、その理由を知りたいとも思わないものである。さまざまな民族集団の混成軍は、軍旗への忠誠以外の愛国心を持たない。こうした軍隊は、近現代の全史をつうじて自由の処刑人だった。結束をもたらす唯一の紐帯は、自分たちの上官と自分たちが仕える政府だけであり、公的職責について思い浮かぶ考えは、思い浮かべばだが、命令への服従だけである。このような形で支えられている政府〔3〕であれば、ハンガリー人部隊をイタリアに駐留させ、イタリア人部隊をハンガリーに駐在させることによって、どちらの地域でも外国出身の征服者の武力で長期支配を続けられるのである。

同国人に向けられるべき態度とたんなる人間一般に向けられるべき態度との間の、これほど露骨に際立った違いは、文明人よりも未開人にふさわしいものであって全力をあげて排撃すべきだ、という

〔3〕オーストリア帝国政府。

意見があるとすれば、私以上にその意見を強く支持する者はいない。しかし、これは人間の努力がめざしうる最も価値ある目標の一つではあるけれども、文明の現状では、ほぼ同等の力を持つ異なった国民集団を同一の政府の下に置いたままではまったく促進できない目標である。未開社会の状態では事情が異なることもある。平和を維持し国の統治を容易にするために、種族間の反感の緩和が政府にとって利益になることもあるだろう。しかし、人為的に結合されている諸国民の中に自由な制度がある場合には、あるいは自由な制度への願望がある場合には、政府の利益は正反対の方向になる。その場合は、国民間の連携を妨げるために、また、一方の国民を隷属させる道具として他方の国民を利用できるようにするために、各国民の間の反感を維持増大させることが政府の利益になる。オーストリア宮廷は、今まで一世代まるまるの間、この術策を主な統治手段としてきた。ウィーンでの反乱[4]やハンガリーの反抗[5]に際して、これがどれほど決定的に成功したかを、世界は十分すぎるほどよく知っている。現在では幸いにも、この政策の成功をもはや許さないところにまで、状況の改善が進んでいる徴候が見られるにしてもである。

以上の理由により、政府を隔てる境界が国民集団を隔てる境界とおおよそ一致していることは、一般的に言って自由な制度の必要条件である。ただし、この一般原則と実際上は衝突してしまう問題がいくつかある。一つにはまず、地理的な障害のために、この一般原則が適用できないことがしばしばある。いろいろな国民集団が同じ場所で混在しているために、それぞれの国民集団に別個の政府をあてがえない地域が、ヨーロッパの中ですら存在する。ハンガリーの住民を構成しているのは、マジャール人、スロバキア人、クロアチア人、セルビア人、ルーマニア人であり、いくつかの地域にはドイツ人もいて、地域で切り分けられないほどの混在状態となっている。これらの人々は現実をやむをえないものとして受け容れ、平等な権利と法の下で共存することで満足する他ない。いずれもが隷属状態にあることは、一八四九年にハンガリーの独立が奪われたときに始まったばかりの事態ではあるけれども、この状態のために、対等な形での統一に向けた気運が高まることにもなりそうである。東プロイセンのドイツ領は、古くからのポーランド領土が間にあることでドイツ本国から切り離されているが、別個に独立を維持するには脆弱すぎるので、地理上の連続性を確保しようとすると、ドイツ以外の政府の下に置くか、あるいは、間にはさまっているこのポーランド領土をドイツ政府の下に置かなければならなくなる。住民の支配的要素をドイツ人が占めているもう一つの重要地域であるクールラント〔6〕、エストニア、リヴォニア〔7〕の各地は、その位置状況のためにスラヴ系国家の一部となる運命にある。ドイツ東部自体にも多くのスラヴ系住民がいる。ボヘミアは主にスラヴ系であるし、シレジア〔8〕やその他でも一部はそうである。ヨーロッパで最も統一度が高いフランスですら、同質というにはほど遠い。遠隔辺境の地に散在する外国系住民は別としても、言語や歴史が示しているように、フラン

---

〔4〕　一八四八年三月に生じた革命でメッテルニヒが解任されウィーン体制が崩壊したが、その後、革命運動は鎮圧された。
〔5〕　同じく一八四八年三月に起きたハンガリー独立運動、翌年に鎮圧された。
〔6〕　現在のラトヴィア西部。
〔7〕　ラトヴィアとエストニアにまたがる地域。
〔8〕　現在のポーランド南西部からチェコ北東部にかけての地域。

スは二つの部分からなっている。その一つをほぼ全面的に占めているのはガリア・ローマ系住民であり、もう一つの部分ではフランクやブルグントやその他のチュートン系種族がかなり大きな要素になっている。

地理的条件にきちんと配慮しても、性質としてはほぼ全面的に精神的社会的な別問題が出てくる。経験が示すように、一つの国民が別の国民に吸収同化されるということがありうる。その国民がもともと人類の劣等的後進的部分だった場合は、吸収はその国民にとって大いに有益である。ブルターニュ人やフランス・ナヴァール地方のバスク人が高度な文明と文化を持つ国民の思想や感情に合流すること、つまり、フランス国民の一員となり、フランス市民の全特権を平等に認められ、フランスによる保護という利益や大国フランスの威厳や威信を共有することが、世界の大勢に加わらず関心も持たずに、自分たちの小さな精神的軌道の上を周回しながら半未開的な過去の遺物に不機嫌な表情でこだわることよりも、有益でないなどとは考えられない。同じことは、イギリス国民としてのウェールズ人やスコットランド高地人についても言える。

諸国民を混交させ共通のまとまりの中でそれぞれの特質や特徴を混ぜ合わせていく傾向は、本当にそうした傾向であるならば、何であれ人類にとって有益である。こうした事例では、各類型の典型は必ず十分に残っていくものであって、有益となるのは、各類型を消滅させることによってではなく、極端な形を和らげそれらの間隙を埋めていくことによってである。統合された国民は、動物の交配と同じように(とはいえ、作用する影響は身体的であるばかりでなく精神的でもあるから、動物の交配よりもいっそう大きな度合で)、いずれの系統の独特な素質やすぐれた点も、それらと隣り合わせの欠陥が混交で強まるのを防ぎながら継承されるのである。ただし、この混交が可能になるには、特別な条件がなければならない。現に存在してこうした結果をもたらしてくれる事情の組み合わせには、いろいろなものがある。

同一の政府の下で統合される国民が、数や力の点でほぼ対等なこともあれば、差が非常に大きいこともある。差がある場合でも、二つのうちで数の少ない側が、文明度という点で優位にあることもあれば、劣位にあることもある。優位にあるとしても、その優位によって相方の国民に対して支配的立場を得られることもあれば、暴力で抑え込まれて従属させられることもある。この最後の場合は人類にとって害悪でしかないし、文明化している側の人間が一致して武力で防止すべき事態である。ギリシャがマケドニアに吸収されたことは、これまでに世界で起こった最悪の出来事の一つである。もしヨーロッパの主要国のいずれかがロシアに吸収されれば、同様の災難となるだろう。

ギリシャのおかげで力を強めたマケドニアがアジアに対して行なったように、また、イギリスがインドに対して行なったように、いっそう進歩していると考えられる小さい方の国民が大きい方の国民を征服できるのであれば、文明にとって有益となることが多い。ただし、この場合、征服者と被征服者とは、同じ自由な制度の下で一緒に暮らすことはできない。征服者が進歩の度合の低い国民に吸収されることは、災厄となる。進歩の度合の低い国民は被支配者として統治されるべきで、そうした従属的立場が有益になるか有害になるかは、一つには、その従属国民が到達している状態による。つまり、彼らが自由な政府の支配下にないのは不当である、といった状態に到達しているか否かによる。また、征服者の側が、被征服者を進歩のより高度な段階に適合させることをめざして自分の優位な立場を用いるか否かにもよる。この点は後の章〔本書第一八章〕で詳しく論ずることにする。

相手を征服するのに成功した国民が数と進歩の度合の双方で上回っている場合、また特に、征服される側の国民が小規模であらためて独立を主張できそうもない場合は、統治の仕方がどうにか正義にかなっているのであれば、また、強力な側にある国民の方が排他的特権を持つことで堕落していなければ、小規模な方の国民は徐々に自分の立場に甘んじるようになり、大規模な方の国民に融合していく。低地ブルトン人、それにアルザス人ですら、今日では、フランスからの分離をまったく望んでいない。アイルランド人がこぞって、イングランドに対して同じような気持ちになっていないとすれば、その理由の一端は、自分たちだけで立派な一国民になれるほど十分に多人数である、ということにある。しかし、主な理由は、近年に至るまで非道な統治をされていたために、最良の感情があったにしてもそのすべてが、サクソン系支配への怨恨を引き起こす悪感情と結びついていたことにある。これはイングランドにとって不名誉なことであり、イギリス帝国全体にとって不幸なことであるが、ほぼこの一世代の期間を経て完全に消滅したと言っても間違いないだろう。現在では、アイルランド人はアングロサクソン系の人々と同程度に自由であり、自分たちの地域や個人資産にとってのあらゆる便益という点で、イギリス領内の他のどの地域の出身者とも同等である。アイルランドに唯一残っている現実の不満要因は国教会制の問題であるが、これは、ブリテン島の半数かほぼ半数の人々にも共通するものである。現在では、二つの国民は補い合うのに世界中で最もふさわしい組み合わせになっており、過去の記憶と支配的宗教の違いとを除けば、両者を別々にしておくものはほとんど何もない。〔9〕数が少なく富裕でもない国民が、最も近くの隣人であるばかりでなく世界中で最も富裕で自由であり、かつまた最も文明化し強力である国民と、別国民ではなく同胞市民となることで必然的に得られる利益があっても、そうした利益を感じなくさせるような感情もあるわけだが、そうした感情すべてを、アイルランド国民は、正義の点ばかりでなく配慮の点でもようやく平等に扱われるようになったという意識のために、急速に払拭しつつあるのである。

国民集団間の融合に対して最大の現実的障害が存在するのは、結合している各集団がそれぞれ自分の力に自信を持ち、相手方と対等な戦いを続けられると思っているために、融合に消極的になっている場合である。それぞれが、党派的な執着心を持って自分たちの際立った特殊性を強化する。旧式の慣習や廃れつつある言語すらも、分離を強めるために復活させられる。自分たちの領域内で競争相手の集団出身の役人が権力を行使すれば、圧制を被ったように思ってしまう。抗争している集団の一つに与えられるものは何であれ、他のすべてから奪われたものとみなされる。このように不仲になっていても、いずれの集団にとっても外来のものであるような専制的政府の下に置かれる場合や、あるいは、いずれかの出身でありながら出身集団への共感よりも自分自身の権力に大きな関心を寄せ、どの集団にも特権を与えず、どこからでも関係なく自分の手先を選んでくるような専制的政府の下に置かれる場合は、数世代を経るうちに、境遇が同じだということから感情の和合がしばしば生じ、別々の集団が互いを同国人と感じるようになることもある。とくに、各集団がばらばらになって国土の同じ場所で混在している場合はそうである。しかし、こうした融合以前に、自由な統治を願望する時代が

〔9〕　イングランドやスコットランドの非国教徒やカトリック教徒を指す。

到来してしまうと、自由な統治の達成によって、融合の機会は失われる。これ以降は、融合に至らなかった各国民が地理的に別々になっている場合、とくに同一の政府の下にあることが当然ふさわしいとか便宜にかなっているわけでもない地理的位置関係にある場合には(フランスやドイツの支配下にあったイタリア内の地方〔10〕の場合のように)、結びつきを完全に断つことの方が明らかに適切であり、それどころか、自由や協調に配慮するのであれば必須でもある。各地方が分離後にも、連邦的な結びつきを残すことが有益なこともあるだろう。しかし、たいていは、それぞれが完全な独立まではせずに連邦の一員となることに前向きでありつつも、利害のより大きな共通性とまでは言わないまでも、より多くの共感を寄せる別の隣国があって、そことの結合をいっそう強く望む、ということになる。

〔10〕コルシカ島やチロル地方などを指していると推測される。

第一七章　連邦制の代議制統治体制について

同一の国内政府の下でともに暮らすのに適していないか、ともに暮らしたいと思っていない人々が、他国との関係という見地から、連邦を組んでまとまることが有益な場合がしばしばある。連邦構成国間での戦争を防止するために、またそれとともに、強国からの攻撃に対するいっそう効果的な防衛のためにである。

連邦が得策となるのには、いくつかの条件が必要である。第一に、連邦構成国の諸国民の間に十分な共感があることである。連邦はつねにそれらの国民が同じ側に立って戦うよう拘束するものであって、どちらかとえば一般的には敵にまわして戦いたいといった感情をたがいに持ったり、隣人に対して感情のそうした行き違いがあったりする場合には、連邦の結びつきは長続きしそうにないし、続くにしても十分な維持は見込めない。連邦の目的にかなう共感には、人種、言語、宗教による共感があり、また、特に政治的利益が一緒だという感情に最も寄与するものとして、政治制度から生まれる共感がある。それぞれ独自には十分に自衛できない少数の自由国家が、隣国の自由ですら忌み嫌う軍人君主や封建君主たちによって四方八方から包囲されている場合、連邦を組むこと以外に自由とその恩恵を保持する可能性はない。このような理由から生じた共通利益が、スイスでは数世紀にわたって、連邦の絆の効果的維持に十分な程度に存在していた。宗教がヨーロッパ中で和解不可能な政治的憎悪の大きな根源だった時代に、宗教的な違いがありながらも、またそればかりでなく、この連邦の仕組に大きな弱点があったにもかかわらずである。アメリカでは連邦維持のためのあらゆる条件が最高度に整っていたが、一つだけ欠陥があった。つまり、奴隷制という唯一の、しかし最も重要な点で、制度上の違いがあるという点である。この一点での相異が、合衆国の二つに分かれた部分間の共感を損ねるまで拡大してしまったので、双方にとって非常に貴重な絆が維持されるか断たれるかは、執拗に続く内戦〔1〕の成り行き次第になっている。

連邦制の政府の安定性に関する第二の条件は、各国家が、外部からの攻撃に対する防衛という点で、自国の力だけを頼りにできるほど強力でないことである。そこまで強力な国は、自国の行動の自由を犠牲にしている分に見合うものを他国との結合で得ていないと考えがちである。その結果、連邦の管轄とされている事項に関する連邦の政策と構成国が独自に望んでいる政策とが異なる場合はつねに、連邦を維持しようとする願望が不十分なために、連邦内の局地的な不和が連邦解体にまで進んでしまう危険が生じる。

以上の条件に劣らず重要な第三の条件は、加入国間に非常に際立った力の差がないことである。もちろん、力の元になるものが各国で正確に同じということはありえない。どんな連邦でも加入国間での力の格差はある。他の国よりも人口が多い国、富裕な国、文明度が高い国があるだろう。ニューヨークとロードアイランド、ベルンとツークやグラールス〔2〕との間では、富にも人口にも大きな違いがある。要は、他の多くの加入国が連携した場合の力と張り合えるほどまでに、ある国の力が他の加入国の力を大幅に上回らない、ということである。そうした国が一つあり、しかも一つだけある場合は、この国が共同合議を仕切ろうとする。そうした国が二つある場合には、両国が示し合わすと誰も逆らえなくなる。また、両国が対立する場合はつねに、このライバル間の支配権争いで万事が決まることになる。ドイツ連邦〔3〕はこの原因だけで、その不出来な内部構造とはかかわりなく、ほとんど実効性のないものになっている。連邦の実質的目的のどれ一つとして達成していない。統一的な関税制度も統一的な貨幣制度もドイツにもたらしていない。各領邦の支配者が自分たちの臣下を専制に服従させ続けるのを援助するために軍隊を侵攻させる合法的権利を、オーストリアとプロイセンに与えるのに役立っているだけである。他方、この連邦は対外的な問題に関しては、ドイツ全体を、仮にオーストリアがなければプロイセンの属領にするだろうし、仮にプロイセンがなければオーストリアの属領にするだろう。今のところは、それぞれの群小諸侯には、どちらか一方の支持者になるか、両国のどちらにも敵対する外国政府と結託する以外に選択肢はほとんどない。

連邦を組織する方式は二通りある。連邦機関は加入各国の政府だけを代表し、連邦機関の行動はそのように代表されている各国政府を義務づけるだけ、という場合がある。あるいは、連邦機関が、個々の市民を直接的に拘束する法を制定し政令を発布する権限を持つ場合もある。前者は、ドイツのいわゆる連邦や一八四七年以前のスイス憲法の方式である。アメリカでも、独立戦争直後の数年間、

〔1〕　南北戦争（一八六一―一八六五年）。
〔2〕　いずれもスイス連邦を構成する州（カントン）。
〔3〕　一八一五年のウィーン会議によってつくられたドイツ諸邦の連合組織。

試みられた。もう一方の原則は、現在の合衆国憲法の方式であり、この一〇年余りにわたってスイス連邦も採用している。アメリカ合衆国の連邦議会は、どの州の統治体制にとっても、その実質的一部となっている。連邦議会は、権限の範囲内で一人一人の市民全員が従う法を制定し、独自の公務員によって法を執行し、独自の裁判所で法を強制するのである。これは、効果的な連邦統治体制を作り出すための原理としては、これまでに見出されている唯一のものであり、今後もずっとそうである可能性が高い。政府の間だけの連合はたんなる同盟にすぎず、同盟を不安定化するあらゆる偶発事に左右される。もし、大統領や連邦議会の法令が、ニューヨーク州、ヴァージニア州、ペンシルヴァニア州といった各州の政府しか拘束せず、州独自の裁判所の責任の下で、州政府が任用している公務員を通じて、州政府が発出した命令で実施に移されることになっていたら、地元の多数者の賛同が得られない場合の連邦政府の命令はどれも執行されないだろう。州政府に向けて出される命令書には、戦争以外に制裁や強制手段がない。連邦軍は、反抗的な州に政令を強制するために、いつでも出動準備していなければならなくなる。その反抗的な州に共鳴し、争点に関しておそらく同じ意見を持つ他の諸州が、服従しない州に加勢まではしないまでも、軍隊の派遣要請に応じないこともありえるだろう。こういう連邦では、内戦の防止策というよりもその原因となる可能性の方が高い。スイスで一八四七年直前までの何年間かに相次いだ出来事〔4〕が内戦に至らなかったのは、連邦政府の弱体が痛感されていたために、その実質的な権力行使がほとんどまったく試みられなかったからにすぎない。アメリカでは、この原理にもとづいた連邦制の試みは最初の数年で失敗した。ところが幸いにも、幅広い知見を持ち優越的な立場にあり、共和国独立の定礎者でもあった人々がまだ存命していて、難局打開へと導いたのである。三人の卓越した人物の論文集である『フェデラリスト』〔5〕は、全国的に受け容れられることを待望しつつ新しい連邦憲法を解説し擁護するために書かれたが、これは現在においてすら、連邦制についてわれわれが持っている最も啓発的な書物の一つである。*

＊〔原注〕フリーマン氏の『連邦統治体制の歴史』〔一八六三年刊〕は、まだ、第一巻しか公刊されていないが、開明的な諸原則を示している点と歴史的詳細を尽くしている点のいずれでも等しく貴重であり、すでに、このテーマの文献群に新たに加えてよい成果となっている。

周知のように、ドイツの場合は不完全な類いの連邦制であり、同盟を維持するという目的にすら応えたことがない。ヨーロッパでのどの戦争でも、加入国のうちの一国が外国勢力と結託して他の加入諸国に敵対することを防げなかった。とはいえ、これは、君主政国家で可能と思われる唯一の連邦制である。君主は、委任を受けた者としてではなく世襲で権力を得ていて、それを剝奪されることもなければ、それをどのように用いることにも責任を負わされていない。こうした君主が自前の軍隊を放棄する見込みはないし、自分を介してではなく他国の力で自分の臣民に主権的権力が行使されるのを容認することもないだろう。二つ以上の国を王政的統治の下で効果的な連邦に結合することが可能になるのには、それらの国々がすべて同一の王の下にあることが必要だろう。イングランドとスコット

〔4〕　カトリック系保守派の州（カントン）と自由派の州が激しく対立したことを指す。
〔5〕　『フェデラリスト』は一七八八年に公刊された。著者は、アレクサンダー・ハミルトン（一七五五―一八〇四）、ジェイムズ・マディソン（一七五一―一八三六）、ジョン・ジェイ（一七四五―一八二九）。

ランドは、同君連合になってから議会連合となるまでの約一世紀間は、この種の連邦だった。これでも有効性があったのは、連邦制度によってではなかった。そんなものは存在していなかったからである。そうではなくて、両国の国制内の国王権力が、この時期の多くをつうじてほとんど絶対的だったため、両国の外交政策を単一の意志に即して形成できたからである。[6]

完成度の高い連邦制の方式では、各州の全市民が、自分の州の政府と連邦政府という二つの政府に服従している。この下で明らかに必要なのは、それぞれの権力に対する立憲的制約が正確かつ明確に規定されていることばかりでなく、両者を仲裁する権力が、どんな紛争の場合でもいずれの政府にも置かれないことであり、どちらか一方の政府に従属している公務員にではなく、双方から独立した審判者に委ねられることである。最高裁判所を置き、また、連邦内の全州に下級裁判所を置いて、これらの裁判所で案件を審理し、上級審での判決をもって最終確定としなければならないのである。連邦内のすべての州と連邦政府本体、また、それぞれのすべての公務員についても、その越権行為や連邦関連の職責の不履行に関してこれらの裁判所に出訴できるようになっていなければならないし、連邦関連の権限を強制する手段としてこれらの裁判所を用いることが一般的に義務づけられていなければならない。これは驚くべき結果を含んでいて、アメリカでは現実にそうなっている。つまり、連邦最高裁判所は、州政府と連邦政府のいずれに対しても上位にあるということである。各政府が制定した法についても実施した措置についても、連邦憲法が各政府に割り当てている権限を超えているので法的有効性を持たない、と宣言する権限を持っているのである。裁判が実施されるのに先だって、強い疑問が感じられたのも当然だった。こうした規定がどう作用するのか、裁判所がこの憲法上の権限を行使する勇気を持っているのかどうか、勇気があったとして賢明な行使になるのか、各政府はその判決におとなしく従うことに同意するのか、といった疑問である。最終的な採択以前のアメリカ憲法をめぐる議論は、こうした当然の憂慮が強く感じられていたことを示している。しかし、こうした憂慮は今では完全に沈静化している。なぜなら、その後の二世代以上の時が過ぎる間に、憂慮の正しさを証明する物事は何も起きなかったからである。連邦政府と州政府の権力の境界に関してかなり激しい対立はあったし、それが政党の旗印になったとしてもである。

これほど特異な規定が際立って有益に作用したのは、おそらく、トクヴィル氏が論じているように〔7〕、裁判所の動き方そのものにおける固有の特性によるところが大きい。つまり、裁判所は、裁判所として法律について抽象的に宣言することはなく、個人間の訴訟が係争点を絡めて裁判として法廷に持ち込まれるのを待っている、ということである。このことから見事な結果が生じてくる。裁判所の宣告は訴訟のごく初期段階では行なわれない。その前に、ふつうは多くの大衆的議論が行なわれる。裁判所は、声望のある法律家たちが両方の側から十分に論じ尽くした点を審理した上で判決を下す。判決は、持ち込まれている訴訟案件がその時点で必要とする限りでの係争点に関するものでしかない。判決はまた、政治目的のために自ら積極的に下すわけではなく、対立する訴訟当事者の間で公平な裁判を行なうという、裁判所として履行拒否できない職責があるために下されるのである。信頼のための

〔6〕一七世紀のスチュアート朝時代から一八世紀初頭までの間。
〔7〕『アメリカのデモクラシー』第一巻第六章、第八章。

これらの根拠ですら、もし、最高裁判所判事たちの知的卓越性や、さらには私的な偏りや党派的偏りに対する判事たちの完全に超然とした姿勢への全面的な信頼感がなかったら、憲法解釈に関する最高裁判所の決定にあらゆる機関が敬意を持って服従するのには不十分だっただろう。この信頼は大筋において正しかった。とはいえ、この偉大な国民的制度の質の劣化を招くごくわずかな傾向でも含んだものがあれば、そのすべてに対して、この上なく細心の注意を払って警戒することが、アメリカ国民にとっては何よりもまして死活的に重要な意味を持っている。連邦制の諸制度の安定性を支えるこの信頼が初めて損ねられたのは、奴隷所有は通常の権利であり、したがって、まだ州になっていない準州では住民の多数の意志に反していても合法だと宣言する判決によってである。後世の記憶に残るこの判決は、おそらく、内戦で生じた危機に党派対立を持ち込む最大の要因になった。アメリカ憲法のこの主柱は、多くのこうした衝撃に耐え抜くほど十分に強力ではない。

連邦政府と州政府との間の審判者を務める裁判所は、当然のことながら、二つの州の間の紛争やある州の市民と他州の政府との間の紛争のすべてについても判決を下す。国民間の通常の救済策である戦争と外交は、連邦による結合のためにあらかじめ排除されているから、その空隙を埋めるために司法的救済が必要なのである。連邦最高裁判所は国際法に関する裁判も行なっており、真の国際裁判所という、現在、文明社会で何にもまして顕著に必要なものの一つとなっている。

連邦政府の権限は、和戦や、自国と外国政府との間で生じるあらゆる問題に及ぶばかりでなく、各州が連邦の全利点を享受するのに必要だと考えるあらゆる事柄にも及ぶ。たとえば、関税や税関といった障壁なしで各州間で自由に交易できることは、各州にとって大きな利点である。しかし、この国内的自由は、自州と諸外国との交易に対する課税権限を各州が持つ限り不可能である。なぜなら、一つの州に入ってくる外国産品はどれも、他のどの州にも入ってくるからである。〔8〕こういうわけで、合衆国におけるすべての関税と貿易規制の存廃は、もっぱら連邦政府の担当である。さらに、単一の貨幣制度や度量衡制度があることも各州にとって非常に好都合であるが、これらの制度が確実になるのは、各制度に関する規制が連邦政府に委ねられている場合だけである。郵便物が、別々の最高機関に従属するいくつもの公的機関を経由しなければならないと、郵便による通信の確実性と迅速性は阻害され、費用も増大する。したがって、すべての郵便局は連邦政府の下に置くのが好都合である。しかし、これらの問題に関する感情は、それぞれの地域社会ごとに異なりがちである。アメリカの州の一つは、『フェデラリスト』の著者たち以後にアメリカ政治に登場した誰よりもすぐれた思索的な政治思想家としての能力を示した人物*に導かれて、連邦議会の関税法に対する各州の拒否権を要求した。この政治家の偉大な能力が没後に残した著作は、サウスカロライナ州議会によって出版され広く流布しているが、〔10〕その中ではこの主張が、多数者の専制を制限し少数者に政治権力への実質的参加を認

＊〔原注〕カルフーン氏のことである。〔9〕

〔8〕同一の外国産品にかけられる関税が州ごとに異なることで、各州間の交易が複雑化する、ということを指している。

〔9〕ジョン・カルフーン（一七八二—一八五〇）は、副大統領も務めたことのある政治家、連邦政府の肥大化に強く反対した。

〔10〕カルフーン『合衆国の憲法と政府に関する論考』（一八五一年刊）。

めることで少数者を保護するという一般原理を根拠にして擁護されている。今世紀前半にアメリカ政治で最も論議になった問題の一つは、連邦政府の権限は連邦の費用負担による道路や運河の建設にまで拡大すべきかどうか、また、憲法で実際にそうした拡大が認められているかどうかだった。連邦政府の権限が必然的に全面的となるのは、諸外国とのやりとりに限られる。他のすべての事柄に関しては、国民全般が連邦の結びつきをどこまで密接にしたいと思っているか次第である。つまり、一つの国民であることの恩恵をいっそう十分に享受するために、国民が自分たちの地方的な行動の自由をどこまで進んで放棄するか次第である。

連邦統治体制それ自体の適切な構成に関しては、多くを述べる必要はない。構成要素はもちろん立法部門と執行部門であり、それぞれの構成は代議制の統治体制一般の原理と同一の原理に従うべきである。連邦統治体制へのこれらの原理の適用の仕方については、アメリカ憲法の規定がきわめて賢明であるように思われる。つまり、連邦議会は二院制であり、そのうちの一つ〔下院〕は人口に比例して構成され、各州は住民数に比例した代表者を送ることができる。もう一つ〔上院〕は市民ではなく州政府を代表し、すべての州は大小を問わず、同数の議員で代表される。この規定によって、強力な州がその他の州に対して不当な権力を行使することが防止されるし、また、この代表方式で防止可能な限りにおいてではあるが、市民の多数ばかりでなく州のうちの多数が承認しなければ、どんな法案も連邦議会で成立不可能にすることで、州政府に留保されている諸権利を保障する。私は先に、第二院の資質向上との関連で、もう一つの付随的長所に言及した〔本書第一三章〕。それぞれの州議会という選出母体が議員を任命するという点である。州議会による選出は、すでに示した理由によって、民主的選挙の場合に比べて、卓越した人物に向かう可能性が高い。また、各州議会は選挙を実施する権限を持つばかりでなく、選挙をそのように行なうことへの強力な動機を持っている。なぜなら、合衆国全体での審議における各州の影響力は、間違いなく、自州代表者の個人的な貫禄や能力に大きく左右されるからである。このようにして選出される合衆国上院は、合衆国内の安定した高い声望を得ているほとんどすべての政治的人物をつねに取り入れてきた。他方、連邦議会下院は、たいていの場合、顕著な個人的優秀さが上院で際立っていたのと同程度に、それが欠けている点で際立っている。

実効性と持続性のある連邦を形成する条件が整っている場合には、連邦の増加は世界にとってつねに有益である。それには協力の慣行が他の形で広がっていくのと同様の健全な効果があり、弱小国は連邦を介して団結することによって、強国と対等に向かい合うことができる。互角に自衛できない小国の数を減らすことによって、武力の直接行使や優越的な力の示威によって侵略政策を進めようとする誘惑を弱める。連邦は当然ながら、連邦構成国間の戦争や外交紛争を終わらせるし、また、たいていの場合は、相互の交易に対する制限も廃止する。その一方で、近隣諸国との関係で言えば、連邦によって強化される軍事力はほとんど防衛目的にしか役立たない類いのものであり、攻撃目的にはまったく無力である。連邦政府は、全市民の自発的協力をあてにできる自衛戦争以外、どんな戦争も効率的に遂行できるまでに十分に集権化した権力を持っていない。また、戦争に勝利しても、被支配者が獲得されるわけでもなく、ましてや同胞市民が獲得されるわけでもなく、連邦内に新しくおそらくは独立性の強い厄介な構成国が増えるだけであり、国民的な虚栄心や野心を大いにくすぐるものは何もない。メキシコでのアメリカ人たちの好戦的行動はまったく例外的であって、未占有地を手に入れたいという個人レベルのアメリカ人の気をそそるような移民者の習性に影響されて、主に志願兵的人物が手を下しているのであり、また、何か公的動機があるとしても、国として拡大しようという動機ではなく、奴隷制の拡大という完全に党派的な目的である。国民としても個人としても、アメリカ人の行動には、国それ自体のための領土獲得欲が相当な力を持っているという徴候はほとんどない。アメリカ人がキューバを強く欲しがっているのも、同じように党派的な欲望であって、奴隷制に反対している北部諸州はこれをまったく支持していない。

統一を決意している国が完全に統一した方がよいのか、それともたんなる連邦的統一がよいのか、という問題が(現在のイタリアの反乱の場合のように)生じることもあるだろう。この点は、統一される領土全体のたんなる大きさで必然的に決まることもある。単一の中心からの統治が有益となる可能性や、その政府を都合よく監督する可能性という点で、国の大きさには限度がある。単一の中心から統治されている巨大国家も存在するが、しかし、概して行政は劣悪であり、少なくとも遠隔地はそうである。また、これは、住民のほとんどが未開人で自分たち自身の事柄を自分たちでより適切に処理できない場合に限られている。この障害はイタリアの事例では存在しない。その大きさは、過去および現在において非常に能率的に統治されている単一国家の大きさにも及んでいない。したがって、一国のそれぞれ異なった地方が本質的にそれぞれ異なった仕方で統治されるのを求めているために、同一の立法部と同一の内閣や執行部にどの地方も満足する見込みがないのかどうか、これが問題である。これは事実に関する問題であり、もし満足するというのであれば、完全な統一の方が望ましいだろう。全面的に異なる法体系と非常に異なった行政制度が、立法部の統一性を妨げずに一国の二つの部分で並存する場合があることは、イングランドとスコットランドという事例で示されている。とはいえ、二つの法体系が混乱することなくこのように並存し、一つの統一された立法部の下で過去からの違いに合わせて一国の二つの部分に別々の法を制定するという事態は、立法担当者が画一化の熱に強く取り憑かれている国では〔大陸ではそうなりがちだが〕、おそらくはそれほど長続きしないだろうし、長続きするという自信もそれほど持てないだろう。自分にかかわる利益が損ねられていると感じられない限り、あらゆる類いの変則に対して際限なく寛容な国民〔イギリス国民〕であればこそ、この困難な実験を試みるという点で例外的に有利な場を提供したのである。大半の国々では、異なった法体系の維持をめざすのであれば、それぞれの守護者として別々の立法部を維持することがおそらく必要だろう。これは、一国の構成部分全体の外交関係に関して最高の立場を占めている全国的な議会プラス国王、あるいは国王なしの全国的な議会と完全に両立する。

異なる地方ごとで、それぞれの法体系や、異なった原則にもとづく基本的諸制度を恒久的に維持しなくてもよいと考えられる場合は、細かな点での多様性と統治の統一性の維持とを両立させることは、いつでも可能である。必要なのは、地方機関に十分に広い行動領域を与えることだけである。同一の中央政府の下で、地方の統治者や地方の目的のための地方議会があってよい。たとえば、異なった地方の人々がそれぞれ、別の課税方式を選好することもあるだろう。全国的な課税制度を地方に合わせて修正する際に、各地方を代表する議員が指導性を発揮できるかどうかに関して、全国議会をあてにできないのであれば、憲法で対処してもよいだろう。つまり、政府の出費のうちで地方が負担可能なものはできるだけ多く、各地方議会が課す地方税から支払われることとし、陸海軍の経費負担金のような必然的に全国的なものとならざるをえない出費は、毎年の査定を行なった上で、税源に関する何らかの一般的評価に即して各地方に割り当て、それを国庫に一括納入する、と憲法で決めておけばよい。これに近似した方式は、過去の〔中央集権的な〕フランス君主政においてさえ、ペイデタと呼ばれていた地方[11]に関する限りでは存在していた。各ペイデタは、決まった額の納付に同意するか納付を請求された後は、自前の役人を使って住民に対する税額査定を行なうよう委ねられていた。このようにして、国王直属の知事や代官の過酷な専制が回避されていたのである。一部のペイデタはフランスの地方の中で最も繁栄していたので、ペイデタという特権は、繁栄に中心的に貢献した有利な条件の一つとして、つねに言及されている。

中央政府が同じ一つのものになっていても、行政の集権ばかりでなく立法の集権の場合でも、集権化の度合にはかなりの違いがある。国民がたんなる連邦制による統一以上の緊密な統一を望み、また、その能力をそなえているとしても、その一方で、地方的な特殊性や歴史的事情のために、統治の細目ではかなり多様であることが望ましい場合もあるだろう。しかし、国民全員がこの試みを成功させたいという真の願望を持っているのであれば、こうした多様性を維持することは必ずしも困難ではない。それればかりでなく、変化によって影響を被る人々が自発的に同化する場合は別として、同化に向けたあらゆる企てに対して憲法上の規定を設けるという予防策を講じることも、必ずしも困難ではない。

〔11〕 税に関して承認する権限を持った地方三部会が存在していた地方を指す。ブルターニュやラングドックなど周辺地域に見られた。こうした権限のない地方は、ペイデレクシオンと呼ばれていた。

第一八章　自由国家による属領統治について

自由国家は、他のあらゆる国家と同様に、征服や植民によって属領を持つことがある。イギリスの場合は、現代史におけるその最大例である。こうした属領をどう統治すべきかは、非常に重要な問題である。

ジブラルタルやアデン〔1〕やヘリゴランド〔2〕のような小さな駐屯地の事例については、論じる必要はない。それらは、陸海軍の駐留場所として領有されているにすぎない。この場合は陸海軍の目的が主要だから、当然のことながら、そこの統治に住民を参入させるわけにはいかない。とはいえ、そうした制約と両立するあらゆる特権は住民に認めるべきであり、これには地域にかかわる事柄の自由な運営も含まれる。また、統治を担当する国の都合のために地域が犠牲になっている代償として、帝国内の他の全地域で現地住民が持っているのと同等の諸権利を認めるべきである。

ある程度の広さと人口を持った遠隔地で、属領と考えられている地域、つまり、本国の立法部に対等な形では代表されないまま（何らかの形では代表されているにせよ）、本国の主権的権力の行動に多

〔1〕アラビア半島南西端の港湾都市。
〔2〕ドイツの北、北海にある島。ドイツ名はヘルゴラント。

かれ少なかれ従属している地域は、二つの種類に分けられるだろう。支配している国と同じ文明に属し、代議制統治が可能で代議制統治にふさわしいまでに成熟した人々で構成されている場合がある。アメリカやオーストラリアのイギリス領がそうである。もう一つは、インドのように、そうした状態からはまだほど遠い場合である。

前者の属領の場合は、イギリスは真の統治の原則を異例なほどの完全さで実現している。イギリスは、血筋と言語を同じくする遠隔地住民に対して、また、そうではない遠隔地住民の一部に対しても、自国の代議制にならって作られたものを与えることに、いつも一定程度の義務を感じている。とはいえ、現在に至るまでイギリスが自分で認めた代議制による自治を実際に許容してきた水準はどうかと言えば、他国の場合と同様の劣悪な水準である。イギリスは、もっぱら現地内部の問題であっても、どうしたら最善の規制策となるかについて、現地の考え方ではなく自分自身の考え方にもとづいて、絶対的裁定者の役割を果たすことを主張していた。このやり方は、植民地政策に関する悪質な理論から自然に生じてきたものである。それは、以前はヨーロッパのどこでもありふれていて、今でも、イギリス以外の国民の場合、完全には放棄できていない。この理論では、自国商品の市場、しかも全体を自国で押さえておける市場を提供するという点に、植民地の価値を見ていた。非常に価値のある特権と評価したために、自国における植民地産品市場を植民地が独占するのを許容してでも、つまり、自国が植民地における自国産品市場について要求しているのと同じ独占を植民地に許容してでも、手に入れる価値があると考えたのである。莫大な金額をたがいに相手に支払うことで植民地と自国を富ませるというこの有名なやり方は、途中で大半が行なわれなくなり、しばらく前に放棄された。しかし、植民地内の統治への干渉という悪い習慣は、それで利益を得ようという考えを放棄した段階ですぐには消滅しなかった。イギリスは、自国の利益ではなく植民者の部分的派閥的な利益のために、植民地を苦しめ続けた。専横的な支配にこのように固執したために、イギリスはそれを放棄するという健全な考えに至る以前に、カナダの反乱〔3〕という代価を支払わされた。イギリスは育ちの悪い兄のようなものだったのであり、弟たちの一人が、力では対等でないものの勇気ある抵抗によってやめるように警告するまで、ただの習慣から弟たちをしつこくいじめ続けたのである。イギリスは二度目の警告を必要としない程度には賢明だった。各国の植民政策の新時代は、ダラム卿の報告書〔4〕で始まった。これは、この高貴な人物の勇気、愛国心、開明的な寛大さ、そして、共著者であるウェイクフィールド氏〔5〕と故チャールズ・ブラー氏〔6〕の知性と実践的な知恵の不滅の記念碑である。*

*〔原注〕私がここで論じているのは、この改善された政策の採用についてであって、元々の提案についてではない。最初の提唱者という名誉は、明らかにローバック氏に帰すべきものである。

ヨーロッパ民族系のイギリス植民地は本国と同等に自地域で完全な自治権を持つというのが、現在

〔3〕一八三七年にイギリスによる課税や議会選挙干渉への反発から生じた事件。
〔4〕当時のカナダ総督である初代ダラム伯（一七九二―一八四〇）が一八三九年に本国に提出した報告書で、その後のカナダ自治につながった。
〔5〕エドワード・ギボン・ウェイクフィールド（一七九六―一八六二）はイギリスの政治家。オーストラリアやニュージーランドへの植民の促進を主張した。
〔6〕チャールズ・ブラー（一八〇六―一八四八）はイギリスの改革主義的政治家で、ミルの友人。

では、イギリスの政策上の既定原則であり、理論上公言され実践において忠実に守られている。これらの地域はかなり民主政的な国制をイギリスから与えられていたが、適当と考える形にこれを変改して、独自の自由な代議制国制を形成することが許されている。それぞれは、きわめて民主政的な諸原則を基礎に構成された独自の立法部と執行部によって統治されている。イギリスの国王と議会の拒否権は名目的には留保されているが、特定の植民地だけではなく帝国全体にかかわる問題に対して(しかもごくまれに)行使されるだけである。植民地の問題と帝国全体の問題との区別についてどれほど緩やかな解釈がされてきたかは、アメリカやオーストラリアのイギリス植民地の後背地域における非占有地すべてが、一切の統制なしに各植民地の自由裁量に委ねられているという事実に示されている。これらの土地は、帝国内の全域から将来やってくる移民の利益を最大化する措置のために、帝国政府に留保しておいても不当ではなかったのである。このように、どの植民地も、最も緩やかな連邦の一員にしか可能でないような十分な自治権を持っている。合衆国憲法の下で連邦を構成している諸州の場合よりもはるかに大きな権限であり、本国からの輸入品に対して任意に課税することすら自由になっている。これらの植民地とイギリスとの結びつきは、連邦制的な統一としては最も軽度なものである。ただし、厳密に言えば対等ではない連邦であり、連邦政府の権限は、実際には非常に狭い限界内に切り詰められてはいるものの、本国が保持したままになっている。この不平等はもちろん、ある程度は属領地域にとって不利な点であり、外交政策に関しては、発言権がないまま本国の決定に拘束される。戦争になれば、何らの事前協議なしでイギリス側に加わらなければならないわけである。

正義は個人と同様に社会に対しても拘束力があり、自分自身の利益のために他者に対して行なうのが正当でない物事を、自国の利益と考えているもののために他国に対して行なうのは正当でないと考える人々がいる(幸いにも現在では少なくない)。こうした人々は、植民地側が上述のように限定的にでも憲法上従属しているのは原則に反すると感じ、これを回避する方策の探究にしばしば没頭してきた。この見地から、植民地からイギリス議会への代表派遣を提案する人もいるし、また、植民地議会の権限と同様にイギリス議会の権限も国内政策に限定し、外交や帝国に関連する問題に関しては別の代表者議会を置いて、最終的にはイギリスの各属領はイギリス本国と同様の仕方で、また、同じように徹底した形でこの議会に代表されるようにせよ、と提案する人もいる。この仕組にもとづけば、本国と属領は完全に対等な連邦となり、もはや属領は存在しなくなるだろう。

これらの提言の元になっている公平の感覚や公的道義の考え方は、まったくもって賞賛に値する。しかし、提言そのものは、統治の合理的原則とは整合していないために、誰であれ筋の通った考え方をする人々が、可能性のある提言として本気で受け容れてきたとは考えにくい。地球半分の距離で隔てられた国々が一つの統治体制の下に置かれる自然的条件は存在しないし、一つの連邦の構成国になることについてすらそうである。そうした国々が同一の利益を十分に持っていたとしても、一緒になって協議する十分な習慣は持っていないし、けっして持てるものではない。それぞれが同一の公衆の一部分になっているわけではない。議論や討議は同一の場ではなく、別々の場で行なわれているし、相手の心の中に何が去来しているかについて非常に不十分な知識しかない。他国のめざしているものはたがいにわからないし、他国の行動原則はこうだという確信もない。議席の三分の一はイギリス領アメリカ〔カナダ〕の人々が占め、別の三分の一は南アフリカとオーストラリアの人々が占めている議会に、自分たちの運命が左右されたいと思うかどうか、イギリス人の誰でもよいので自問させてみればよい。しかし、何がしかの公正平等な代議制のようなものができれば、こうならざるをえないのである。カナダやオーストラリアの代表者たちが、イングランド人、アイルランド人、スコットランド人の利益や意見や願望について、帝国関連の性格を持つ問題に関するそれらについてすら、知見を持ち十分な関心を実感するのは不可能だと、誰もが思うのではないだろうか。厳密な意味での連邦の目的に限っても、連邦に不可欠だとわれわれが観察した諸条件は存在していない。イギリスは植民地がなくても自国防衛には十分であるし、植民地から分離しても、アメリカ・アフリカ・オーストラリア連邦のたんなる一員になった場合に比べて、いっそう威信のある、また、はるかに強力な立場を占めるだろう。分離してもしなくてもイギリスが貿易で得る利益は同じだろうし、威信という点を除けば、他にイギリスが属領から得る利益はほとんどない。多少の利益を得たとしても、属領のために費やされる経費にまったく見合わないし、戦時の場合や現実に戦争が憂慮される場合に属領に必要となる陸海兵力の展開には、イギリスだけの防衛に必要な費用の二倍か三倍が必要となる。

しかし、イギリスは植民地なしでも完全にうまくやっていけるとしても、また、最善の連合形態を十分に試した後で属領が熟慮の上で分離を望む時が到来したら、イギリスは道徳と正義のあらゆる原則に即して属領の分離に同意すべきであるとしても、当事者双方の感情に否定的なものがない限りは、現在の軽度な結びつきを維持する強力な理由が存在している。この結びつきは、ある程度は、世界平和や諸国間の広汎な友好的協力への一歩である。この結びつきがなければ多数の地域が独立独行となるだろうが、この結びつきがあることで、そうした地域間での戦争が不可能になっている。さらに、いずれかの地域が外国に吸収されるのを防止しているし、いっそう専制的であるか近い将来そうなりそうなどこかのライバル国の攻撃力の追加的要素になる、という事態も防止している。そうしたライバル国は、必ずしもつねにイギリスに比べて野心的でないわけではないし、いっそう平和愛好的だとも限らないのである。少なくとも種々異なる国々の市場の相互開放が維持され、敵対的な関税による相互排除が防止されている、という点もある。そうした関税は、イギリスを別とすれば、どの大規模社会もまだ完全には卒業しきれていないのである。また、イギリスの属領には、現代では特に貴重な利点がある。世界中が見守る中で、あらゆる列強の中で自由を最もよく理解している強国〔イギリス〕の道徳的な影響力と威信にあずかる、という利点である。しかも、この強国は、過去においてどのような誤りがあったにせよ、他の諸大国が可能と考える以上に、あるいは望ましいと認める以上に、外国人の処遇という点で、高い水準の良心と道徳的原則を達成しているのである。したがって、不平等な連邦という土台に立っているこの連合は、現に存続している限りで存続できるものであるから、このわずかな程度の不平等が、劣位にある諸地域にとって煩わしくなったり屈辱的になったりしないようにするためにどんな方策が可能かを考えることが重要である。

この事例で必然的に内在する唯一の欠点は、和戦の問題について、本国が自国としてだけではなく植民地にも代わって決定することである。これと引き換えに植民地は、自分たちに向けられた攻撃を撃退する義務を本国に負わせることになるけれども、しかし、あまりに非力な弱小地域で強力な保護が不可欠である場合を別とすれば、義務の相互性があるからといって、それが協議での発言権を認めないことを十分に埋め合わせているわけではない。したがって、カフィール戦争[7]やニュージーランド戦争[8]のように、特定植民地の利益のために引き起こされる戦争を除いて、どの戦争でも植民地人に対して（植民地側が自発的に望むのでない限り）出費の分担を求めないということが重要になる。ただし、侵略に対して地元独自の都合でその港湾や沿岸部や辺境地帯を防衛する場合には、例外として分担を求めてもよいだろう。さらに、本国は、自分自身の裁量で植民地を攻撃にさらしかねない方策を講じたり、そのような政策を追求する特権を主張したりするのであるから、平時においてすら植民地の防衛費用のうちかなりの部分を負担し、常備軍に頼る場合は全額を負担するのが相当である。

しかし、世界各国の中で独立した強国の一部として、広域的で強力な帝国という大きなまとまりの中に小規模地域が自らの独立性を埋没させることに関しては、その十分な代償となりうる方策として、また、一般的に言えば唯一の方策として、上述の点に比べてはるかに効果的なものがある。これは、正義の要求と切迫度が高まりつつある政策上の必要性に同時に応える必要にして十分な方策である。つまり、全省庁および帝国内の全地域における政府業務を、完全に平等な条件で、植民地の住民にも開放することである。イギリス海峡のチャンネル諸島[9]に、忠誠拒否の気配が感じられないのはなぜだろうか。民族や宗教や地理的位置から言えば、現地の人々[10]はイギリス系というよりもフランス系である。しかし、彼らはカナダやニューサウスウェールズと同様に、域内問題と課税に対する完全な統制権を享受しており、また、その一方で、国王から授与される官職や地位はすべて、ガーンジー島やジャージー島[11]の現地人に自由に開かれている。これらのごく小さな島々の出身者は、陸海軍の将官やイギリス貴族院議員になっているし、首相になることにも何ら妨げはない。植民地全般に関しても、一人の開明的な植民相、早逝してしまったサー・ウィリアム・モールズワースによって、彼がカナダの主導的政治家であるヒンクス氏を西インド政府に任用した時点で、同様の仕組が導入された。〔12〕譲歩によって実際に得られる役職の数は取るに足らないだろうから、そんなものは重要でないと考えるのは、社会集団内の政治行動の動機に関する非常に浅薄な見方である。その限られた数を占めているのは、他の人々に対する非常に大きな精神的影響力を持った人々であろう。一人を他の全員と同じ境遇にあるという理由で優遇しないというのは、全員に対する侮辱である。そう感じないほど、人は集団全体への侮蔑に対して無感覚ではない。われわれのせいで、ある社会の主導的人物がその第一人者や代表者として、世界が見守る中で登場できなくなっているとすれば、その人物の正当な野心とその社会の正当な誇りの双方に対して、われわれは借りがあるのであって、その見返りとして、より大きな力と

〔7〕一八世紀後半から一九世紀にかけて南アフリカで、数次にわたってイギリス植民者と原住民との間で戦われた戦争。コーサ戦争とも呼ばれている。
〔8〕一八六〇年から一〇年あまりにわたって、イギリス軍と原住民の間で戦われた戦争、マオリ戦争とも呼ばれる。
〔9〕フランスのノルマンディー(コタンタン)半島西部沖合いに位置したイギリス領の島々。
〔10〕オーストラリア南東部、中心都市はシドニー。
〔11〕いずれもチャンネル諸島を構成する島々。
〔12〕モールズワース(一八一〇—一八五五)は、哲学的急進派(ベンサム派)の政治家、庶民院議員。植民地問題に取り組む一方で、ホッブズ著作集の編集にも携わった。フランシス・ヒンクス(一八〇七—一八八五)は、アイルランド出身のカナダの政治家。カナダ植民地首相やバルバドス総督などを歴任。

重要性を持った国の中で同様の重要な地位に就く平等な機会を彼らに与えるべきなのである。

以上は、住民が代議制統治にふさわしいまでに十分に進歩している属領についてであった。しかし、これとは別に、その状態にまでは到達しておらず、何とか存続していくには支配国による統治や支配国がその目的のために委任した人物による統治が必要な属領もある。この統治方式は、被支配者たちの現在の文明化状態においては、より高度な進歩段階への移行を促すのに最善な方式であれば、他の統治方式と同じように正当である。すでに見たように〔本書第四章〕、より高度な文明を受容可能とするのに特に不足している点で国民を訓練するには、強力な専制が本来的に最適の統治方式であるような社会状態も存在する。これとは別に、たんに専制だという事実はたしかに何の効果もなくなっていて、専制から与えられる訓練はすでに十分すぎるほどこなされてはいるが、しかし、国民自身には自発的改善の動機が存在せず、進歩の道を進んでいくほとんど唯一の望みは、善良な専制的支配者が登場する偶然にかかっている、という社会状態もある。現地人による専制の場合、善良な専制的支配者はめったにない一時的な偶然である。しかし、文明化している国民の支配下にある場合には、支配国の国民から善良な専制的支配者をいつでも提供できるはずである。支配国は、未開の専制につきまとう地位の不安定さを抵抗不可能な力で確実に克服できるし、進歩している国民が経験から学んだ万事について先取り的に対処する資質もそなえているので、世襲で続いていく絶対君主たちができることすべてを被支配者たちのために行なえるはずである。未開の国民や半未開の国民に対する自由な国民の理想的支配とは、こうしたものである。この理想が現実となることを期待すべきだ、というのではない。しかし、それにいくらかでも近づくのでなければ、一つの国民に対して委ねることのできる最高度の道徳的信託を履行しなかった点で、支配者は責めを負うべきなのである。ましてや、それを全然めざしていないというのであれば利己的な簒奪者であって、犯罪性という点で、時代から時代へと相も変わらず野心と貪欲から多くの人々をもてあそんできた連中と何ら変わるところがない。

進歩した国民に直接的に服従したりその完全な政治的優越の下に置かれたりすることは、後進国の人々にとってすでに共通の条件になり、急速に普遍的条件にまでなりつつある。世界がこうなっている時代にあって、支配される側の国民に害悪ではなく利益を与え、現時点で獲得可能な最善の統治体制と将来の永続的改善に最も好都合な条件を提供するために、この支配をどう編成するか、という問題ほど重要なものは他にほとんどない。しかし、統治体制をこの目的にどう適合させるかは、自分自身を統治できる国民においてよい統治の条件は何かという問題に比べて、よく理解されていない。まったく理解されていない、と言ってもよいぐらいである。

この問題は、浅薄な観察者の目には実に簡単なことに映る。もし、(たとえば)インドが自治に適していないのであれば、こうした観察者が必要だと思うのは、インド統治担当の大臣がいて、この大臣がイギリスのすべての大臣と同じようにイギリス議会に責任を負う、ということだけである。これは属領統治の最も単純なやり方ではあるものの、遺憾ながら最悪に近く、よい統治の諸条件に関する理解が提唱者にまったく欠けていることを図らずも露呈している。自国の統治を自国民に責任を負って行なうことと、ある国の統治をそことは別の国の国民に責任を負って行なうことは、二つのまったく異なった問題である。前者を卓越したものにするのは、専制ではなく自由を選ぶということであるが、後者の場合は専制である。ここで可能な選択はどんな専制を選択するかでしかないし、二千万人による専制(13)が、少数者の専制や一人の専制よりも必然的によいものだという保証はない。とはいえ、被支配者たちに耳を傾けず、目を向けず、知ろうともしない人々の専制が、そうしたことをする人々の専制よりも劣悪となる可能性が多々あることは、相当にたしかである。現場の当局者による統治の方が良好であるのは、現場にはおらず注意を払わなければならないもっと切迫した問題を山ほど抱えている一人の支配者の名を借りて統治するからであるが、ふつうはそのようには考えられていない。その支配者が重い刑罰という力の裏付けによって代理人に厳格な責任を負わせることはあるだろうが、そうした刑罰が多くの場合に適正な場所に下るかどうかは大いに疑わしい。

ある国を外国人が統治できるとしても、そこにはつねに大きな困難があり、非常に不完全でもある。支配者と被支配者との間に習慣や考え方の点で極端な違いがない場合ですら、そうである。外国人は、現地の国民の身になって感じることがない。被支配者の立場にある住民たちの精神に物事がどのように影響し、どのように見えるのかについて、住民自身の観点や住民の感情に対する影響の仕方に即して判断することは、外国人にはできない。平均的な実務能力を持つ現地人がいわば本能的に知っている物事を、外国人は勉学と経験によって、緩慢にしかも結局は不完全な形で学ばなければならない。行なうべき立法にかかわる法律や慣習や社会関係は、子どもの頃から慣れ親しんでいるものではなく、すべて疎遠なものである。詳細な知識の大半に関しては、現地人の情報に頼らなければならないが、誰を信頼してよいのかを知るのは難しい。外国人は現地人に恐れられ、疑われ、おそらくは嫌われる。現地人が関心を持つ目的以外で、頼りにされることもほとんどない。隷属的に言いなりになっているのを、信頼できるしるしと考えがちでもある。外国人の危うさは、現地人を軽蔑することである。現地人の危うさは、外国人のすることが自分たちの善を意図したものでありうる、と思わないことである。これらは、自分が外国人の立場にある国を適切に統治しようと誠実に努めている支配者が、奮闘して取り組まねばならない困難の一部にすぎない。そのような困難を多少なりとも克服することでも、つねに多くの労苦がともなう仕事であり、長の立場にある行政官の非常にすぐれた能力と、その部下たちの高水準の能力を必要とする。そうした統治体制のための最善の組織は、仕事を確実にこなし能力を発展させている組織であり、最もすぐれた能力を示している人物を最高の地位に信任する組織である。担当機関が、苦労を切り抜けたことがなく、何の能力も獲得しておらず、このいずれもが格別に必要なことにたいていは気づいてすらいないのであれば、そういう機関に対する責任を負って仕事をしても、上述の目的を達成するのに大して効果的だとは考えられない。

国民自身による国民の統治には、意味があり現実感もある。しかし、ある国民による別国民の統治といったものは、存在しないし存在しえない。ある国民が別の国を、自分自身が利用するための飼育場や養殖地として、金儲けの場として、自国民の利潤のために働かされる人間家畜の養育施設として保有することはあるだろう。しかし、被治者の善が統治体制の本分であるとしても、その点について本国の国民がじかに気を配ることはまったく不可能である。彼らがせいぜいなしうるのは、自分たちの中にいる最善の人物の何人かに、この仕事をする任務を委ねることでしかない。委ねられた側の人

〔13〕　イギリス国民全般による専制。

物にとっては、本国の意見は自分の任務の遂行方針としてはあまり役に立たないし、業務遂行の仕方に関する適正な判定基準にもなりえない。イギリス人がインドの問題に無知で無関心であるのと同様に、自国の問題にも無知で無関心だったら、イギリス人はどのように統治されるかを考えてみるとよい。この対比でも、今の問題の実情はうまく思い浮かんでこない。なぜなら、政治に対してこのようにまったく無関心な国民は、おそらく黙従し政府の好きなようにさせるだけだろうが、しかし、インドの場合は習慣的黙従の只中にありながら、イギリス人のような政治的に積極的な国民が折あるごとに干渉し、しかもそれがほとんどいつも的外れの干渉になっているからである。インドが繁栄するか悲惨になるか、向上するのか劣化するのかを決定する真の原因は、イギリス国民の目が届く範囲からあまりに遠く離れたところにある。イギリス人は、そうした原因の存在を推測するのに必要な知識を持っていない。原因がどう働いているかを判断するのに必要な知識はなおさら持っていない。インドの最も本質的な利益は、イギリス国民の賛同を得なくても適切に処理されることもあるだろうし、あるいはまた、イギリス国民に注目されないまま極度に不適切な形で処理されることもあるだろう。

派遣行政官の取組に対する干渉や統制へとイギリス国民を仕向けているのは、二種類の目的である。一つは、イギリス流の考え方を現地人に押しつけることである。たとえば、改宗のための方策を使うことによって、あるいは、現地人の宗教感情を逆撫でする行為を故意にあるいは意図せずに行なうことによってである。支配国における世論のこうした間違った方向性の教訓的な例は、公立学校では生徒や両親の選択で聖書を学習させるべきだという、イギリス国内で今や一般的になっている要求である（意図としては、正義や公平さ、それに、本気で信じている人々について考えうる最大限の不偏性以外に何もないだけに、いっそう教訓的である)。ヨーロッパの観点からすれば、これ以上に公正な見方はありえないし、宗教的自由という点に関して反対の余地もこれ以上に少ないものはないように思われる。これがアジア人の目にはまったく別のものに映る。政府が目的を決めないままで、有給の公務員や公的機関を動かすというのは、アジア人には信じられないことであり、目的を決めているのであれば、非力で見下げ果てた有様の政府でない限り、目的追求が中途半端になるということも、アジア人には信じられない。公立の学校や教師たちがキリスト教を教えるというのであれば、自発的に求める人々にしか教えませんと、どう誓約しようとも、自分の子どもにキリスト教を教えたり、いずれにしてもヒンズー教から引き離すために不適切な手段が使われたりすることはないと両親を納得させることは、証拠をどんなに山積みにしてもできないだろう。そうではなかったのだと彼らが最終的に確信できるのは、この方針に即した学校が改宗者を生み出すのに完全に失敗することによってだろう。こうした教育が、その目的推進という点でほんのわずかでも成果をあげたら、公立学校教育の効用やさらにはその存在すらも損ねるばかりでなく、おそらくは統治体制それ自体の安全まで損ねるだろう。イングランドのプロテスタントは、改宗教育はしませんと請け合われても、自分の子どもをローマ・カトリックの神学校に入学させる気には簡単になれないだろう。アイルランドのカトリックは、プロテスタントにされる可能性のある学校に自分の子どもを入れたりはしない。それなのにイギリス人は、ヒンズー教の特権はたんなる身体的所作[14]だけでも失われうると信じているインド人が自分の子どもをキリスト教徒になる危険(!)にさらすことに、期待を寄せるということなのである。

以上は、派遣した統治者の行動に対して支配国の世論が有益というよりも有害な作用を及ぼす際の、作用の仕方の一つである。その他に、このような干渉が最も頻繁に行なわれる可能性があるのは、干渉が最も執拗に要求される場合、つまり、イギリス人入植者の何らかの利益のために要求される場合である。イギリス人入植者は、本国に味方や代弁者がいるし、公的に訴える手段もある。本国の人々と共通の言語や共通の考え方を持っている。イギリス人の苦情であれば、えこひいきが意図的に加わらなくても、いっそう共感的に聞いてもらえる。ところで、あらゆる経験が証明している事実があるとすれば、それはこうである。つまり、ある国が別の国を従属させているとき、自分の財産作りのために外国に進出する支配国の人々は、他の誰にもまして、強力な抑制の下に置かれることが最も必要な人々だ、ということである。こうした人々はいつでも、政府にとって主要な難題の一つである。彼らは威信で身を固め、征服国ならではの見下すような尊大さに満ち満ちた態度とともに、権力に対する責任の感覚を持たないまま、絶対的権力が駆り立てる感情を持つ。インド国民のような国民の中にあって公的諸機関が最善の努力をしたとしても、強者に対して弱者を効果的に保護するのには不十分である。その強者すべての中で、ヨーロッパからの入植者は最強である。人を堕落させるこの状況の影響が、かなりの程度、個人の人柄によって是正されていない場合、つねに彼らは、現地の国民を自分の足下にあるただの塵芥《じんかい》と思ってしまう。自分のごく些細な要求に対してですら現地人の権利が邪魔をするのは、彼らにとってはとんでもないことに思える。自分たちの商売の目的に有益と考えている自分たちの側に立った権力行動に対抗して、現地人保護のためにとられる行動は、どんなにささやかなものでも彼らから非難され、本気で権利侵害だとみなされる。彼らが置かれている状況でのこういう感情の状態はごく自然なものであるため、支配機関がこれまで行なってきた抑制策の下でも、このような精神が多かれ少なかれ絶えず噴き出してくるのを防げないでいる。統治機関は、それ自体としてはこの精神を免れていても、文官と軍人のうちの青年層に関しては十分に抑え込めていない。民間居留者に比べればはるかに強力な統制の対象になっているのに、そうである。インドにおけるイギリス人がこうである一方で、信頼できる証言によれば、アルジェリアのフランス人や、征服によってメキシコから得た地域のアメリカ人も同様である。中国のヨーロッパ人も同様のように思われるし、また、すでに日本のヨーロッパ人もそのようである。南アメリカのスペイン人がどうだったかは、思い出す必要もない。これらすべての事例において、民間の投機的な人々を服従させている統治機関は、そうした人々よりも善良で、そうした人々に対抗して現地人を保護するためにできる最善のことを行なっている。スペイン政府の場合ですら、ヘルプス氏の教訓的な歴史書[15]を読んだ誰もが知っているように、実効性はなかったにせよ誠実かつ熱心に同じことを行なっている。仮に、スペイン政府がスペイン国内の世論に直接に責任を負っていたとしたら、これが企てられたかどうかは疑わしい。なぜなら、明らかにその場合、スペイン人たちは、異教徒たちよりも、むしろキリスト教徒の友人や親戚縁者に味方しただろうからである。本国の公衆の耳に届くのは、入植者の声であって、現地人の声ではない。真実として通用する可能性があるのは、入植者の主張である。なぜなら、彼らだけが、無頓着で無関心な公衆に対して根気強く主張を行なう手段と動機を持っているからである。他の国民以上に

---

〔14〕　左手を使って食べるといったことを指していると推測される。
〔15〕　アーサー・ヘルプス『スペインによるアメリカ征服』(一八五五―一八六一年刊)。

イギリス人は、外国人に対する自国の所業を調べ上げる習慣があるが、その際の不信感に満ちた批判は、公的機関の措置に向けられるのがふつうである。統治機関と個人との間の問題すべてに関して、あらゆるイギリス人の頭の中にある思い込みは、統治機関の方が悪い、ということである。イギリス人居留民が、自分たちによる侵害から現地人を保護するために打ち立てられた防壁を破るために、イギリス的政治行動という砲列を引き出してくるときには、行政機関は、事態改善の意志を実際に持ってはいるものの弱々しいので、たいていの場合、異論の向けられている立場を守るよりも放棄することの方が、議会対策上の利益の面で安全で、いずれにしても面倒が少ないと考えるのである。

事態をさらに悪くしているのは、従属している地域や民族のために、正義と博愛の名の下に公共精神への訴えがなされる際に(イギリス精神は、名誉なことではあるが、こうした訴えを安易に受け入れてしまうという点で極端なところがあるので)、それが的外れになっている可能性も半分はある、ということである。なぜなら、従属地域には抑圧者もいれば被抑圧者もいるし、強力な個人や階級もいればそれに屈従する奴隷もいて、イギリスの公衆に訴える手段を持っているのは、後者ではなく前者だからである。自分が濫用していた権力は剥奪されたものの、処罰はされないまま、従来から享受していた大きな富や名望で生活を維持している暴君や享楽家、自分たちの土地からあがる地代について政府が留保している権利は手放して自分たちに渡すべきだと要求したり、自分たちの搾取から大衆を守るためのどんな努力も不正だと憤慨したりしている特権的地主集団——こうした連中が、イギリスの議会や言論界の中から利益絡みの代弁者や感情論的な代弁者を得ることは何ら困難ではない。声なき大多数の人々には、そうした代弁者はいない。

以上の考察は、ほとんど誰も自覚しているように思えないが仮にそうでなかったら明白な原理と呼んでよいものを例証している。その原理とは、つまり、被治者への責任はよい統治の確保に必要な条件すべての中で最も重要だが、被治者以外の誰かへの責任はそうした傾向を持たず、善と同程度に害悪をもたらす可能性がある、という原理である。インドにおけるイギリス人支配者のイギリス国民に対する責任が主として有益なのは、統治機関の行動に対して疑義が生じたときに、公開性と議論が確保されるからである。公開性と議論が有益になるためには、公衆のうち一部の個人が論点を理解していればよく、公衆全体の理解までは必要ない。なぜなら、責任が道徳的な責任でしかない場合は、集団としての国民全体に対する責任ではなく、国民の中でも、判断を下す各個人の全員に対する責任だから、意見は数を数えるだけではなく重さを量ってもよいのであり、当該問題に精通した一人の人物の賛同や反対が、それにまったく無知な何千人の賛同や反対よりも重みを持つ場合もあるからである。現場の支配者を被告席に座らせることができ、陪審員のうちの一、二名が支配者の行状について意見を表明するということであれば、他の陪審員の意見はおそらくないに等しいものだろうけれども、支配者に対して明らかに有益な抑制策となる。イギリスの議会と国民がインド統治に対して行なっている統制は、この程度ではあるにせよ、インドにとってプラスになっている。

インドのような国を直接に支配しようとするのではなく、良質の支配者をその国に提供することによってこそイギリス国民はその国に対する責務を果たすことができる。提供できる人物として、閣内にいる大臣ほどの不適任者はまずない。こういう人物の頭にあるのは、インド政治ではなくイギリス政治であるし、これほど複雑な問題に対して事情通ならではの興味を持つようになるまで在職し続けることはめったにない。二、三人の弁が立つ人物を担い手とする世論の体裁をとった主張が議会内で湧き上がると、それが、本物の世論であるかのような力を持ちながら大臣にまで影響する一方で、大臣の方は、自分自身の誠実な意見の形成に向かわせそうした意見を形成する能力を与えてくれるような訓練の影響や立場の影響の下にはないのである。自国の行政部の省庁によって、異質な国民が居住している遠く離れた属領を統治しようとする自由国家は、ほぼ不可避的に失敗する。まずまず成功する可能性のある唯一の方法は、ある程度の常設性を持つ代行機関を通じて統治し、国の移ろいやすい行政部には監査の権限と拒否の権限を認めるのにとどめることである。このような機関は、インドの場合には実際に存在していた[16]。この間接的統治の仕組を廃止するという短慮な政策に対して、イギリスとインドの双方が今後、苛酷な代償を支払わされることを私は懸念している。

このような代行機関は、よい統治の要件すべてを具備できるわけでない。とりわけ、被治者の利益との完全でつねに実効的な一致はありえないのであって、支配される側の国民がある程度までは自分たち自身の事柄を管理する能力を持っている場合ですら、そうした一致は非常に困難である。しかし、そのように言っても何の役にも立たない。本当のよい統治は、目下の事例の諸条件とは両立不可能である。不完全なもののうち、どれかを選択するしかないのである。課題は、事態の困難さの下で、統治機関の関心がよい統治にできるだけ多く向かい、悪い統治にはできるだけ向かわないように、統治機関を構築することである。これらの条件が最もよく整っているのは、間接的機関である。代行的行政はこの点でつねに直接的行政よりもすぐれているが、それは、結局のところ被治者に対して以外に果たすべき責務を持っていないためである。被治者の利益以外に考慮すべき利益もない。悪政から利益を引き出す力は、東インド会社の最終版の組織構成で縮小したように、著しく縮小されることもある。部外者の個人的利益や階級利益の偏りを完全に免れ続けることも可能である。本国の政府や議会が最終的に自分たちに留保されている権力の行使に際して、それらの偏った影響に振り回されている場合には、間接的機関は、帝国全体による審判を前にして、属領の頼もしい弁護人であり擁護者となる。さらに、間接的機関の主要な構成員は、物事の自然な流れとして、国の関心事のこの部分について専門知識を身につけている人々である。彼らは現場で訓練され、そこでの行政の仕事を生涯にわたる本業としてきている。専門的能力をそなえ、国内政治の偶発事で職を失う可能性もないために、彼らは性格的にも心遣いの点でも、自分に信託された特別な職務を果たす人間になりきる。彼らはまた、代議制的国制の下での閣僚が自ら仕えている国以外の他国のよい統治に対しておそらく持ちうる関心に比べて、自分の行政の仕事の成功に対しても、担当している国の繁栄に対しても、はるかに恒常的な関心を持っている。現場での業務担当者の人選がこの機関に委譲されれば、任命は、党派内や議会内の買収の渦中から離れるし、支持者への報酬のために官職任命権を濫用する動機や、何もしないと敵にまわるような連中を買収する動機の影響力を免れることになる。そうした動機はつねに、誠実さが平均レベルの政治家の場合、最適人物の任命という良心的な職責感覚よりも強力なのである。この種の任命を有害な方向から可能な限り引き離すことは、国の他のあらゆる官職において起こりうる最悪の問題以上に重要性を持っている。なぜなら、他の省庁であればどこでも、行政官が無能な場合に

---

〔16〕　ミルの勤務していた東インド会社（一八五八年廃止）を指す。

は、社会全般の意見がこの行政官のすべきことをある程度までは指図するが、しかし、属領という、国民が統制権を持つのがふさわしくない場所での行政官の場合は、統治機関の特性は、個々の職員の道徳的な能力や知的能力に全面的に左右されるからである。

インドのような国では万事が、統治機関職員の個人的な資質や能力に左右されることは、何度くり返し言ってもくり返しすぎではない。この事実はインド行政の中心原理である。信託される責任ある地位に個人的便益という動機から誰かを任命することは、すでにイギリスでは重大犯罪になっているが、これがインドでは刑罰に問われることなく可能だと考えられてしまうときが到来したら、イギリス帝国の衰退と没落はこの地から始まるだろう。たとえ最善の候補者を選ぼうという誠実な意図があっても、最適な人材を調達するのに偶然に頼ってはいられない。人材養成に配慮した仕組がなければならない。これまではそうだった。また、そうだったからこそ、イギリスのインド支配は続いたし、繁栄と良好な行政の面で、非常に急速というわけではないにせよ恒常的な改善の一例となってきたのである。現在では、この仕組に対して激しい敵意が露骨に向けられ、打ち壊そうという強い熱意が示されている。まるで、こうした仕事のための統治機関職員を教育し訓練することが、まったく理不尽で弁護の余地のないものであり、無知と無経験が持つ権利への不当な侵害であるかのようにである。自分とつながりのある人々のためにインドの上級官職を使って利権あさりをやりたがっている連中と、インドにすでに在住していて、インディゴ工場や法律事務所から、裁判所関係の仕事や膨大な数の人々の政府納付金を扱う仕事の担当者に出世したいと要求している連中との間には、暗黙の共謀関係がある。公行政の「独占」だとあれほどまでに非難されているものは、法曹による司法官職の独占と同じものなのである。それを廃止するのは、ブラックストン〔17〕の著書を時折のぞいたことがあると請け合ってくれる友人がいるので、初めての訪問でもウェストミンスター・ホールの裁判官席に招き入れてもらえる、というのと同じことだろう。仮に、イギリスから人材を送り出すことや国外に行くことを促進するコースとして、下級職での経験によって仕事を学ぶことなしに上級職に就けるコースが取り入れられたとしたら、最も重要な役職は、インドにもインドでの仕事にも専門職としての何の思い入れもなく、予備知識もなく、大急ぎで金儲けをして帰国することだけに熱心なスコットランド人の親戚や冒険家に投げ与えられることになるだろう。インドにとって安心できるのは、行政担当者が若いうちにたんなる候補生として派遣され、最下級の職位から出発して、適当な時期が来たら能力の示すところに応じて昇進させたりさせなかったりする、というやり方である。

東インド会社の仕組の欠陥は、最重要なポストには最善の適材を慎重に探し出している一方で、職員の場合は、在職していれば時期が遅くなることはあっても、能力が最高か最低かにかかわりなく何らかの形で最終的には昇進する、というところにあった。このような職員集団でありながら、能力で劣る部分ですら職務のために育成を受け、上級者の監視と権限の下で、最下級の職位でも不祥事なしで多年にわたって職務を遂行していたことも、忘れてはならない。しかし、これは悪弊の軽減にはなったとはいえ、やはり大幅な軽減ではなかった。補助者の職務以上の職責への適合に至らなかった人材は、終身の補助者にとどまるべきであって、年少の者が職位で上になってもよいのである。

〔17〕ウィリアム・ブラックストン（一七二三—一七八〇）は法律学者で、『イギリス法釈義』の著者。

以上の点を別とすれば、私としては、インドのかつての人事制度にどんな実質的欠陥も感じない。この人事制度はすでに、別の点で最大限可能な改善が行なわれていた。新規採用段階での志願者を競争試験で選抜するという改善である。これには、高水準の勤労意欲と能力を持った層からの人材調達という利点の他にも、推奨できる点がある。つまり、候補者と採用に際して意見を述べる者との間に、偶然による以外には何ら個人的関係がない、という点である。

このように選抜され訓練された公務員に限って、インドに関する特別な知識と経験を必要とする役職に就任できるというのは、けっして不当なことではない。下位の職位を経由せずに上位の職に任用する扉が一時の方便のためであっても開かれてしまうと、有力者が絶えず扉を叩くことになって扉を閉ざし続けられなくなる。例外的な任用でよい唯一のものは最上級職である。イギリス領インドの副王(18)は、最大の一般的な統治能力という基準で、イギリス人全員の中から選ぶべきである。こうした能力をそなえた人物であれば、自分には身につける機会のなかった地方的事情に関する特別な知識や判断力を他の人々に見つけ出し、自分自身のために活用することができるだろう。副王を(例外的な場合を除いて)通常業務の担当者の一人としないのには、相応の理由がある。どの業務にも、多かれ少なかれ職種ごとの偏見があるが、トップの支配者はそれを免れていなければならないのである。ところが、どれほど有能で経験を積んでいても、アジアでの生活をしてきた人物には、政治家のあり方全般に関する最先端のヨーロッパ的な考え方を持っている可能性はない。トップの支配者は、そうした考えを実地に移し、インドでの経験の成果と融合させるべきなのである。さらに、別階級の人物であるために、また、とりわけ別機関から選ばれているために、自分が行なう役職任命を個人的な偏りで歪めることもまずない。公正な役職任命を確保するためのこの重要な方策は、国王と東インド会社の混合統治の下で、まれに見る完全な形で存在していた。人事の最高責任者だった総督は、間接統治機関によってではなく、非公式にではあるが事実上、国王つまり国の政府によって任命されていた。おそらく国王直属の高官は、現地業務に関して個人的あるいは政治的なコネクションを一つとして持っていなかっただろう。他方、自ら現地業務に従事する人々が構成員の大半を占めている代行機関の方は、そうしたコネクションを持っていたし、持つ可能性があった。

統治機関の文民職員の場合は、副王や総督を供給している社会階級から相当部分が供給されるようだと、この不偏性確保策の効果はかなり失われる。少年期にたんなる職員候補生として送り出すことにしていてもである。この場合は、新規採用時の競争試験ですら対策として不十分になる。試験のおかげで、たんなる無知や無能は排除されるだろうし、有力家系の青年たちは、他の青年たちと教育や能力の点で同じスタート地点から競争せざるをえなくなる。いちばん頭のよくない息子は、教会には就職できてもインドの仕事には就けないだろう。しかし、就職後の不当なえこひいきには防止策がない。もはや、人事担当者は全員について平等に何も知らないし聞いたこともないという状態ではなくなって、業務の一部分は、個人的に、また、それ以上にはるかに多くの面で政治的に、自分と密接に絡んでくるだろう。特定の家系に属する人々や、上流階級や諸々の有力コネクションに属する人々は、競争相手よりも早く昇進するだろうし、本人にはふさわしくない地位にとどまったり、他の人の方が

〔18〕　インド総督の称号。

適任な地位に置かれたりする、といったことが頻繁に生じるだろう。軍隊で昇進に影響しているのと同じ影響力が働くようになる。これでも不公平ではないと考える人々だけが、頭の単純さからそのように考えるという奇蹟が生じるとしての話だが、インドでの昇進も公平と考えるだろう。この悪弊は、現行の仕組の下で実施できるどんな一般的方策によっても、是正不可能ではないかと懸念される。いずれの方策にしても、それがもたらす防止効果は、二重統治体制などと言われていたものから自然発生的に生じていた方策におよばないだろう。[19]

イギリスの国内統治の仕組という事例において非常に大きな利点として説明されているのは、この仕組があらかじめ考えられた構想からではなく、当座の対応をくり返し続けたことによって、また、本来は別の目的のために作られた機構を改造して転用することによって、ひとりでに成長したことである。このことが、インドの場合に関してはあだとなった。仕組の存続を左右している国家が必要としているということから仕組が成長したわけではないので、[20]そうした仕組のありがたさは、イギリスでは深く実感されなかった。それが受け容れられるためには、理論的な推奨が必要だっただろう。不幸なことに、そうした推奨は、まさに欠けていると思われたものに他ならなかった。ふつうの統治理論は、確かにそうした推奨を提供していなかった。それらの理論は、最も重要なすべての点で、インドの事例とは異なる状態を対象に作られたものだったからである。しかし、統治に関しては、人間が作用主体である他のあらゆる分野に関してと同様に、永続性のあるほとんどすべての原理は、最初は特定事例の観察から着想を得る。その特定事例では、一般的な自然法則が、何らかの新しい、あるいは、以前は気づかなかった諸事情の組み合わせの中で作用しているのである。イギリスやアメリカ合衆国の諸制度は、大半の統治理論を提示した点で際立っていた。それらの理論は、盛衰はあったにせよ、数世代を経た今、ヨーロッパ諸国民の政治生活を再び覚醒させているところである。

文明国による半未開の属領統治に関する真正な理論を提示し、その後は姿を消すというのが、東インド会社の統治体制の運命だった。今後、二、三世代を経た時点で、この理論上の成果がインドにおけるイギリス支配の残した唯一の果実だったとしたら、また、われわれの知恵が考え出した以上にすぐれた仕組を偶然発見した後で、自分たちの覚醒した理性を最初に用いて行なったのは、それらの仕組を破壊することであり、実現の途上にあった善が、その善が依存している諸原理への無知のために、挫折し失われるままにしておくことだった、と後世の人々がわれわれについて語るとしたら、これは数奇な運命だろう。神々がわれわれにもっとよいものを与えてくださいますように。〔21〕イギリスにとってでも文明にとっても、これほどまでに不名誉な運命を避ける可能性について言えば、それが可能となるのは、たんなるイギリスやヨーロッパのやり方が提供できる以上の、はるかに幅広い政治的諸概念を通じてであるにちがいない。また、イギリスの政治家たちや、イギリスの公衆に意見を与えている人々がこれまで積極的に行なおうとしてきた以上にはるかに深い、インドの経験やインド統治の諸条件についての研究を通じてにちがいない。

〔19〕東インド会社を介したインド統治の体制。
〔20〕イギリス本国における制度的発展とは無関係にインド統治の仕組が作られていたことを指す。
〔21〕キケロ『老年について』の一節。

訳者解説

古典と広く認められている名著は、さまざまな読み方をされながら、世代を超えて読み継がれてきた。評価や理解は、読まれる時代や社会によって大きく異なることもあるが、それを超えて「これは深い、本物だ」という感触が共有され、古典としての地位が確立していく。学校の教科書で古典として扱われることも古典の地位の確立に影響するだろうが、本質的な要因とは思えない。やはり最後は、読者が自分自身で実際に読んでみて得られる「本物感」が決定的な鍵になるだろう。ミルの『代議制統治論』も、そうした本物の古典と言ってよい一冊である。

そうであればこそ、この著書についての解説は難しい。読者に古典の本物感を実感していただくのが一番大切なことであり、それを損ねる解説であってはいけないだろう。誤読にもとづく解説は論外だが、解釈や評価を読者に一方的に押しつけるようなことも避けなければならない。さすが古典だという実感は、読み手が自分の力で自由に読むことでしか得られない。

しかし、自由と恣意が隣り合わせであることも見落とせない。テクストに刺激されて、読み手自身の自由な思考が展開していくのはすばらしいことであるけれども、それと元のテクストとの距離感は、はっきり自覚しておく必要がある。テクストとの明確な関連がなくても価値ある思考になることはあるかもしれないが、少なくとも、それをテクスト自体が言っていたことだと思い込むのは避けるべきだろう。自由な読み方とテクストという事実の尊重とは共存する必要がある。そして、テクストという事実の尊重は、テクストの著者自身がどんな問題を解決すべき問題と考えて取り組み奮闘していたのかを見きわめる姿勢を前提としている。

この点に留意して解説を進めることにしたいが、その前に、読者の便宜のためにアドバイスを一つだけしておきたい。本書の第一章から第四章まではかなり抽象度の高い理論的考察になっていて、ミルの議論に馴染みのない多くの読者にとっては難解に感じられるかもしれない。実はミル本人にとっても、これらの議論は、もっと具体的な事実や問題に関する思索と抽象的な理論レベルでの思索との往復をくり返した結果として到達したものだった。つまり、議論が具体的になってくる第五章以下は、それ以前の章の抽象的な理論や概念がまずあってそこから論理の自動的展開で一方通行的に出てきたもの、というわけではない。したがって、第四章までは、わかりにくい点があってもひとまず保留したまま読み通し、第五章から最終章までの具体的な議論を十分把握し理解した上で、再度戻ることをお勧めしたい。どんな具体的問題を念頭に置いて理論的な考察をしていたのかということがよくわかり、読解を深められるだろう。

さて、以下ではまず、著者であるミルについて、『代議制統治論』に至るまでのミルの思想的模索(何を問題と考えて奮闘していたのか)について、ごく手短かな概略を示すことにしたい(ミルの生涯の詳細については『ミル自伝』(朱牟田夏雄訳、岩波文庫、一九六〇年)を、ミルの思想的模索の詳細については、拙著『自由と陶冶――J・S・ミルとマス・デモクラシー』(みすず書房、一九八九年)を参照していただきたい)。

これに続けて、ミルのテクストの中でも特に、現代の私たちのものの見方のこわばりやとらわれをほぐしてくれるようなミル本人の視座あるいは論点を五つほど取り上げておこう。政治哲学の古典を読む最大の効用は、人間や政治についてのびのびと自由に考えるのに必要なきっかけやヒントを与えてくれることではないか、と考えるからである。

ジョン・スチュアート・ミル(一八〇六—一八七三年)は、ジェイムズ・ミルの長男としてロンドンで生まれた。スコットランド出身のジェイムズは、『英領インド史』を執筆した著述家で、この書物をきっかけに東インド会社に勤務するようになった。息子のジョン・ミルは、正規の学校教育はまったく受けなかったが、幼い頃から父ジェイムズの下で、ギリシャ語とラテン語の古典を学ぶなど徹底した早期教育を受けた。父親の期待に応えながら成長していった知的に早熟なジョン・ミルは、さらに道徳哲学や経済学などを学ぶ一方で、一〇代半ばをすぎた頃には東インド会社に就職した。また、ジェイムズやベンサムの主導する政治集団(哲学的急進派とかベンサム派と呼ばれた)の若手活動家として、中流階級(ミドル・クラス)の選挙権獲

J. S. ミルの像(ロンドン，テムズ河沿いのヴィクトリア堤防公園．訳者撮影)

得をめざす議会改革運動に加わり、改革の大義を広めるために雑誌への寄稿をするようになった。その文体は端正で論理的だったが、情熱も秘められていた。

このように、いわばベンサム派の貴公子だったミルは、二〇歳のときに深刻な意気阻喪状態に陥った。後に『自伝』でミルが「精神の危機」と呼ぶことになる鬱状態である。ベンサム派の使徒として活躍することを人生の目的としていたミルは、この「精神の危機」をきっかけに、それまでの自分の人生や知性のあり方を大きく見直すことになった。その後のミルの思想的展開は、大きくまとめると、次の三点に整理できるだろう。

第一に、ベンサムから学んだ功利主義の見直しである。ベンサムの功利主義は、二つの要素から成り立っていた。人間の行動の動機は単純で利己的な快楽と苦痛に還元可能であるとする快楽主義的心理学と、個人と社会はいずれも幸福の極大化を目指すべきとする道徳哲学である。ミルはこう考えるようになった。つまり、行為の動機は、理論的には利己的な快苦に還元可能であるとしても、そのことは、行為者の実際の動機が利己的な快苦であることを意味しない。特に自他の向上や陶冶をめざす自発的で自由な行為は、利己的な快苦で説明しても、実践的に無意味であり有害ですらある。ミルの批判的見直しは、さらに、道徳哲学にもおよんだ。「最大多数の最大幸福」は究極の基準であるとしても、直接的には正義や慈愛や高貴さなどの目的を(「やせたソクラテス」のように)追求し、その結果として実現されるような幸福のあり方を重視すべきだ、とミルは考えるようになったのである。

第二に、政治理論の見直しである。ベンサムやジェイムズ・ミルは、最大多数の最大幸福を政治において実現するには、統治者と被治者の利益の一致をもたらす機構や制度が必要だという見地から、選挙権を拡大してイギリス国制を民主化する必要があると考えた。しかし、ジョン・ミルは、利益の見方そのものを拡大すべきだという考えから、政治における重要な目的として国民的性格の改善を重視するようになっていた。そうした観点からすれば、デモクラシーにも修正や補強の余地が残されていた。トクヴィルの著書『アメリカのデモクラシー』との出会いによって、ミルは、この点での確信をいっそう強めることになった。

政治理論の見直しは、社会科学全般の方法論にまで波及した。これが第三の点である。政治理論や経済学などの社会科学は、主観的な好悪の感情や狭い経験に縛られて、ともすればイデオロギー的なものになりがちだ、とミルは考えた。そこでミルは、誰にとっても望ましい社会や政治を実現するためには、人間の意思作用にも十分に留意した上で、厳密な論理や方法という基礎を確立することが必要だという見地から、大著『論理学体系』(一八四三年)を執筆した。政治制度は作られるものであるのか、人間の関与とは無関係に自然に成長するものなのかという、『代議制統治論』の最初の部分の議論は、こうした探求を反映している。ミルの方法論的議論のうち連想心理学への還元論という側面は、今日ではほとんど顧みられることはないだろう。しかし、社会や政治に関して人はどのようにして誤謬に陥るのかという誤謬論(発見や論証の論理学の応用編)の観点から見ると有益な指摘も少なくないし、そうした観点は『自由論』(一八五九年)にも活かされている。

以上の三点は、「精神の危機」を直接の起点とするミルの思想発展の特徴であるが、これらに加えて、ミルの政治認識をさらに深めさせた契機に触れておきたい。それは、一八四八年のフランス二月革命である。民主的共和国をめざした二月革命がルイ・ボナパルトのクーデタによって挫折したことは、ヨーロッパ全体の民主化を願っていたミルにとって痛恨の出来事だった。ミルはすでに、政治制度と国民性あるいは国民性形成との関係や、社会の変化と安定のそれぞれの要因を探求する必要性を認めていたが、二月革命は、こうした点での理論的探求に、具体的な経験にもとづいた再検証の機会を与えた。その結果として、ミルは、特にイギリスの歴史や国民性の短所と長所を踏まえた将来の政治や社会のあり方を、あらためて慎重に検討することになったのである。このようにしてさらに深められた思索の成果は、ミルの代表的な二大著作の随所に盛り込まれている。個人の自由に論点を絞り込んでその根拠を探求し、その意義を粘り強く訴えた『自由論』、そして、自由な統治のあり方とその条件を包括的に考察した本書、『代議制統治論』である。

さて、以上で、ミル自身にとってどんな問題意識があったかについて概略を述べたので、次にその点を念頭に置きながら、今日のわれわれが現代的関心から本書を読む際に、われわれ自身の関心のあり方そのものを相対化し反省させてくれそうな点に移ることにしよう。

(1)デモクラシー確立以前のテクストであること

便宜的に、男女普通選挙権が導入された時点でデモクラシーが最終的に確立したと考えてみよう。イギリスでは一九一八年(第一次世界大戦末期、男性二一歳・女性三〇歳)のことであり、男女の年齢差が解消されるのは一九二八年である。ミル『代議制統治論』の初版が公刊されたのは一八六一年、選挙権の拡大を進めた第二次選挙法改正が成立するのは一八六七年である。つまり、『代議制統治論』

が執筆され公刊された当時は、一八三二年の選挙法改正によって選挙権が中流階級にまで拡大されてはいたものの、依然として制限選挙が続いていた。ちなみに、一八三二年の選挙法改正は、その後の選挙法改正との関連で「第一次選挙法改正」と呼ばれているけれども、改正当時は「第一次」という修飾はなかった。改革を進めたウィッグ政権(それにロバート・ピールのような新時代の保守派)にとって、選挙権の拡大は、財産や教養や生活様式などの点で政治参加にふさわしい体面を保てるまでになった(リスペクタブルになった)中流階級に対して、国レベルでの政治的決定を行なう支配集団への参入を認めるということであり、いわば閉鎖的な特権クラブの会員資格を与えるという性格のものだった。青年時代のミルのような急進派や労働者階級のチャーティストたちがさらなる改革を求めていたのに対して、ウィッグは、これが「最後(ファイナル)」という姿勢だったのである。一八五〇年代になると選挙権拡大の気運が再度高まったが、それでも、無条件で即座に普通選挙権を導入するという考えは、まだごく少数の急進的意見でしかなかったし、しかも、普通(ユニバーサル)といっても、女性を含めるという、ミルが力説しているような考えはほとんどなかった。普通選挙権(デモクラシー)は、依然として、強い警戒心から批判的に論じられるのが一般的だった。隣国フランスの二月革命における社会主義勢力の登場や、その後のクーデタと皇帝独裁は、そうした警戒心をいっそう強める要因となった。

二〇世紀になると、特に第二次大戦後は、デモクラシー以外に最善の統治体制はありえない、という見方が支配的になった。「~的デモクラシー」というようにいろいろと修飾語がついて、ときに相互に矛盾する捉え方があるにせよである。二つの世界大戦で国民を総動員する必要が生じてきたことや、世界的影響力を強めたアメリカやソ連がそれぞれの立場からデモクラシーを唱道したことが、その大きな要因だったと言えるだろう。しかし、デモクラシーだけが最善だという見方は、一九世紀には一般的ではなかった。議論の焦点はむしろ、他の統治形態に比べてデモクラシーはよりよい統治形態になりうるのかどうか、ということだった。

ミルの『代議制統治論』も、こうした一九世紀型の議論のスタイルになっている。ミルは、「よい統治」かどうかを判断する基準には、二つあると考えている。一つは、国民の現時点での精神的諸能力を適切に動員することによって公正かつ効果的な統治になっていること、もう一つは、国民の精神的諸能力を今後向上させる、あるいは劣化させないような統治になっていることである。ミルは、精神的諸能力の向上という第二の基準から、国民の政治参加を促進するデモクラシーを肯定的に評価した。しかし、その一方でミルは、公正で効果的な統治という第一の基準からは、デモクラシーに長所とともに弱点があることも率直に指摘している。

ミルによれば、公正で効果的な統治という基準を満たすためには、二つの課題をクリアする必要がある。第一に、被治者全般に対する統治者の責任をはっきりさせることである。この責任は、実際の統治を担当する執行部に対して、民主的に選挙された代表者が監視と統制を行なうことによって担保される。ただし、デモクラシーには、こうした長所がある一方で、多数者の利益が少数者の利益を無視して追求される危険もあるので、これを抑止し公正な統治を確保するためには、少数者の代表者も必ず選出されるよう工夫する必要がある。第二の課題は、統治者の知性や思慮を確保するという、デモクラシーで軽視されがちな点である。しかし、この点への配慮は、行政の仕事においてもそれに対する代表者議会の監視や統制においても、国民全般の利益を公平かつ効果的に実現するのに欠かせない点だとミルは考えた。ミルはこれらの課題を念頭に置いて、具体的な制度設計に関する議論の文脈では、執行部門とそれを監視し統制する部門との相互補完や抑制均衡の関係を、行政府と議会だけではなく、必要に応じて統治体制のさまざまな部分に組み入れることも推奨している。たとえば、法案作成を担当する立法委員会と法案を審議する議会もそうした関係になっているし、執行部門である行政府の中でも、個々の実務担当者の立場と部署全体を見わたす管理者の立場は同様の関係になっている。実務への知見を持ち現場の慣行に精通した部分と、先例や細目にとらわれない幅広い見地からの管理統制との相互補完や抑制均衡の関係が、業務の一般性の度合に応じて、首相と各大臣という最上層にまで幾層にも積み重ねられるわけである。企業や非営利組織のガバナンスにも通じるような議論である。

付言しておくと、国制(統治の基本構造)において、民衆的要素と知性という二つの要素の相互補完や抑制均衡を望ましいものとみなす考え方は、アリストテレスの『政治学』以来、西欧政治思想の一つの重要な伝統となっている。アリストテレスは、多数者が実権を握り多数者の利益しか顧慮しない法制定を行なうような逸脱形態の国制を「デモクラシー」と呼んだ。また、大衆の支持を得たデマゴーグが、法を制定せずにその時々の便宜に即した政令(個別的決定)だけで支配する体制は、国制の分類に含めるのに値しないほどの最悪の体制だった。これらと区別して、アリストテレスは、多数者とすぐれた少数者との間の相互補完と抑制均衡を通じて社会全体の共通利益を尊重する法の支配を確保した国制を「ポリテイア」と呼んだのだった。アリストテレス以来のこうした見方は、統治権力の持続的な安定や実効性は被治者への配慮がもたらす被治者からの信任によって担保されるという洞察にもとづいていた。政治社会と政治権力の存続条件に関する本質を衝いた、リアリスティックな洞察と言える。実際のところ、被治者の信任という条件に応える具体的な方法や制度は種々異なるとしても、この条件自体は洋の東西、歴史の新旧を問わない普遍性を持っていて、その意味で政治学の一大公理と見てよいだろう。政治学が、事実(「である」)と規範(「であるべき」)とを切り離しては成り立たない所以でもある。

　ミルは、デモクラシーを無条件で絶対によいものだとは言い切らない点で、政治思想のこうした伝統を踏襲している。ミルは、同世代のトクヴィルと同様に、デモクラシーが不可避の歴史的トレンドであることを認めながらも、よい統治という基準を理論的に探究し整理した上で、これにもとづいて、デモクラシーには長所もあれば短所もあることを認める。民主的な政体・憲法があればよいという一般論ではなく、具体的な制度の設計や運用の実態という点で、よい統治に貢献しているか否かを評価するのである。統治形態が選択可能であるという、『代議制統治論』冒頭でのミルの主張の具体的な意味は、この評価を前提としている。つまり、高度な文明社会であるイギリスでは、よい統治という評価基準から見て望ましい民主的な性格を確保した監視統制の仕組としての代表者議会に加えて、その弱点を補完する工夫や仕組も取り入れた代議制の統治体制が望ましく、かつ、選択可能だということである。今後の望ましい政治改革は、そのような選択であるべきだ、とミルは同時代の読者に訴えたのだった。しっかりした判断基準を立てつつ具体的な実態に即して考える、というミルのこうした姿勢は、過度の抽象論に陥らないことでかえって、今日のデモクラシーが抱える問題にとっても示唆的な議論になっていると言えるだろう。

(2)判断や評価の基準の複数性を前提にバランスを追求する姿勢

ミルは、以前は、過渡期の思想家とか折衷的思想家と言われることが多かった。個人主義的な側面もあれば社会や国家の機能を重視する集団主義的な側面もある、自由を強調する一方で権威や秩序を重んじてもいる、といった解釈や評価である。多くの場合それらが含意していたのは、安易にあれこれのいいとこ取りをしようとして論理的一貫性が犠牲にされている、中途半端で歯切れが悪い、という批判的な見方である。しかし、この見方は、人間や政治に関して善悪の一義的な基準にもとづいた最終的解決策が存在する、という想定に依存した裁断になりがちであった。しかし、単一の価値基準や論理一筋では割り切れない人間や政治の現実に向かい合い、この現実に即して考え抜かれた思想は、屈折のない一元的なものにとどまれないだろう。それは、対立するものを単純に足して二で割る、という安直な思想ではけっしてない。

政治制度は作られるものだ、いや、自然に成長するものだ、という二つの政治哲学観に対する本書第一章での扱いや、第五章以降の政治や行政における専門家についての扱いは、こうしたバランス追求型思考の典型的な例である。後者のテーマとの関連で、訓練された専門家としての官僚の必要性と自由な統治(代議制統治)とを両立させる必要性を論じた箇所で、ミルは次のように指摘している。

人間生活の万事において、対立しあう影響力は自らの固有の有用性のためにも、対立する相手の生き生きとした活力を保つ必要がある。よい目的であっても、並存すべき別の目的をなおざりにしてそれだけを追求すると、最終的には、一方が過剰で他方が不足するばかりでなく、ひたすら重視してきたものまでが衰退し消滅してしまう。（本書一〇六—一〇七頁）

このような姿勢のミルにとって、たとえば、官僚制が先例墨守の硬直したものになりがちであることを痛烈に批判する一方で、行政経験を積む中で形成された慣行やルールを軽視する政治家を批判することは、何ら矛盾ではなかった（本書八五頁、一〇七頁）。市民参加や官僚に対する政治優位を至上視する立場からは、また、逆に民衆不信のエリート主義の立場からも、歯切れの悪いものの言い方と感じられるだろうが、よい統治のために同時並行的に追究すべき複数目的があると考える限り、ミルのような言い方をせざるをえない。たとえて言えば、交通の実際の流れに即した自動車の安全運転にはアクセルもブレーキも必要であって、そのどちらか一方に徹するべきだというのが無理な注文であるのと同様である。あるいは、自律神経系に交感神経系と副交感神経系があるのと同様である。対立し合う重要な要素の間のバランスを具体的な場面に応じてとっていくという姿勢は、ミルの思想のさまざまな局面でくり返し表われてくる特徴である。

（3）権力心理学と政治道徳

すでに触れたように、少年時代にベンサム流の功利主義を熱心に信奉するようになっていたミルは、二〇歳のときの「精神の危機」という意気阻喪の経験を転機に、すべての感情や行為を利己的な快苦に還元してしまう快楽主義的な人間理解に強く反発するようになった。その結果、ミルの道徳哲学は、他者への共感や道徳的義務の感情、利己的快苦を乗り越えようとする道徳的自由の感情などの実在性とそれらの存在価値を強調するものになった。にもかかわらず、権力が絡んだ政治の次元における人間の心理や行動については、ミルは友愛や道徳的義務感だけを頼りとする議論の無効性を強調し、自己中心的な利益追求の根強い傾向を前提として探求を進める必要性を説いた。そこには、「権力心理学」とでも呼ぶべき、権力を持った人間の心理についての冷静な洞察があった。権力は腐敗するという格言は、「なぜそうなのか、権力を信頼に値するものにするにはどうしたらよいのか」という問いをともなわないと、政治を見限る姿勢を助長するだけの平板な決まり文句になりかねない。ミルはこれらの問いに正面から向かい合う。『代議制統治論』には次のような印象的な指摘がある。

ところで、どこにでも見られる事実であるが、自分が他者と共有している利益よりも自分の利己的利益を優先する性向と、自分の利益のうちで間接的な遠い将来の利益よりも目先の直接的利益を優先する性向という、今問題としている二つの邪悪な性向は、何にもまして特に権力を持つことで引き起こされ助長される特徴である。一人の個人でも一つの階級でも、権力を手にすると、その人の個人的利益やその階級だけの利益が、本人たちの目から見てまったく新たな重要度を帯びてくる。他人が自分を礼賛してくれるのを目にすることで、本人も自らの礼賛者となり、自分は他人の百倍も価値あるものと見られて当然だと思うようになる。その一方で、結果を気にせずに好きなようにする手段が容易に得られるようになるために、結果を予測する習慣が、自分にまで影響が及んでくる結果に関してすらも、知らず知らずのうちに弱まっていく。これが、人は権力によって堕落するという、普遍的経験にもとづいた普遍的な格言の意味である。（本書一一四—一一五頁）

「普遍的な格言」だから、国王や貴族ばかりでなく、中流階級や労働者階級にも、ミルのような知識人にもあてはまる。ミルはエリートの役割を強調したためエリート主義者として批判されることがあるけれども、しかし、権力を持つことで無思慮になる可能性をエリートにもはっきりと認めていることは見落とせない。民主的選挙の仕組とは、権力を持つ人間は放置すればいい気になって邪道に走るということを前提に、この傾向に対抗する動機を(「選ばれた人たち」を意味する)エリートである為政者たちに持たせるためのものに他ならない。行政部を監視統制する立場の議員にせよ、議員の中から選ばれる行政部の長である首相にせよ、社会全般の利益を追求しなければ、あるいは少なくとも追求しているかのように見せなければ、国民の信任を受けて権力を獲得し引き続き維持できないようにしておく、ということである。

他方で、「普遍的な格言」であることから、「監視人を誰が監視するのか」という難問も生じてくる。有権者が権力者を監視し統制する強い立場にあるために、「主権者だから何でもできるのだ」といった全能感を持ってしまうと、目先の偏った利益に惑わされやすくなる。「民意の専制」とでも呼べそうな事態である。そうした「民意」に媚びへつらうことが政治家の成功の鍵となるのを、どう防止するかという難問が生じてくるのである。国民自身の愚かな選択による損失は、国民自身が自分の責任として負うしかないのだが、結果に配慮する習慣が弱まっているとそれが見えなくなる。さらに、たとえば巨額の財政赤字を将来世代につけ回すといった今日的事例に端的に見られるように、選択をした自分たちの世代はつけを払わなくてよいということになると、自制心や責任感が特にはたらきにくくなる。したがって、ミルの考えでは、こうした弊害を可能な限り防止するために、政治家の中に国民に対して自制を説くすぐれた人物を確保する(けっして彼らに最高権力を与えるわけではないが)制度上の工夫も不可欠となる。主権者である国民全般の自制の必要性というこの点も含めて、人は権力を持つと目先の自己中心的な利益を追求してしまうという普遍的格言は、『代議制統治論』の大前提となっている。

ミルの権力心理学は、ミルが用いている「政治道徳」という概念とも密接に関連している。主権という言葉は、自分が最終的に責任と負担を引き受けるという主張よりも、他者ではなく自分こそが最終決定の権利を持つという主張において、切り札として使われがちである。国民主権の場合でも、主権者は無制約で絶対という原則に固執する限り、国民の誤った判断に対して無効を宣言したり、誤りの責任を実効性ある形で追及したりすることは誰もできない。成文憲法に節度や自制を求める文言やそのための仕組に関する規定が入っていたとしても、主権者である国民の多数が望めば書き換えも削除もできる。こうした問題領域で人々の自制を促す規範をミルは「政治道徳」と呼び、憲法の不文律と関連する場合には「憲法道徳」とも呼んでいる。

ミルの言う「政治道徳」は、効用への顧慮を不純とみなし排除するようなタイプの道徳的説教ではない。国民が滅んでも正義や理想を通すべきだといった無理な要求はしない。むしろ、思慮を働かせて長い目で見た国民の利益を確保するための実践的教訓という性格を持っている。日本国憲法前文において国際協調を説き近視眼的な自国ファーストの姿勢をいさめる文脈で登場している「政治道徳」という語も、同じように理解できるのではないか。政治道徳をめぐるミルの議論は、デモクラシーにおける立憲主義や憲法を考える際の一つの貴重で重要な視点を示している。

(4)国民国家とは異なった政治社会への着目

二〇世紀の政治学、とりわけ第二次大戦後の日本の政治学では、中規模の主権的国民国家を前提にした議論が中心だった。日本を念頭に政治を考えると、ごく当たり前のように思われたのだろう。しかし、モデルとして念頭に置かれたヨーロッパの国々は、イギリス、フランス、ドイツのいずれにしても、実際には複雑な歴史的経緯と構造を持っていて、一枚岩的なすっきりした国民国家だったわけではない。現在では、EUという超国家的組織もある(紆余曲折を経ながら前途多難な道を歩んではいるが)。さらに、世界に大きな影響を及ぼしているアメリカや中国やロシア(旧ソ連)は、いずれも、国民国家モデルが単純には当てはまらない国々である。

ミルの『代議制統治論』も、第一六章の議論などは、中規模の国民国家を前提にした議論として読めるが、他方で、最後の二つの章(第一七章と第一八章)では、そうした前提に収まりきれないテーマが取り上げられている。中心となっている具体例は、連邦制国家としてのアメリカと、イギリスによるインド統治である。もっぱら日本国内の統治体制のあり方に対する示唆や教訓はないかを探ろうとする問題意識からは、これらの章はほとんど注目されそうもないけれども、多様な諸外国についての理解も含めて国際的な観点抜きで国内政治も論じられない今日の状況をふまえると、示唆的な議論も少なくない。

内戦(南北戦争)によるアメリカの連邦解体の危機に触発されるところが多かったミルの連邦制をめぐる議論は、一九世紀中葉までのアメリカを念頭に置いているために、二〇世紀になってからのアメリカのイメージとはかなり食い違って見えるところもある。たとえば、連邦制の軍事力は自衛戦争以上の攻撃的戦争を遂行できるだけの集権的な性格を欠いているという指摘は、今日のアメリカの軍事力のあり方とは大きく隔たっている。しかし、それでもなお、「実効性と持続性のある連邦を形成する条件が整っている場合には、連邦の増加は世界にとってつねに有益である」(本書二九七頁)という指摘は、二一世紀の世界を考える上で示唆的ではないだろうか。アメリカの連邦裁判所を「真の国際裁判所という、現在、文明社会で何にもまして顕著に必要なものの一つ」(本書二九四頁)とみなす視点も、新鮮に思えるかもしれない。

インド統治をめぐるミルの議論は、東インド会社の上級職にあったミルによる、東インド会社廃止への抗議という性格が強く表われており、自由主義者ミルの植民地主義的な傾向(偏向や限界)として指摘されがちである。現在の視点からはそうした印象を持つのも当然かもしれないけれども、そのようにして突き放してしまう限り、『代議制統治論』のこの最後の章は、学ぶ価値のないものとして読み飛ばされてしまうだけだろう。しかし、歴史的文脈を念頭に置いて古典を読むという姿勢が真価を発揮するのは、歴史的な限界や制約を持っているように見える議論を読むときではないだろうか。イギリスはすでにインド統治に深くコミットしてしまっており、それを前提とすると、当時のイギリスにおいて現実的と考えられた選択肢は、東インド会社による間接的インド統治か、イギリスの議会と政府による直接的インド統治かの二つだった。イギリスがインド統治を放棄しても、他国による粗暴な植民地支配になってしまうだろう、というわけである。インドの人々による自治的な代議制統治という理想的選択肢がさしあたり可能性を持たないという前提からすれば、「本当のよい統治は、目下の事例の諸条件とは両立不可能である。不完全なもののうち、どれかを選択するしかない」(本書三二〇頁)とミルは認めざるをえない。そこにヨーロッパ中心主義的な偽善を感じとる見方もありうるだろうし、東インド会社に対するミルの肯定的評価が歴史的に見て本当に妥当だったのかどうかは、たしかに一つの重要な論点だろう。しかし、「不完全なもののうち、どれかを選択するしかない」という論点を立てて進められる議論からは、「可能性の技術」である政治について、何事かが学べるのではないだろうか。被治者としてのイギリス国民にイギリスの政府や議会が責任を負うことはイギリス国内におけるよい統治の必須条件だが、そのことはインドの人々に対するよい統治(インドの人々による監視や統制が確保されていないから、正確に言えば、より悪くない統治)の保障にはならない、というミルの指摘には鋭利なものがある。この論点は、植民地統治の問題に限らず、民主主義国であることを自負する先進諸国の後発国援助やさらには外交政策全般のあり方といった重要な問題に関連してくるだろう。

(5)歴史状況と制度目的を念頭に置いた具体的提言

ミルは、選挙制度を含めた諸制度に関してさまざまな検討や提言を行なっている。しかし、当時の読者に自明であった事柄については、当然のことながら何も言及していない。たとえば、ミルは秘密投票制に反対して公開投票制を擁護しているが、実は、イギリスで秘密投票制が導入されたのは『代議制統治論』公刊後の一八七二年、グラッドストン内閣によってである。それ以前の国政選挙は公開投票制で、しかも、投票用紙は使われていなかった(だから、投「票」という訳語は当時の実態とは違ったイメージを喚起してしまう訳語なのだが、他に適切な訳語が見当たらないので、これを使わざるをえない）。投票所には地元の大勢の人々が寄り集まり、ときにはお祭り騒ぎのようになっている。選挙人はこうした人々の面前で、自分が投票したい候補者の名前を声を出して宣言し、それを選挙管理人が記録するのである。競り合っている選挙では、投票のたびに各陣営の支持者たちから励ましあるいは罵倒の声があがったことだろう。こうした雰囲気の威圧的効果に加えて、投票前にパブで飲ませたり現金をばらまいたりした効果を確認できる等々の弊害が公開投票制にあることは、かつては秘密投票制賛成論者だったミルだから十分承知していたわけだが、それでもなお、衆人の前で投票の公的理由を選挙人に意識させる効能があることを、ミルはより重要と考えたのである。たんなる個人的な好き嫌いといった投票理由や、他者や公共の利益を顧慮しない露骨に自己中心的な理由を公言するのは、大人としてさすがに気が引けるだろう、ということである。似たような例で言えば、横断歩道が赤信号でも車が来なければふだんは渡ってしまう人が、母親と手をつないだ小さな子どもが脇にいるときは、青信号になるまで待つ、といった性質の心理に注目する見方である。

現代においてどんな制度が望ましいかという問題意識からミルの議論を参考にする場合は、ミルが提唱している制度をいつでもどこでも一定の機能を果たす機械部品のようにみなしてその優劣や得失を考えるのではなく、右に示した例のような、制度が適用される場面の具体的な情景や人々の心の動きを想像し、制度の実効性に対するそれらの影響を勘案する必要がある。

これに加えて、制度の目的についてミルがどう考えていたのかも理解する必要がある。ミルは、国民の精神を向上させたり逆に劣化させたりという意味で制度の国民教育的な効果も強く意識しているから、検討対象となる制度の目的には公平性や効率性にかかわる目的ばかりでなく教育効果に関する目的も含められているかどうかにも目を配っておくとよいだろう。ミルが「制度の精神」と呼んでいる精神的影響である。さらに、ミルの具体的提案が、当時にせよ今日にせよ、ミルの言うような効果をもたらさないだろうと考えられる場合であっても、目的の方は有意義なのかどうかを検討する価値はある。もし意義ある目的で達成する可能性も多少はあると読者が感じるなら、それに応えられるような仕組を別途考案してみるのは、ミルから読者への宿題、ということになるだろう。

この点はさらに一般化して言うことができる。古典としての『代議制統治論』が現代のわれわれに対して持つ意義や効用は、現代のわれわれにとって確実に正解となるような具体的処方箋を直接与えてくれることにあるのではない。そうではなくて、目前の課題となっている政治的現実について考える際の、複数の欠かせない着眼点や複数の評価基準の有益な例を示していて、しかもそれらが現代の観点からでは見えにくくなっている点にこそ、本当の意味での意義や効用がある。それでもなお批判の必要が残りあとは自分自身で考えなければならない、というのが読者の最終的評価になったとしてもである。

かなり以前から、『代議制統治論』の翻訳にいつか取り組みたいと思い続けていた。一〇年ほど前になって、公刊一五〇周年の二〇一一年に訳書を公刊できればと意を決し、そのための準備を兼ねて、九州大学法学部の外国政治書講読の授業で原文を教材として取り上げた。この試みからは、学生たちに読みやすい訳文の作成をめざすという基本目標の点で、期待通り大いに得るところがあった。しかし、文脈理解を踏まえた精読に徹したため授業はおそろしくスローペースになり、全部を読み通すのに七年近くかかってしまった。不器用な訳者のこのような授業に、それぞれの学期で根気よくつきあってくれた学部生や大学院生の諸君に感謝したい。

他の事情も加わり、第一次訳稿の作業がようやく終わったのは、二〇一七年七月だった。その後、同じ年の夏休みに、遠山隆淑氏(熊本高等専門学校・准教授)に全体を丁寧に読んでいただき、貴重なコメントをいくつも頂戴した。秋には、さらに、遠山さんも加わった大学院ゼミで、参加者の学生諸君から種々の有益なヒントを提供してもらった。同じ訳稿を学部ゼミで取り上げてくださった同僚の木村俊道氏(九州大学・教授)からも、学生たちの反応もふまえた有益な示唆を頂戴した。

また、岩波書店の編集担当、小田野耕明さんにも大変お世話になった。修正を加えた第二次訳稿と原文をていねいに比較検討した上での的確な指摘に、多くの場面で助けられた。訳文の解像度がぐっと上がり輪郭が鮮明になる、という表現がぴったりのアドバイスだと実感した。そうした機会を訳業の最終段階で得ることができたのは、本当に幸運であった。深くお礼を申し上げる。

ただし、これらのありがたい助力をいただきながらも、それでも残っているかもしれない読みにくさや誤訳の責任は、言うまでもなく訳者にある。

二〇一八年一二月

訳者

ナ 行

ニキアス　139

ハ 行

パウロ　13n
パキントン，サー・ジョン　127
バーデン大公　150
ピッタコス　49
ヒュペルボロス　139
ピョートル大帝　74
ピール　104
ヒル，サー・ローランド　106
ヒンクス　309
フォーセット，ヘンリー　131
ブラー　303
ブライト　185, 221
プラトン　178, 203, 217
ブラン，ルイ　150n
フランクリン　153
フリードリヒ大王　14
フリーマン　291
ブレッキンリッジ　178
ヘア，トマス　129, 131, 133, 135, 137, 139, 140n, 141, 143, 145, 146, 148-150, 167, 168, 174, 197, 199, 200, 232
ベイリー，サミュエル　174
ベネディクトゥス 14 世　14
ペリクレス　104, 140
ヘルプス　317
ベンサム　28, 35n, 81n, 108, 174, 237, 245
ボナパルト，ルイ　79n, 245n
ポンバル　14

マ 行

マーヴェル，アンドリュー　206
マーシャル，ジェイムズ・ガース　128
マッキントッシュ　3n
ミル，ジェイムズ　35n
ムハンマド　69
メディチ，ロレンツォ　113
モール，ロベルト　150n
モールズワース　308

ヤ 行

ヨーゼフ 2 世　14

ラ 行

ラッセル，ジョン　127
ラブレイ，エドゥアール・ド　150n
リシュリュー　70, 110
リチャード 2 世　102
リットン，ロバート　149
リンカーン　178
ルイ 14 世　70, 113
ルウィス，ジョージ・コーンウォール　202
ルター　15n
レオポルド 2 世(ペーター・レオポルド)　14
レミュザ，シャルル・ド　275
ローバック　201n, 303
ロリマー　205

ワ 行

ワシントン　104
ワット　153

人名索引

ア 行

アウグストゥス　49, 113
アランダ　14
アリスティデス　196
アリストパネス　205
アルキビアデス　139
アレクサンダー大王　254
アンドラエ　149
アンリ4世　102
ヴィクトリア女王　174n
ウィレム1世　75
ウィレム3世(ウイリアム3世)　75
ウェイクフィールド　303
ウェリントン　254
ヴォルテール　49n
エカテリーナ2世　14
エドワード2世　102
エリザベス女王　102, 174n
エルヴェシウス　49n
オースティン，ジョン　81n

カ 行

カエサル　112, 254
カペー，ユーグ　70
カール5世　14
カルフーン　295
ガンガネッリ(クレメンス14世)　14
キャリー　153
グスタフ2世　102
クライヴ　254
グラッドストン　ixn
クレオン　139, 205
グロート　63n
コブデン　221
コルベール　61, 104
コールリッジ　18, 113
コンディアック　49n
コント　19n, 105n

サ 行

サルヴァドール　40
サン・シモン　15n, 19n, 37
ジェファーソン　104
シャルルマーニュ　74
シュリ　104
ジョン王　102
スコット　3n
スティーブンソン　153
ステパノ　13n
ソロン　49

タ 行

ダラム卿　303
チャタム(ウィリアム・ピット)　104
ディズレーリ　ixn, 127
ティベリウス　49
テミストクレス　75, 104, 136
デモステネス　136
テラメネス　139
トクヴィル　152, 293

282, 317
フランドル　54, 276
プロテスタント　110, 315
文明化　6, 32, 35, 36, 39, 283, 285, 310
文明社会　5, 6, 35, 69, 294
文明度　74, 75, 283, 288
平等　62, 77, 110, 111, 120-123, 128, 140, 148, 151, 153, 166, 168, 169, 174, 217, 229, 269, 281, 282, 285, 304, 306-308, 310, 326
ペイデタ　300
ペダントクラシー　105
ヘブライ人　40
ペルー　38
ベルギー　153, 276
ペルシャ　54, 75
法，法律(統治との関連で)　6, 7, 19, 36, 37, 60, 82, 95, 98, 155, 281
封建制　8
保守党(「トーリー党」の項も参照)　ixn, 127, 128, 146, 150
ホブソンの選択　134

ま・や 行

南アフリカ　305, 309n
南アメリカ(「スペイン系アメリカ」の項も参照)　317
ミラノ　72
民主政(古代アテネの)　7, 63, 82, 93, 136, 139
民主政論者　185
メキシコ　297, 317
ユダヤ教　40
ユダヤ人　39, 40
預言者　39, 40, 69
予算　83
ヨーロッパ　6, 14, 54, 58, 71, 102, 104, 153, 189, 225, 257, 258, 280, 281, 283, 287, 291, 302, 303, 315-317, 324, 327
世論　8, 28, 46, 47, 67, 73, 138, 167, 179, 194, 195, 200-202, 240, 246, 247, 270, 271, 278, 314, 316, 317, 320

ら 行

立憲君主　47
立憲君主国　242
立憲的制限，立憲的制約　212, 292
立憲的統制　73
立憲的統治　46, 68, 151
立法委員会　92-94, 97, 231
良心　87, 88, 108, 116, 117, 165, 173, 177, 186, 210, 214, 220, 246, 307, 322
連想　21, 122, 229
連邦最高裁判所　83n, 292, 294
『連邦統治体制の歴史』　291
労働　35, 37, 62, 159
労働組合　111
労働者　42, 53, 118, 153, 158, 163, 171, 193, 273
労働者階級　52, 111, 112, 140, 167, 182, 191, 192, 223
ロシア，ロシア帝国　14, 71, 102, 106, 283
ローマ・ローマ帝国　5, 8, 36, 46, 102, 103, 106, 230, 277
ローマ人　49, 227
ロンドン(首都として)　133, 145
ロンドン(選挙区との関連で)　125n, 180
ロンドン(地方自治体としての)　263, 265
ロンバルディア　72

た 行

代議制統治の倫理　211
大統領選挙(アメリカの)　125, 178, 243
退歩　25, 248
対立(進歩の要因としての)　40, 106, 108, 137, 138
妥協　81, 167, 182, 220, 227, 244
堕落　23, 25, 36, 68, 115, 139, 154, 181, 182, 204, 224, 227, 265, 284, 316
治安判事　261
秩序(よい統治の基準としての)　18-26, 32, 99
チャーティスト　192
チャンネル諸島　308
中国　39, 106, 317
中流階級　63, 155, 191, 192, 251
帝国(イギリス)　14, 260, 284, 301, 304-306, 308, 321, 322
デンマーク憲法　149
ドイツ　54, 150, 277, 280, 281, 286, 291
ドイツ連邦　289
統治形態適合の三条件　4, 5, 8, 9, 11, 65
統治の哲学　20, 151
投票　7
投票理由　172
東洋人　57, 58
独裁　49
独創性　21, 22, 106
独立戦争(アメリカの)　289
トスカナ　72
読会　90
トーリー党(「保守党」の項も参照)　214
奴隷・奴隷制　14, 36-38, 46, 47, 113, 188, 318
奴隷制(アメリカの)　288, 298

な 行

内戦　102, 112, 290
南北戦争・内戦(アメリカの)　288, 294
二院制(13章を除く)　296
肉体労働者(「非熟練労働者」の項も参照)　124, 152, 154, 160, 167
二大政党　131, 133, 146, 202
日本　317
ニューイングランド　258
人間の意志　3, 11
ノモテタエ　93

は 行

買収　7, 27, 189, 191, 198, 201, 202, 321
ハンガリー　279-281
東インド会社　240, 321, 323, 325, 327
非熟練労働者(「肉体労働者」の項も参照)　111, 112, 164, 192
ピサ　72
ピタゴラス学派　56
ヒンズー教　315
貧民保護委員会　261, 262, 266, 267
貧民保護官　261
フィレンツェ　72
『フェデラリスト』　291, 295
普通選挙，普通選挙制　149, 158, 187, 223
普通選挙資格　122, 158, 160, 166-168, 170, 192, 195
部分改選　209
複数投票制　163, 165-168, 182, 260
フランス　14, 18, 34, 48, 54, 61, 102, 104, 150, 209, 254, 276, 281, 282, 284, 286, 300, 308
フランス史　70
フランス人，フランス国民　58, 60, 77,

『自由論』(ミルの著書)　105n, 161n, 257
熟練労働者　111, 164, 192
主権　50, 80, 98, 99, 179, 245
主権者　81, 98
主権的権力　52, 64, 72, 291, 301
首相　81n, 88, 89, 209, 241-244, 268, 308
受動的服従　47, 66
上院(アメリカの)　179, 180, 182, 234, 296, 297
上院(イギリスの)(「貴族院」の項目も参照)　93, 94
情報公開　29, 30, 68, 100
上流階級　78, 190, 191, 254, 260, 326
女性(の投票資格)　155, 170-174, 192
庶民院　81, 83, 90, 94, 124, 134, 144, 149, 200, 227, 231, 253
庶民院議員　91, 92, 94, 133, 231, 233
思慮　21, 47, 51, 95, 101, 114, 158, 194, 230
清国　221
信従　72, 216, 219, 223
神授権　47
信託　42, 108, 177, 178, 184, 185, 214, 218, 222, 245, 267, 311, 321, 322
人頭税　158
新聞　8, 208, 259, 271, 278
進歩(統治形態との適合性)　17, 33-35, 38, 40, 71, 74, 76, 99, 108, 137, 167, 283, 284, 310
進歩(よい統治の基準としての)　8, 17-26, 32-35, 38, 40
スイス　54, 150, 276, 287, 289, 290
スコットランド　232, 233, 237n, 282, 299, 306, 323
ストライキ　53
スペイン　68, 317
スペイン系アメリカ(「南アメリカ」の項も参照)　68
スペイン人　58
性格類型，タイプ　26, 55, 56, 59, 60, 77
正義　32, 108, 110, 116-119, 139, 140, 156, 166, 196, 246, 269, 273, 284, 285, 304, 306, 308, 315, 318
制限選挙　187
政治科学　38
政治的知性　73, 160, 176, 181, 265
政治哲学　1, 18, 38
政治道徳　81, 100n, 188, 212, 216
政治の技術　11
聖書　40, 314
政党　77, 79, 88, 89, 124, 125, 127, 131, 133, 144-146, 198, 202, 243-245, 248, 293
制度の精神　169, 203
征服　5, 46, 73, 77, 113, 279, 283, 284, 301, 316, 317
誓約(議員の)(12 章を除く)　103, 178, 179, 182, 200
絶対君主，絶対君主政　33, 47, 310
絶対権力　42, 43, 49, 67, 151, 223
選挙の権利，政治的権利，選挙人資格の権利　67, 126, 129, 170, 171, 173, 185
選挙費用　201, 202, 215
選挙法　127, 149, 166, 192
専制，専制的　6, 19, 35, 37, 39, 42-49, 54, 58, 61, 67-71, 75, 100, 106, 112, 113, 115, 140, 154, 186, 188, 205, 226, 278, 285, 289, 295, 300, 307, 310-312
戦争　69, 221, 269, 287, 290, 291, 294, 297, 304, 306-308
総選挙　209, 244n
創造性　21
尊敬(「信従」の項目も参照)　132, 176, 197, 216-218

「議会改革論考」(ミルの論文)　189n, 199n, 202n, 205n
貴族院(「上院」の項目も参照)　91, 94, 227, 228, 230, 232, 233, 262, 308
貴族政　101-104, 106, 109, 110, 212, 227, 262
救貧法委員会　94
キューバ　298
教区救済　159, 160
共産主義　51, 52
共通善　63
共和政　5, 89, 188, 242
ギリシャ(現代の)　68
ギリシャ(古代の)　36, 46, 54, 63, 73, 188, 283
ギリシャ人　40
キリスト教　56, 113, 315
キリスト教徒　40, 315
「近年の議会改革論」(ミルの論文)　205
クーデタ　242, 244
クリミア戦争　221
君主政　5, 8, 33, 39, 42, 47, 54, 66, 71, 73, 80, 101, 102, 104, 109-111, 212, 241, 291, 300
『経済学原理』(ミルの著書)　257
警察　6, 22, 266, 268-270
刑務所　266, 268-270
憲法道徳　81, 211-213
憲法の不文律　81
元老院(イギリス版)　231, 232, 234
元老院(ローマの)　103, 106, 230
言論の自由　54, 68, 100
公共精神　6, 64, 116, 124, 145, 164, 176, 181, 190, 259, 318
公共善　186
国王(イギリス以外)　14, 68n, 70, 73, 104, 109, 110, 112, 137, 300
国王(イギリスの)　81, 83, 89, 93, 94, 102, 241, 264, 292, 299, 304, 308, 325
国債償還拒否　197
国民性　2, 39, 46, 50, 57, 58, 73, 169
国民性形成学(ポリティカル・エソロジー)　33n

さ 行

最高権力　12, 81, 82, 134, 175, 212, 257
最高統制権力　50
最終的な統制権力　80
財政　22, 23, 32, 33, 260, 263
裁判官　27, 29, 93, 231, 245-248, 323
参加　4, 50, 52, 60, 63, 64, 100, 139, 152, 177, 247, 259, 265, 295
四季裁判所　261, 267
試験(公務員採用の)　30, 164, 250-256, 324, 325
持続(よい統治の基準としての)　20, 22-24, 26
シチリア　276
司法　27, 29, 32, 33, 42, 94, 100, 247, 259, 261, 268, 269, 270, 294, 323
邪悪な利益　108, 110, 117, 189
社会主義　37
州議会(アメリカの)　134, 135, 179, 295, 296
宗教　14, 34, 35, 39, 40, 45, 47, 56, 66, 69, 102, 137, 144, 173, 276, 277, 284, 287, 288, 308, 314, 315
自由党　ix, 128, 146, 214
自由な社会　53
自由な制度　48, 73, 211, 227, 245, 259, 278, 280, 283
自由な統治　5, 6, 47, 54, 96, 107, 126, 152, 158, 207, 244, 285
州の行政委員会　262, 267
住民集会　258

事項索引

(nは訳注内を示す)

あ 行

アイルランド　110, 232, 233, 284, 285, 306, 315
アテネ(古代の)　8, 63, 82, 93, 139, 188, 189
アメリカ(17章を除く)　59, 68, 82, 89, 125, 135, 140, 144, 146, 150, 153, 154, 157, 158, 169, 179, 180, 182, 192, 197, 234, 242, 244, 248, 327
アメリカ憲法, アメリカ連邦憲法　242, 290-294, 296
アメリカ人, アメリカ国民　152, 153, 169, 294, 297, 298, 317
アルジェリア　317
アングロサクソン　58, 284
イエズス会　38, 48, 105
イギリス議会　76, 192, 305, 311
イギリス国制　80, 82, 83, 89, 93, 227
イギリス人, イギリス国民　60, 63, 78, 141, 142, 282, 299n, 306, 314, 316, 317-319, 324
イギリスの民衆　140
イギリス領アメリカ　→カナダを見よ
イタリア　10, 54, 72, 103, 277, 279, 286, 298
イングランド(連合王国の構成部分としての)　284, 291, 299, 315
イングランド人　110, 306
インド, インド人〔18章を除く〕　6, 39, 231, 239, 240, 251, 283
ヴェーダ　56
ヴェネツィア　102, 103
エジプト　39
エリート　44, 52, 133, 139
オーストラリア　150, 302, 304-306
オーストリア　54, 102, 279, 280, 289
オランダ　54, 153, 210, 276
穏和化　208, 228, 230, 231

か 行

階級立法　117, 120, 140, 160, 165, 195, 212, 223
外交　108, 231, 292, 294, 297, 299, 304, 305
解散(議会の)　208, 209, 244
囲い込み委員会　94
数の上での多数者　110, 112, 120-122, 138, 140, 151, 229
課税　22, 23, 33, 46, 83, 109, 111, 116, 158, 159, 273, 295, 299, 304, 308
寡頭政　54, 102, 104, 112, 139, 188, 190, 191
カトリシズム, カトリック　58, 110, 315
カナダ(イギリス領アメリカ)　231, 303-306, 308
官職あさり　67, 68, 77, 78
関税　289, 294, 295, 307
官僚制　79, 102, 104-107
議員(7章, 9章～13章を除く)　27, 53, 86, 91, 92, 94, 118, 167, 246, 257, 262, 296, 299, 308
議員報酬　204
議会改革　ix, 149, 189

関口正司
1954年3月東京生まれ
現在—九州大学大学院法学研究院教授
専門—西洋政治思想史，政治哲学
著書—『自由と陶冶——J. S. ミルとマス・デモクラシー』(みすず書房，1989年)
『政治における「型」の研究』(編著，風行社，2009年)
『政治リテラシーを考える——市民教育と政治思想』(編著，風行社，2019年)ほか
訳書—クェンティン・スキナー『思想史とはなにか——意味とコンテクスト』(半澤孝麿・加藤節編訳，岩波書店，1990年)
バーナード・クリック『シティズンシップ教育論——政治哲学と市民』(監訳，法政大学出版局，2011年)ほか

代議制統治論　　J. S. ミル

2019年2月22日　第1刷発行

訳　者　関口正司《せきぐちまさし》

発行者　岡本　厚

発行所　株式会社 岩波書店
〒101-8002 東京都千代田区一ツ橋2-5-5
電話案内 03-5210-4000
http://www.iwanami.co.jp/

印刷・三陽社　カバー・半七印刷　製本・牧製本

ISBN 978-4-00-061319-4　　Printed in Japan